AF569793

Werner Busch

Die Künstleranekdote 1760–1960

Werner Busch

Die Künstleranekdote

1760–1960

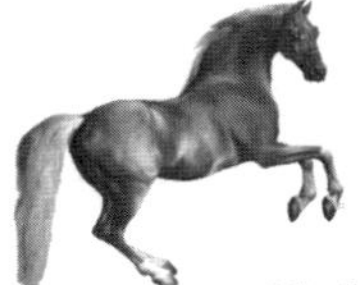

Künstlerleben und Bildinterpretation

C.H.Beck

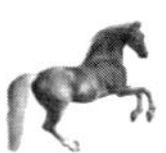

Mit 64 Abbildungen, davon 35 in Farbe

www.chbeck.de
Umschlaggestaltung: Kunst oder Reklame, München
Umschlagabbildung: George Stubbs, Whistlejacket, um 1762,
Öl auf Leinwand, 292 × 246 cm, London, National Gallery,

Satz: Janß GmbH, Pfungstadt
Druck und Bindung: Pustet, Regensburg
Gedruckt auf säurefreiem, alterungsbeständigem Papier
Printed in Germany
ISBN 978 3 406 75825 6

myclimate

klimaneutral produziert
www.chbeck.de/nachhaltig

Inhalt

Vorwort

Es mag ein wenig verwegen klingen, mit Hilfe von Anekdoten Bilder interpretieren zu wollen und die Behauptung in den Raum zu stellen, womöglich gelänge dies sogar besser als eine Deutung mit den Mitteln allein historischer, durch Fakten abgesicherter Forschung. Es sei, um Missverständnisse zu vermeiden, betont, dass hier nicht das eine gegen das andere ausgespielt werden soll. Aber es soll doch versucht werden, die Erkenntnismöglichkeiten der Künstleranekdote auszuloten.

Nun hat die Anekdote eine lange Geschichte seit der Antike. Warum wollen wir dann ihr Verständnis gerade vom 18. bis zum 20. Jahrhundert verfolgen? Weil um die Mitte des 18. Jahrhunderts so etwas wie das Ende der klassischen Kunsttheorie und des von ihr getragenen Kunstverständnisses zu konstatieren ist sowie das Ende einer rhetorischen Tradition, zu deren Bestandteilen die Anekdote als bildhafte Sprachregelung gehörte. Um 1750 endete die Auffassung von Geschichte als Exemplum, und an ihre Stelle trat eine historistische, geschichtswissenschaftliche Darstellungsweise, die das Historische als Fremdes, aus den Quellen zu Rekonstruierendes begriff. Wo also konnte jetzt noch der Ort der Anekdote sein? Denn zuvor war sie durchaus historisches Argument gewesen. Zog sie sich nun als literarische Gattung auf das gänzlich Fiktive zurück? Aber warum bediente sich beispielsweise Kleist bei seinen Anekdoten intensiv populärer Überlieferungen? War in ihnen eine besondere, andere Wahrheit aufgehoben?

Beginnt man sich mit dem Gegenstand intensiver zu beschäftigen, so stellt man schnell fest, dass in Künstlerlebensläufen des 18. bis 20. Jahrhunderts die klassischen Anekdoten seit den Künstlerviten von Plinius durchaus fortgeschrieben werden und auch ihre Funktion sich nicht grundsätzlich verändert: Sie beschreiben weiterhin den besonders geglückten unmittelbaren Naturzugriff der Künstler. Am ausgeprägtesten findet sich dieser Typus im fortgeschrittenen 18. und früheren 19. Jahrhundert in England, in einer kaum zu überblickenden Fülle. Womöglich liegt der Grund darin, dass England keinen eigentlichen Historismus gehabt hat, historisches Denken und damit verbundene Theoriebildung zu dieser Zeit nicht stattfand, dafür aber eine höchst verfeinerte Form von Biographik entstand, die individuellen Personen gewidmet ist, dabei den subjektiven Standpunkt nicht ausklammert und damit die Relativität aller historischen Erkenntnis vor Augen führt?

Mehrere Kapitel werden sich mit diesem Typus beschäftigen. An ihm wird die deutsche Variante gemessen, die sich geradezu verzweifelt und paradoxerweise darum bemüht, die Authentizität und historische Richtigkeit überlieferter Anekdoten zu verifizieren oder zu falsifizieren. Gänzlich anders ist das Problem dann im 20. Jahrhundert gelagert: Welche Rolle kann die Anekdote, die doch etwas erzählen will, in der abstrakten Kunst spielen? Wir werden sehen, dass sie einerseits in Künstlerbiographien immer noch ausgesprochen aussagekräftig ist und andererseits zentral werden kann für das vom Künstler in Anspruch genommene Verhältnis von Kunstwerk und Rezipienten. Die Frage ist hier, wie Geschichte im Rezeptionsvorgang erzählt werden und zur Anschauung kommen kann.

Das hier Vorgelegte ist keine systematische Geschichte, sondern eine, die von Funden und Beobachtungen abhängig ist. Sie sollte, so mein Wunsch, von anderer Seite fortgeschrieben werden. Hier ist sie exemplarisch bis an die Schwelle des «post-histoire» geführt worden. Doch wie geht es dann weiter? Ich sah mich in meinem Text veranlasst, nicht gleich auf die Anekdoten loszusteuern, denn sie interessieren weniger als solche, sondern primär in ihrer Rolle als Form der Erhellung künstlerischer Positionen und individueller Werke. Dazu galt es nicht selten, relativ weit auszuholen, geschichtliche Überlieferung und Faktisches zu referieren, um dann den besonderen Beitrag der Anekdote geradezu als Korrektiv geläufiger Darstellungsmodelle zu nutzen.

Ich danke, wie schon so oft, dem Verlag C.H.Beck, der sich auch auf dieses, sicher nicht auf den ersten Blick übermäßig attraktive Unternehmen eingelassen hat. Aber vielleicht überzeugt es auf den zweiten? Insbesondere danke ich Stefanie Hölscher, die nun schon zum wiederholten Mal eine kritische, aber äußerst hilfreiche Lektorin war. Beate Sander, auch sie nicht zum ersten Mal, hat sich um den Abbildungsteil verdient gemacht und mir so das Leben entschieden erleichtert. Für finanzielle Unterstützung danke ich der Ernst-Reuter-Gesellschaft und hier in besonderem Maße Herrn Peter Lange, früher Kanzler der Freien Universität Berlin und schon da ein verständnisvoller Ansprechpartner.

Dieses Buch möchte erinnern an den früh verstorbenen Stefan Germer, die große Hoffnung der deutschen Kunstgeschichte, mit dem ich in den achtziger und neunziger Jahren regelmäßig über neue und andere Formen von Kunstgeschichtsschreibung diskutiert habe. Wo würde er wohl heute stehen?

Prolog

Laurence Sternes «Memoirs»

Am Ende seines Lebens, im Jahr 1767, hat sich Laurence Sterne, so überliefert es die Forschung, mit seinen «Erinnerungen» beschäftigt, die als «Memoirs of the Life and Family of the late Rev. Laurence Sterne. Written by himself» publiziert wurden. Und zwar als Vorspann zu einer Ausgabe seiner Briefe im Jahre 1775, herausgegeben von seiner Tochter Lydia.[1] Der Text ist kurz, knappe zehn Seiten, und er ist in erster Linie für die Tochter Lydia gedacht, an der Sterne sehr hing, was man nur im Gegensatz zum gestörten Verhältnis zu seiner Frau sehen kann. Sterne berichtet vom Herkommen seiner Familie, seiner unruhigen Jugend mit ständigem Ortswechsel, bedingt durch den Beruf des Vaters. Dieser wurde als Soldat mit seiner Einheit immer wieder verlegt, nicht nur in Irland und England, wo ihm seine Familie, gelegentlich in einigem zeitlichen Abstand, folgte, sondern schließlich auch zur Verteidigung nach Gibraltar und dann gar nach Jamaika, wo er schließlich verstarb. Diese Stationen allerdings machte die Familie nicht mit. Bis hierhin, bis zum Tod des Vaters, ist Laurence Sternes Schilderung detaillierter, danach wird eher kurz auf seine Pfarrstationen hingewiesen, bis zur Publikation der ersten beiden Bände von «Tristram Shandy», ohne dass dazu etwas gesagt würde.

Die Forschung weiß mit diesem Text nichts Rechtes anzufangen. Selbst die vorzügliche umfangreiche Biographie von Ian Campbell Ross von 2001 benutzt die «Memoirs» allein gelegentlich fürs Faktische, entlehnt das eine oder andere Datum, korrigiert auch hier und da Details aufgrund neuerer Quellenforschung – und damit hat es sich.[2] Ehrlich gesagt, dies verwundert dann doch. Weder macht sich die Forschung Gedanken über die Gattung Lebenserinnerung oder Autobiographie, die im 18. Jahrhundert ohne entschieden rhetorische Überformung nicht auskommt, was nichts anderes heißt, als dass sie bestimmten Versatzstücken verpflichtet ist. Noch fragt sie, wie das Verhältnis der «Memoirs» zu «Tristram Shandy» zu denken ist, schließlich lautet dessen genauer Titel «Leben und Ansichten von Tristram Shandy», weist also den Roman ebenfalls als Bericht über einen Werdegang aus. Und wer wüsste nicht, dass in «Tristram Shandy» von einem folgerichtigen Erzählen nicht die Rede sein kann, dass Tristram Shandys Geburt sich überhaupt erst im dritten Buch des Romans ereignet – falls man überhaupt von einem Roman reden kann – und auch da noch durch verschiedene Einschübe verzögert wird.

Als Dr. Slop, der zur Entbindung herbeigerufene Arzt, zusammen mit der Hebamme, mit der werdenden Mutter beschäftigt ist und alle sonstigen Protagonisten ebenfalls dies oder jenes zu tun haben, hat der Autor plötzlich Zeit, die Vorrede des ganzen Textes, in den er zu Beginn geradezu hineingeplumpst war, nachzuliefern.[3] Danach wird erst einmal berichtet, was die anderen getan haben, und auch die Missverständnisse zwischen Tristrams Vater und Onkel Toby gehen noch eine Weile weiter, bis wir Genaueres über das Unglück mit der Geburtszange, die missglückte Namensgebung und die Nottaufe erfahren. Was will Sterne uns mit diesem konfusen Erzählen sagen, mit all den Abschweifungen, nur um nicht auf den Punkt kommen zu müssen? Warum vermeidet er Folgerichtigkeit, die er doch bei seinen «Memoirs» pingelig genau beachtet? Wie erklärt sich der Widerspruch?

Folgen wir Wolfgang Isers vorzüglichem Buch zu «Tristram Shandy»,[4] so will Sterne uns mit seiner Verzögerungstaktik klarmachen, dass die Bedingungen unserer Existenz uns ebenso prägen wie unsere sich aus den Bedingungen ergebenden Marotten, dass es uns aber unmöglich ist, dieses Bedingungsverhältnis wirklich zu verstehen. Ersteres macht Sterne gleich am Anfang klar: «Meines Tristram's Unglück begann ja schon neun Monate bevor er überhaupt zur Welt kam».[5] Die sprichwörtlich gewordene Formulierung, mit der Tristrams Mutter den unmittelbaren Vollzug der ehelichen Pflichten einfordert: «Ei, mein Guter, hast du auch daran gedacht, die Uhr aufzuziehen»,[6] was bei seinem Vater jedes Mal ein gewisses Entsetzen auslöst, liefert uns ein Beispiel für eine besonders absurde Bedingung menschlicher Existenz. Natürlich möchte Sterne uns mit der Formulierung auf das Rituelle des Vollzuges hinweisen, dem die Engländer noch heute frönen sollen, wenn sie sich Samstagnachmittag um 15 Uhr zurückziehen. Doch wichtiger ist der Hinweis auf all die Hypotheken, die wir mit uns tragen, die unsere Gefühle, Reaktionen, Handlungen gänzlich subjektiv erscheinen lassen und auch weitgehend unerklärlich machen. Das Leben lässt sich nur in Grenzen steuern, unsere Antriebe – und mögen wir noch so überzeugt davon sein – lassen sich selten rational erklären. Wir kreisen um uns selbst, einen geraden Lebensweg gibt es nicht. Sternes permanente Abschweifungen in seinem Text entsprechen unserem schlangenförmigen Lebensweg. Folgerichtigkeit, Logik, rationales Argument – nichts funktioniert wirklich.

Sterne demonstriert dies in einer detaillierten Auseinandersetzung mit John Lockes «Essay Concerning Human Understanding». Für Locke ist bekanntlich das menschliche Bewusstsein zu Beginn eine «tabula rasa». Mittels Sinneseindrücken machen wir Erfahrungen, die uns prägen. Die Erfahrungen wiederum verbinden sich und lassen uns Ideen fassen. Nach Locke folgen sie logischen Gesetzen, sind natürlich und rational. Negative Erfahrungen lassen uns vorsichtig werden, auch das scheint vernünftig. Falsche Gedankenverbindungen, die sich etwa durch Gewohnheit eingeschliffen haben, sind zu eliminieren. Sie diskreditiert Locke mit aller Macht, um die fortschreitende Vernünftigkeit der Existenz, von der er gänzlich überzeugt scheint, zu retten. Es liegt offensichtlich an uns, ob wir vernünftig oder verrückt werden.[7]

Sterne nutzt alle diese Argumente, nur um sie auf den Kopf zu stellen. Wenn Tristrams Vater und Onkel Toby von morgens bis abends ihre Steckenpferde reiten und sich dabei ununterbrochen missverstehen, was ihrer wechselseitigen Sympathie mitnichten Abbruch tut, dann demonstriert Sterne, dass unsere Prägungen uns hierhin und dahin führen, bloß nicht dahin, wohin rationale Logik uns führen sollte. Kurz: Unsere Subjektivität schlägt immer durch, objektive Wertungen wünschen wir uns, wir können sogar glauben, gänzlich abstrakter Logik verpflichtet zu sein – allein, es hilft uns nichts. Und warum ist das so, selbst wenn man das Gepäck nicht berücksichtigt, das wir seit der Geburt mit uns tragen? Es liegt schlicht daran, dass John Locke eines grundsätzlich unterschlägt, wovon Sterne auch in seinem privaten Leben nur zu gut weiß, und das ist unsere Triebnatur. Sinneseindrücke sind von außen kommende Reize, doch von innen kommt jede Art von Triebverlangen, das noch weniger steuerbar ist. Der gesamte Text von «Tristram Shandy» ist mit den Folgen dieses Unbeherrschbaren befasst. Und diese Einsicht zerstört auch das logische Erzählen. Die Erzählebenen sind geradezu wild vermischt. Sternes permanente Abschweifungen haben den tieferen Sinn, uns darauf aufmerksam zu machen, dass, wenn wir schließlich zum eigentlichen Erzählstrang zurückkehren, wir und die Geschichte nicht mehr dieselben sind, die Abschweifung mit ihren Erfahrungen hat uns – und sei es subkutan – verändert.

Demgegenüber nun sollen Sternes «Memoirs» einfach nur der Reihe nach erzählen, was war, als wäre es in klarer Logik zu berichten? Man mag es kaum glauben. Dabei tut der Text so; die Chronologie ist eindeutig, erst dies, dann das. Aber ist das dann automatisch eine Autobiographie? Getreu dem Sterne'schen Verfahren ist an dieser Stelle mit gehöriger Verspätung nachzuliefern, dass Sternes «Memoirs» gar nicht in Gänze 1767, als er sich auf dem Höhepunkt seines Ruhmes befand und auch schon von Krankheit schwer gezeichnet war, entstanden sind. Vielmehr hat Lydia zwei Manuskripte, die zu unterschiedlichen Zeiten und Anlässen verfasst wurden, zusammengefügt, ohne dass ein Übergang markiert wäre. Dies weiß man erst seit einigen Jahren, seit Sternes Originalmanuskript für den ersten, längeren Text der «Memoirs» auftauchte. Kenneth Monkman von Shandy Hall hat dieses Manuskript mustergültig ediert, faksimiliert und kommentiert. Nun ist dieser Text von Sterne handschriftlich genau datiert, allerdings ist die Jahreszahl mit Tusche mehr oder weniger unleserlich gemacht worden, naheliegenderweise dürfte Lydia die Übeltäterin gewesen sein. Auf dem Faksimile kann man die Zahl nicht entziffern, im Original hat man als Datum den 5. September 1758 gelesen.[8]

Stimmt die Jahreszahl, dann könnte man argumentieren, sie würde das folgerichtige Abspulen der Daten in diesem Teil der «Memoirs» erklären, denn noch hatte Laurence Sterne nichts publiziert. Ganz ausschließen kann man diese Erklärung nicht. Doch würde sie mitnichten begründen können, warum Sterne den Text gerade zu diesem Zeitpunkt verfasst hat, und wir erführen auch nichts über seine Funktion, abgesehen davon, dass er seine Tochter über sein Herkommen aufklären wollte. Das hätte, wie Lydia wohl gespürt hat, eher am Ende seines Lebens Sinn gemacht, einen Sinn, dem sich der zweite Teil verdankt, dessen Originalmanuskript noch nicht wieder aufgetaucht ist. Warum also 1758? Dafür scheint es nur eine Erklärung zu geben, und sie wird durch die Struktur des Textes gedeckt, vor allem aber durch den einzigen genaueren Bericht einer Geschichte aus Laurence Sternes Leben: Sterne ist sich zu diesem Zeitpunkt, wie man so schön sagt, über seine Berufung klar geworden, er steht unmittelbar vor dem Beginn seiner literarischen Tätigkeit. Es ist anzunehmen, dass er bereits das eine oder andere in der Schublade hatte. Schließlich sind Manuskripte vor dem «Tristram Shandy» überliefert, die es nicht bis zum Druck gebracht haben.

Für diese These spricht zum einen der Aufbau des Textes. Zwar wird chronologisch vom Werdegang der Eltern berichtet, doch was bezweckt dies im Rahmen von Sternes Biographie? Durch die ständige Verlegung der Einheit des Vaters kommt die Familie nicht zur Ruhe. Regelmäßig werden unterwegs weitere Geschwister geboren, doch so gut wie alle sterben im

Säuglings- oder Kindesalter, nur Laurence überlebt, so kränklich er von vornherein auch war. Auch der Vater ist zart, ja schwächlich, dennoch gutwillig und guten Mutes, trotz der schwierigen und bedrängenden Umstände. Schon 1731 stirbt der Vater, die Familie muss sich von nun an allein durchschlagen, es ist weiter eine Odyssee, der sie ausgesetzt ist. Während einer längeren Station lernt Laurence Lesen und Schreiben. Und mit Hilfe entfernterer Verwandter kann er schließlich gar studieren. Gegen alle Widerstände, so sollen wir begreifen, durchläuft er letztlich einen erfolgreichen Bildungsgang. Das ist ein Topos seit den antiken Künstlerlebensläufen von Plinius im 35. Buch seiner «Naturgeschichte». Doch dazu später. Die eigentliche Auserwähltheit von Sterne wird durch ein Ereignis in seiner Jugend bezeugt, das uns zeigen kann, dass das Schicksal Großes mit ihm vorhatte.

Ein Verwandter der Mutter beherbergt die Familie für ein halbes Jahr auf seiner Pfarrstelle in Animo nahe Wicklow. Dort stürzt Laurence Sterne in den Mühlengraben, wird für eine ganze Runde vom Mühlrad erfasst, dann wieder ausgeworfen und überlebt unverletzt. Es ist die Rede von einem «wonderful escape» und davon, dass die Geschichte zwar unglaublich scheine, aber doch in allen Teilen Irlands als wahr bezeugt wurde. Hunderte, so heißt es, pilgerten herbei, um das Wunder Sterne zu sehen. Spätestens hier entpuppt sich der Bericht als gut erfundene Anekdote, ebenfalls mit topischem Charakter, die allein dem Zweck des Beleges für die Auserwähltheit des Autors dient. Vor allem aber scheint sie der biblischen Jonas-Geschichte nachgebildet zu sein. Jonas wird in schwerem Sturm ins Meer geworfen, von einem Walfisch verschlungen und nach drei Tagen unverletzt wieder ans

Gestade ausgespien. Warum? Weil der Herr mit ihm, der seine Glaubensstärke bewiesen hat, Großes vorhatte. Gott machte ihn zum Propheten, um dem Volk in Ninive zu predigen. Und Laurence Sterne wurde zum Literaten, der das Publikum in London unterhielt, ein Sündenpfuhl wie das biblische große Ninive.

Der Vergleich mit Jonas entbehrt nicht einer gewissen Anmaßung. Denn Pfarrer Sterne wusste nur zu gut, dass Jonas' Errettung aus dem Bauch des Wales nach drei Tagen von der Kirche in typologischer Parallele zur Auferstehung Christi drei Tage nach der Kreuzigung gesehen wurde. Sich aber Christus zu vergleichen war, selbst wenn die Kirche die Imitatio Christi forderte, schon grenzwertig, die Analogie trägt Züge von Blasphemie. 1758 war Sterne längst Pfarrer in Sutton und schrieb seine Predigten, die gesammelt gleichzeitig mit den ersten beiden Bänden von «Tristram Shandy» 1760 in London erschienen. Er ließ sich auch nicht davon abhalten, die Predigten unter dem Namen Yoricks, des Narren bei Shakespeare, der in verwandelter Gestalt durch «Tristram Shandy» geistert, erscheinen zu lassen. Umgekehrt übernahm er seine wohl berühmteste Predigt, «Über den Missbrauch des Gewissens», komplett ins 17. Kapitel des 2. Buches von «Tristram Shandy», um dann im 11. Kapitel des 6. Buches auf seine eigenen Predigten zu schimpfen. Sie seien weitgehend Plagiat, von anderen Predigern abgeschrieben.[9]

Der zweite Teil der «Memoirs», obwohl doch so viel später verfasst, schließt nicht nur bruchlos an den ersten an, sondern forciert auch sofort das eben geschilderte Verfahren des anekdotischen Verweises und lässt es auch direkt unter dem Begriff der Anekdote firmieren. Ein Satz vorab zu Begriff und gattungsmäßiger Funktion der Anekdote in kunsthistorischen Zusammenhängen, bevor wir uns beidem im folgenden Kapitel theoretisch widmen werden: Gibt man im Katalog der British Library nur den Titel «Anecdotes» ein, dann erscheinen allein für die Zeit vom späteren 18. bis zum früheren 19. Jahrhundert etwa 200 Titel, von denen die meisten Künstleranekdoten gewidmet sind. In diesem Zeitraum sind Anekdoten eine Form der geschichtlichen Erinnerung an einzelne bekannte Personen. Sie referieren charakteristische Geschichten aus deren Leben, die durchaus mit Wahrheitsanspruch auftreten, da sie die Betroffenen «richtiger» charakterisieren, als es eine bloße faktische Biographie zu leisten imstande wäre. Nicht selten haben die Anekdoten zudem eine kunsttheoretische Dimension, die die Position eines Künstlers nachdrücklich fixiert und zudem in bestimmten Traditionen steht bzw. den Künstler in bestimmten Traditionen verankert. Anekdoten sind für die Zeit eine durchaus zulässige, ja die angemessene Form der Geschichtsschreibung.

Sterne hatte am Ende des ersten Teils seiner «Memoirs» von seinem Schulbesuch in Halifax berichtet und bemerkt, er sei dort von einem engagierten Lehrer betreut worden. Genau hieran schließt die Anekdote des zweiten Teils an, die sowohl ihn selbst als auch den Schulmeister betrifft. Der Schulmeister, so berichtet Sterne, habe dafür gesorgt, dass die Decke des Schulraumes geweißt worden sei. Gerade sei die Arbeit abgeschlossen gewesen, die Leiter habe noch dort gestanden. In einem unbeobachteten Moment sei er darauf gestiegen und habe in riesigen Lettern «LAUR. STERNE» an die Decke geschrieben, wofür ihn der Schuldiener gehörig durchgewalkt habe. Der Schulmeister jedoch sei empört über diese Behandlung gewesen und habe in Sternes Anwesenheit gesagt, nie solle dieser Name wieder gelöscht werden, denn Sterne sei ein Knabe von Genie, und er sei sicher, dieser Knabe werde es zu etwas Besonderem bringen. Diese Bemerkungen, so Sterne, hätten ihn die empfangenen Schläge vergessen lassen.

Dass es sich hier um eine erfundene Geschichte handelt, dürfte außer Frage stehen. Auch hier scheint Sterne nicht nur auf seine glorreiche Zukunft verweisen zu wollen, sondern die Geschichte zugleich durch verschiedene indirekte Verweise verstärkt zu haben. Die Decke steht, keine Frage, nicht nur in jeder Kirche ist das der Fall, für den Himmel und die Leiter gar für die Himmelsleiter. Sterne imaginiert seine Unsterblichkeit. Und dass er seinen Namen in dieser besonderen Form in den Himmel schreibt, ist auch nicht zufällig. Bekanntlich wird die Namensgebung in «Tristram Shandy» gezielt eingesetzt und ist in beinahe jedem Falle bedeutungshaltig.[10] Die Forschung hat festgestellt, dass der Vorname Laurence im 18. Jahrhundert ungewöhnlich war. Sterne ist aber nicht etwa am Namenstag des hl. Laurentius geboren, dem 10. August, sondern am 24. November 1713. Zu diesem seinem Geburtsdatum merkt Sterne im ersten Teil der «Memoirs» an, sein Vater habe es beileibe nicht als ein gutes Zeichen angesehen, denn er sei an diesem Tag aus dem Militärdienst entlassen und mit Frau und Kind in die Welt getrieben worden. Auch dies wird natürlich nicht ohne tieferen Sinn angeführt, denn damit ist Laurence Sterne ohne jede Unterstützung in die Welt getreten, und doch ist aus ihm etwas Besonderes geworden, gegen alle Widerstände. Nein, falls Sterne seinen Vornamen tatsächlich mit dem hl. Laurentius in Verbindung gebracht haben sollte, dann nur als Verweis auf das eigene qualvolle Leben. Denn der hl. Laurentius wurde bekanntlich für seinen Glauben auf einem glühenden Rost zu Tode gefoltert.

Doch nicht dies scheint Sterne mit der besonderen Form seines Namens gemeint zu haben. Dass er seinen Vornamen an der Decke ungewöhnlicherweise als «LAUR.» abkürzt, mag darauf verweisen, dass er von seinen Freunden Laury genannt wurde, doch wichtiger ist wohl etwas anderes: Wir sollen «LAUR.» zu «laurel» ergänzen, zum Lorbeer, den seiner Meinung nach die Welt ihm stiften wird – wie es ja auch gekommen ist. Es ist auch möglich, dass er sich mit der Abkürzung als Laureat charakterisieren wollte, als ein *poeta laureatus*, ein mit Lorbeer bekränzter Dichter. Vielleicht hat Lydia das begriffen, die offenbar um einiges klüger war, als man ihr lange Zeit unterstellt hat. Denn ihrer Edition der «Memoirs» stellte sie ein Titelbild voran, auf dem sie selbst in schöner Gestalt erscheint und die Marmorbüste von Laurence Sterne, geschaffen um 1766 von Joseph Nollekens, mit einem Lorbeerkranz bekrönt (Abb. 1).

Als Letztes sei bemerkt, dass es bezeichnend ist, bis zu welchem Punkt Teil eins und auch Teil zwei der «Memoirs» geführt werden. Der erste Teil reicht, wie wir gesagt haben, bis zu Sternes Erkenntnis seiner besonderen Berufung. Eine Fülle von klassischen Lebensläufen bricht an diesem Punkt ab, noch im 19. Jahrhundert ist das der Fall. Am ausgeprägtesten gilt dies für die pietistische Tradition: Nach dem Erweckungserlebnis ist das Leben entschieden, alles Kommende ist von Gott so gewollt und unabänderlich.[11] Der zweite Teil nennt am Ende nur die Publikation der ersten beiden Bände von «Tristram Shandy». Bei Abfassung dieses Teils der «Memoirs» waren aber schon alle neun Bände erschienen, der letzte im Januar

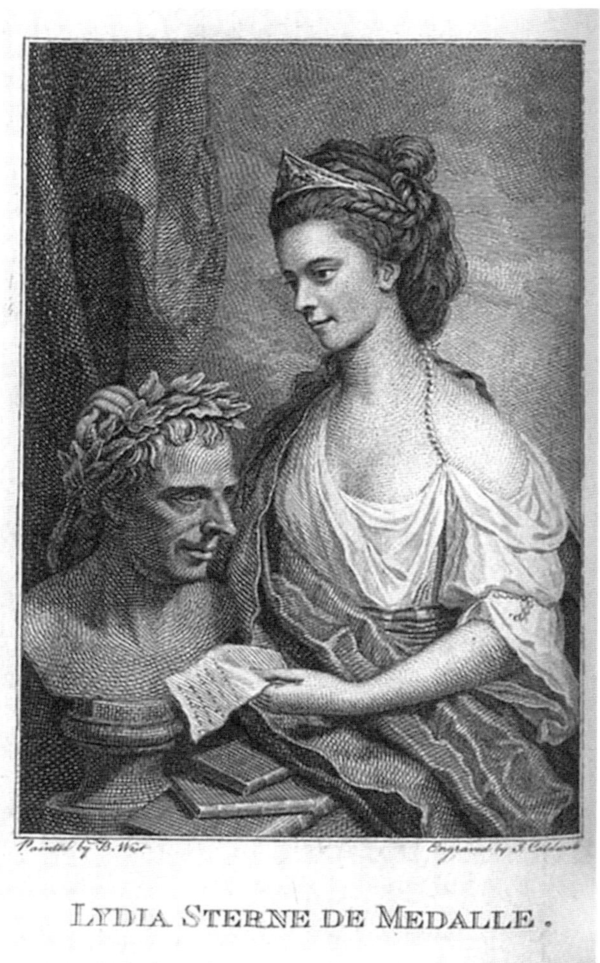

Abb. 1 James Caldwall nach Benjamin West, Lydia Sterne bekrönt die Büste ihres Vaters, Titelblatt zu Lydia Sternes Ausgabe der Briefe Laurence Sternes, 1775, Kupferstich und Radierung, 14,5 × 9 cm

1767, und selbst der Text zur «Sentimental Journey» war schon weit gediehen, als Sterne den Abschluss des zweiten Teils der «Memoirs» im Spätherbst 1767 vermerkte. Doch die Publikation und die sofortige Erfolgsstory der ersten beiden Bände des «Tristram Shandy» markieren den Durchbruch in der Öffentlichkeit. Was sich mit der Selbsterkenntnis abzeichnete, hat sich nun erfüllt – und nur das war zu dokumentieren, um das Leben als geglückt zu erweisen. Für einen literarischen Lebenslauf dieses Typs sind nicht Geburt und Tod entscheidend, sondern Berufung und Erfüllung.

Warum dieses Beispiel als eine Art Einleitung zu diesem Buch, wo doch von einem bildenden Künstler nicht die Rede ist? Weil uns Laurence Sterne in selten forcierter Weise darauf aufmerksam machen kann, dass Geschichtsschreibung, in Sonderheit im Falle einer Autobiographie, folgt sie einer vermeintlich logischen Abfolge der Ereignisse und nimmt sie eine konsequente Entwicklung an, eine Fiktion darstellt und dass eine anekdotische Darstellungsweise – und seien die Geschichten auch durch die Bank erfunden – womöglich etwas Richtigeres über Person und Werdegang aussagen kann. Die Anekdote, sie mag sich noch so sehr tradierter Topik bedienen, gibt der Darstellung einen Ton, eine Färbung, die eine offizielle Erzählung in andere Bahnen lenken, ja konterkarieren kann. Insofern spricht der New Historicism von einem Störfaktor, den die eingestreute Anekdote liefern kann. Sie erkennt das Kontingente eines Lebens, schreibt «counterhistories», wodurch sie uns zum Nachdenken über die Angemessenheit geläufiger Darstellungsformen zwingt.[12] Dies gilt es für alles Folgende im Gedächtnis zu behalten.

1. Kapitel

Anekdote – Begriff, Gattung und tiefere Bedeutung

2014 hatten Jost Philipp Klenner und Ulrich Raulff die Idee, eine Nummer der «Zeitschrift für Ideengeschichte» der Anekdote zu widmen.[1] Sie dachten in erster Linie an Akademiker- oder Gelehrtenanekdoten und forderten etwa sechzig an Universitäten oder im Literaturbetrieb Tätige auf, einen kurzen Text zu schreiben. Gut die Hälfte hat geliefert. Der Wunsch war, sie sollten eine persönliche Anekdote erzählen und mit einem erläuternden Kommentar versehen, der möglichst etwas zum Wesen der Anekdote enthalten sollte. Die Hoffnung bestand darin, dass so das eine oder andere bisher Verschwiegene, vielleicht als peinlich Empfundene, aber aus der Erinnerung nicht zu Streichende ans Licht kommen und zu persönlicher Reflexion Anlass geben würde. Zugleich wurden einige wenige theoretische Texte zur literarischen Form der Anekdote eingeworben und zwischen die berichteten Anekdoten gestreut. Heraus kam ein reizvoller bunter Strauß, wenn sich auch bei weitem nicht alle Autoren und Autorinnen an die Vorgabe hielten. Eines aber wird nach der Lektüre aller Texte überdeutlich: Die Facetten der Anekdote sind vielfältig, schulmäßige Definitionen mögen einer ersten Annäherung dienen, erschöpfen aber ihre Möglichkeiten und Dimensionen mitnichten. Ja sie verstellen (gelegentlich) ihren tieferen Sinn und auch das naheliegende Faktum, dass das, was man unter einer Anekdote versteht, historischem Wandel unterliegt. Als kleiner erzählerischer Form konnten der Anekdote in verschiedenen Zusammenhängen, Zeiten und Ländern unterschiedliche Funktionen zuwachsen. Insofern hat man zu Recht festgestellt, die Anekdote sei eine enigmatische, arbiträre Form, und das betrifft sowohl ihre Produktion wie ihre Rezeption.[2]

Der Begriff im wörtlichen Sinn meint das Nicht-Herausgegebene oder bewusst Zurückgehaltene, aber auch eine ursprünglich mündliche Überlieferung. Beim «Begründer» der Anekdote, dem spätantiken Historiker Prokop, waren für die Zurückhaltung eines umfangreichen Textes politische Gründe verantwortlich. Seine Hauptschrift «Bella» ist eine Lobeshymne auf Kaiser Justinian, eine bei diesem Gewaltherrscher opportune Eloge. Ihr gegenüber stehen die zu Prokops Lebzeiten nicht veröffentlichten «Anekdota», die die Skandalgeschichte ebendieses Herrschers und seiner nicht weniger korrupten Ehefrau in einer Fülle von Detailereignissen belegen.[3] Damit liefern Anekdoten von Anfang an Gegengeschichten zur offiziellen Geschichtsschreibung. Zusammengestellt aus alltäglichen, kleinen Begebenheiten, ergibt sich ein Gegenbild zur großen staatstragenden Erzählung, die Anekdote fungiert als Korrektiv zur offiziellen Darstellung und kann durchaus auch subversive Dimensionen besitzen. Darauf hat erst wieder der New Historicism der Gegenwart abgehoben.[4]

Aus dem bisher Angeführten ergibt sich bereits eine Reihe von Bestimmungen der Anekdote: Sie ist nicht fiktional, allerdings ist der Wahrheitsgehalt nicht immer zu bestimmen – nicht ganz selten sollen gut erfundene Anekdoten das entworfene Charakterbild stützen. Zumeist ist die Anekdote als kurze, «knackige» Erzählform auf eine Pointe hin angelegt oder stellt ein einprägsames Bonmot dar, das den Charakter der Person auf den Punkt bringen soll. Dass der Anekdote auf diese Weise besondere Überzeugungskraft zuwächst, macht sie anfällig für Überzeichnung, aber auch für ideologischen Missbrauch. Einprägsame Anekdoten tendieren dazu, auf andere Personen oder Ereignisse übertragen zu werden. Bei derartigen sogenannten Wanderanekdoten können im Laufe der Zeit Veränderungen, Erweiterungen, Zuspitzungen, Versetzungen in Zeit und Raum, auch bewusste Verfälschungen stattfinden. Doch sollte man festhalten, dass Anekdoten per se weder auf eine Moral von der Geschicht' zielen noch auf eine allgemeine Anwendbarkeit, sie verbleiben erst einmal in individueller Besonderheit. Es geht um Reales, auch wenn die Geschichte erfunden sein mag, die Fabel dagegen erfindet gänzlich und will eine Nutzanwendung. Als auf Reales bezogen kann die Anekdote auch dazu dienen, Widersprüche einer Person aufzudecken, sie kann auf Eindeutigkeit und ganz bewusst auf eine geglättete Gesamterzählung verzichten.

Will man den Aufbau einer Anekdote in generalisierter Form darstellen, so kann man von ihrer Dreiteiligkeit sprechen: Die Einleitung (*occasio*), die eine kurze, nicht unbedingt zu erwartende Geschichte erzählt, erfährt in der Überleitung (*provocatio*) eine vermeintlich nahliegende Deutung. Diese missversteht die eigentliche Zielsetzung nicht selten, greift zu kurz, ist sich aber auch nicht sicher. Die Pointe (*dictum*) schließlich repliziert die Überleitung in zugespitzter Form, sorgt für einen Aha-Effekt und überzieht dabei leicht, was das Vergnügen an der verblüffenden Aufhebung nicht mindert, im Gegenteil.[5] Ihr ist es erlaubt, gegen Konventionen zu verstoßen. Für das Folgende spielt dieser Aufbau der Anekdote insofern zumeist keine besondere Rolle, als die Geschichten der *occasio* sich zwar in der Regel auf historische Personen beziehen, doch häufig so in die Biographie eingebettet sind, dass die Anekdote sich nicht in einer argumentativen Abfolge entfaltet. Dies ist unter anderem ihrer Funktion als Transportmittel kunsttheoretischer Aussagen geschuldet.

Um die Vielfältigkeit der Anekdote zu belegen, ihr Sich-Sträuben gegen eine fixe Definition, ihren Funktionswandel im Laufe der Zeit und in unterschiedlichen Kontexten, in denen sie zur Anwendung kommt, sei vorab ihre unterschiedliche Rolle auf zwei Feldern, in Künstlerviten und in Anekdotensammlungen, ansatzweise charakterisiert. Sicher ist in beiden Fällen ihre Funktion zu beschreiben: Das eine Mal soll eine bestimmte künstlerische Ausrichtung, also eine Sache, das andere Mal der Charakter einer individuellen Person gezeichnet werden. Anekdoten dienen hier unterschiedlichen Gattungen, die jeweils einer eigenen Rhetorik verpflichtet sind. In Künstlerviten rufen sie, so sehr sie auch variiert sein mögen, beinahe durchgehend eine benennbare historische Herkunft auf, und in dieser Tradition folgen sie auch einer identischen Funktion. Denn Künstleranekdoten gehen zum allergrößten Teil auf die antiken Künstlerviten zurück, die Plinius der Ältere im 35. Buch seiner «Naturgeschichte» überliefert hat. Diese folgen einer bestimmten Topik, und spätere Vitenschreiber wie Vasari oder Carel van Mander schlossen daran an. Da die antike griechische Malerei nicht realiter überliefert ist, kennen wir die Namen der Künstler nur aus der Literatur und ihren besonderen Rang durch Plinius. Und nach ihm bemisst sich, um es ganz verkürzt und direkt zu sagen, ihr Verdienst nach der jeweils erreichten absoluten Naturtreue ihrer Wiedergaben. Damit ist aus Plinius' Anekdoten einerseits eine Rechtfertigung eines ausgeprägten Realismus zu beziehen, andererseits – und durchaus getrennt von der Feier des Realismus zu denken – eine Nobilitierung klassischer Künstler, die in den Rang der besten antiken Maler erhoben werden. Für die Tradition realistischer europäischer Maler durch die Jahrhunderte traten die Plinius'schen Anekdoten an die Stelle der klassischen Kunsttheorie, die auf Idealisierung zielte. Denn eine ausformulierte Theorie realistischer Kunst hat es nie gegeben, vielmehr mussten sich realistische Künstler die Abqualifizierung ihres Zugriffs durch die der Klassik verpflichteten Künstler gefallen lassen. So waren für sie die Plinius'schen Anekdoten eine Art Antidot, so wie die Prokop'sche Anekdote in ihrer Charakterschilderung einer individuellen Person ein Gegengift oder Korrektiv zu einer konventionellen, linearen Geschichtsschreibung war.[6]

Anekdotensammlungen sind primär ein Produkt des 18. Jahrhunderts, das die grundsätzliche Differenz zwischen privat und öffentlich erkennt. Sie nehmen insofern teil an einem Verbürgerlichungsschub. Allerdings unterscheiden sich die Anekdotensammlungen in Deutschland und in Grenzen auch in England von den französischen. Während sie in Frankreich, im Ancien Régime, in der Tradition der italienischen Pasquinaden eher subversiven Charakter besaßen, waren sie in Deutschland und in England stärker affirmativ ausgerichtet. In Frankreich lieferten sie vor allem Klatschgeschichten,

Skandalchroniken zu den Selbstüberhebungen des Adels. Sie versuchten, Vertuschtes ans Licht zu bringen, und übertrieben schamlos und mit Lust die Schamlosigkeiten des ersten Standes. Salopp gesagt, je ordinärer, umso besser. Bezeichnenderweise lautet der Titel bei einer Fülle von Sammlungen mit derartigem Gossip: «La vie privée» von dieser oder jener Person. Deren Privatleben wurde an die Öffentlichkeit gezerrt, und man sollte nicht unterschätzen, welchen Anteil derartige Anekdotensammlungen an der in die Revolution mündenden Unterhöhlung der Adelsansprüche gehabt haben.[7] In Deutschland dagegen – es sei nur auf Friedrich Nicolai vorausgewiesen[8] – dienten die Sammlungen eher der Feier von Originalität und Einzigartigkeit des jeweiligen Protagonisten. In England gibt es bei den Anekdotensammlungen eine auffallende Konzentration auf Künstlerlebensläufe, die hier, was die Menge und den Umfang angeht, die deutsche und die französische Tradition auf diesem Felde weit in den Schatten stellen. Einige wenige sind – wir werden darauf noch hinweisen – in kritischer Absicht verfasst, die allermeisten jedoch propagieren den besonderen Genius eines individuellen Künstlers.[9]

Nun ist mein Interesse weniger auf die einzelne Anekdote als solche gerichtet als vielmehr auf die durchaus ungewöhnliche und auf den ersten Blick paradox erscheinende Frage konzentriert, inwieweit gerade mit Hilfe der Anekdote und ihrer Entschlüsselung bzw. ihrem angemessenen Verständnis die Interpretation einzelner Werke gelegentlich eher möglich ist und überzeugender gelingen kann als durch eine noch so sorgfältige Rekonstruktion quellengestützter, faktenmäßig unterfütterter historischer Zusammenhänge. Ich vertraue hier der Auffassung der Anekdote, wie sie im New Historicism entwickelt wurde, vor allem durch Stephen Greenblatt und seinen deutschen Nachfolger Moritz Baßler.[10] Gemäß der dort entwickelten Auffassung bringt die Anekdote das Andersartige der Vergangenheit zum Vorschein, das Heterogene, Übersehene, Irritierende, das die offizielle Geschichtsschreibung gern unterschlägt. Die Anekdote ist mehr *down-to-the-earth*, sie misst auch scheinbar Abwegigem, so es sich zeigt, Erkenntniswert zu. In ihrer Textur macht sie ihren eigenen Text selbst zur Realie – und sei sie auch erfunden. Sie traut eher der Rätselhaftigkeit der Geschichte als deren vermeintlich logischem Verlauf und schon gar nicht ihrem vermeintlichen Telos. Für den New Historicism ist die Anekdote nicht bloßes Ornament, Flechtwerk am Stamme der verbindlichen Geschichtsauffassung, sondern destruiert diese. Sie geht über das historisch Faktische hinaus, zeigt die verschwiegenen Brüche, hebt das Verdrängte aus dem Schutt der Geschichte wieder ans Licht und befördert so eine zweite Wahrheit, die die erste in Frage stellt. Sie ist diachron insofern, als sie auch Anachronistisches im Gegenwärtigen in seiner Bedeutung herausstellt. Die Anekdote geht nicht restlos in einer behaupteten Wahrheit auf, sondern bleibt widerständig, sie liefert keine einfachen Antworten und schlüssig erscheinende Erklärungen, sondern verbleibt im Zustand des Zweifels. So nehmen wir die Anekdote ernst, erfreuen uns an ihrem Witz und nehmen sie zum Anlass, geläufige Sprachregelungen in Frage zu stellen, in der Hoffnung, Zugang zu einer zweiten Wahrheit zu gewinnen.

2. Kapitel
Stubbs' Ästhetik

Die besonderen englischen Bedingungen

Ästhetik? Kann es bei einem Künstler, der als bloßer Pferdemaler gilt, der die Dinge so genau wiedergibt, wie sie erscheinen, und sich dabei auch noch wissenschaftlich absichert, überhaupt sinnvoll sein, von Ästhetik zu reden? Haben wir vor seinen Bildern nicht eher den Eindruck, es handle sich um eine bloße Addition von genau Beobachtetem? Was soll da die Frage nach der Ästhetik? Kann bloß Dokumentiertes eine Ästhetik haben?

Unser Begriff von Ästhetik ist immer noch, ob wir es wollen oder nicht, klassisch-idealistischer Natur. Bilder sollen kompositorisch ausgewogen sein, aber nicht steif und unbeweglich. Möglichst sollen sie etwas erzählen, sich entfalten, einen Anfang, Höhepunkt und Abschluss haben. Sie sollen ein Zentrum aufweisen, auch in gedanklicher Hinsicht. Dieses Zentrum soll möglichst nicht auf der senkrechten Mittelachse platziert sein, was Bewegung stillstellen würde, sondern unseren europäischen Lesegewohnheiten folgend leicht aus der Mitte nach rechts verschoben sein. Die übrigen Gegenstände der Bilder sollen auf dieses Zentrum bezogen sein bzw. von da ihren Sinn bekommen. Insofern soll ein Bild aus Über- und Unterordnung bestehen, die Dinge sollen sich harmonisch fügen. Dankbar sind wir zudem, wenn das Bild eine nachvollziehbare räumliche Entfaltung aufweist, wenn es Atmosphäre zeigt, fließende Übergänge.

Zugegeben: Dieser Ästhetik widerspricht die Moderne nicht selten in vielfacher Hinsicht, doch historischer Kunst fordern wir die geschilderte lebendige Bildordnung ab, sie bestimmt unseren Bild- und Kunstbegriff. George Stubbs' Zeitgenossen sahen diese Anforderungen bei seinen Werken als nur sehr begrenzt eingelöst. Sie hatten für seine Kunst ein einfaches Modell der Abqualifizierung parat, das sich gänzlich der klassischen Kunsttheorie verdankt. Für sie war Stubbs ein reiner Naturnachahmer, und daher waren er und seine Kunst niedrig einzustufen. Dahinter stand der Gedanke, dass eigentliche Kunst die Natur nicht bloß so wiedergibt, wie sie ist, sondern wie sie sein soll – in idealisierter Form, einem bestimmten Schönheitsbegriff folgend, einem Idealtypus. Zu einem solchen Schönheitstypus kann der Künstler entweder nach aristotelischer oder nach platonischer Lehre gelangen. Vereinfacht gesagt: Das eine Mal destilliert er aus dem breiten Wirklichkeitsangebot einen idealen Typus heraus, das andere Mal ist er göttlich inspiriert, schaut im Geiste die reine Schönheit und bringt sie in seinem Werk zur Anschauung. Die eine Schönheit entsteht a posteriori, als Resultat von Erfahrung und Studium, die andere stellt sich a priori beim begeisterten Künstler ein und entäußert sich im Schaffensrausch.

Der bloß nachahmende Künstler dagegen verfährt aus klassischer Sicht mechanisch, uninspiriert und unintellektuell, rein handwerklich. Das, was er vor sich sieht, überträgt er möglichst eins zu eins, ohne Rest ins Bild. Nun hat die klassische Theorie nicht nur ein Schönheitsideal propagiert, sondern, vielleicht noch wichtiger und eng mit dem Idealentwurf verflochten, eine Hierarchie der Gegenstände bzw. Gattungen der Malerei aufgestellt. Diese Hierarchie hatte spätestens seit dem 16. Jahrhundert Gültigkeit, doch endgültig ausformuliert wurde sie erst überraschend spät: in André Félibiens «Préface» zu den von ihm herausgegebenen «Conférences» von 1668, also der Diskussion über bestimmte, besonders hervorragende Bilder an der französischen königlichen Akademie der Künste unter dem Vorsitz des Akademiepräsidenten Charles Lebrun. Félibien schreitet fort von den niederen zu den hohen Gegenständen, von den unbelebten zu den belebten, deren Bedeutsamkeit kontinuierlich zunimmt. Ganz unten steht das Stillleben, der französische Begriff «nature morte» verweist ausdrücklich auf seine Leblosigkeit. Dem folgt die Landschaftsdarstellung, auch sie ist im Kern unbeweglich. Die Tierdarstellungen beschäftigen sich immerhin schon mit Lebewesen, aber sie erregen noch nicht unser individuelles Interesse – das tut allein der Mensch. Seine Wiedergabe im Porträt zeigt den Maler zwar auf dem Weg zu den höchsten Gegenständen, doch ist das Porträt, selbst wenn es schon eine Tendenz zur Verschönerung aufweist, immer noch primär Naturnachahmung, schließlich geht es um Ähnlichkeit. Erst der Übergang von der Einzelfigur zum Figurenensemble durch die Erzeugung eines szenischen Zusammenhangs, das Erzählen einer Geschichte oder «Historie» von exemplarischem Charakter – bedeutend in der Geschichte, gefällig in der Dichtung – eröffnet den Weg zur Perfektion. Allerdings – und hier überbietet Félibien die klassische Gattungshierarchie, die sich damit begnügt, Geschichte, Mythos und Dichtung den obersten Rang zuzuweisen – sieht Félibien noch über der exemplarischen Historie die allegorisch eingekleidete Fabel oder mythologische Geschichte, die unter dem Schleier der Allegorese den Herrscher und seine Tugenden aufruft und verherrlicht. Ludwig XIV. als neuer Apoll hat dessen Qualitäten und Auszeichnungen geerbt. So verlässt der Herrscher im allegorischen Bild die irdische Sphäre und entzieht sich dem Anspruch, nach menschlichen und gesellschaftlichen Kriterien beurteilt werden zu können. Er gewinnt Gottes Ebenbildlichkeit. Der absolute Herrscher verkörpert die Spitze einer hierarchischen Pyramide, nicht nur im Staat, sondern auch im Reich der Kunst.[1]

Warum diese politisch überformte Gattungshierarchie in England im 18. Jahrhundert von vornherein fragwürdig erscheint, ist schnell gesagt. Nachdem John Locke schon 1690 die Gewaltenteilung propagiert hatte, wurde Anfang des 18. Jahrhunderts das Königtum, das bereits durch Oliver Cromwell einen entscheidenden Schlag bekommen hatte, in eine parlamentarische Monarchie überführt, mit politischen Parteien, die über das Für und Wider stritten und in der Regierungsverantwortung abgelöst werden konnten. Zudem kamen Georg I. und Georg II. nicht nur aus Hannover, sondern sprachen auch so gut wie kein Wort Englisch. So erschien das Königtum insgesamt stark geschwächt, und seine bloß repräsentative Funktion wurde sichtbar. Die Kunst hörte daher auf, ein Phänomen des rechtfertigenden Überbaus zu sein. In England entstanden zwei Kulturen: zum einen eine Adelskultur, die Hochkunst aus Italien importierte und mit einer gewissen Verachtung auf nationale Kunstbemühungen herabschaute. In der Tat war auch die Hofkunst zuvor europäischer Import gewesen, auch die Nachfolger von Anthonis van Dyck als Hofkünstler kamen aus dem Ausland. Eine eigene Kunstproduktion war so gut wie nicht existent, und es gab weder eine Tradition englischer Kunsttheorie noch eine Kunstakademie.

Doch neben der Adelskultur etablierte sich zu Beginn des 18. Jahrhunderts eine Kultur der Mittelklasse. Landreformen stärkten die Großgrundbesitzer und führten zur Konzentration des Landbesitzes, wobei die Erschließung des Landes durch Kanal- und Bankensysteme ungemein beschleunigt wurde. Dadurch lösten sich die über Jahrhunderte bestehenden Strukturen auf. Die Landbevölkerung verarmte, es kam zu einem unaufhaltsamen Zuzug in die Metropole London mit größten Schwierigkeiten für die Zugewanderten, dort Fuß zu fassen. London war keine Industriestadt, sondern eine Stadt des Dienstleistungsgewerbes. Heerscharen von Lehrlingen, Angestellten und Bediensteten suchten nach Halt. Dabei drohte der Absturz, das Alkoholproblem war immens, insbesondere durch das unlizenzierte Brennen von Gin, bei dem die ländliche Gentry auch noch das schlechteste Korn absetzen konnte; zeitweilig befand sich in jedem fünften Haus Londons ein Gin-Ausschank. William Hogarths und Henry Fieldings letztlich erfolgreiche Anti-Gin-Kampagne von 1750/51 (Abb. 2) ist nur das Endergebnis verschiedener vergeblicher Anläufe, dem Gin-Missbrauch gesetzlich entgegenzusteuern.[2]

Von kirchlicher Seite – besonders durch die sogenannten Latitudinarier, die der *low church* angehörten –, aber auch durch privatbürgerliche Initiativen wurden Sozialreformen auf den Weg gebracht, auf der Basis einer breit propagierten *middle-class*-Moral. Ihren frühen Niederschlag fanden sie vor allem in den moralischen Wochenschriften, dem «Spectator»,

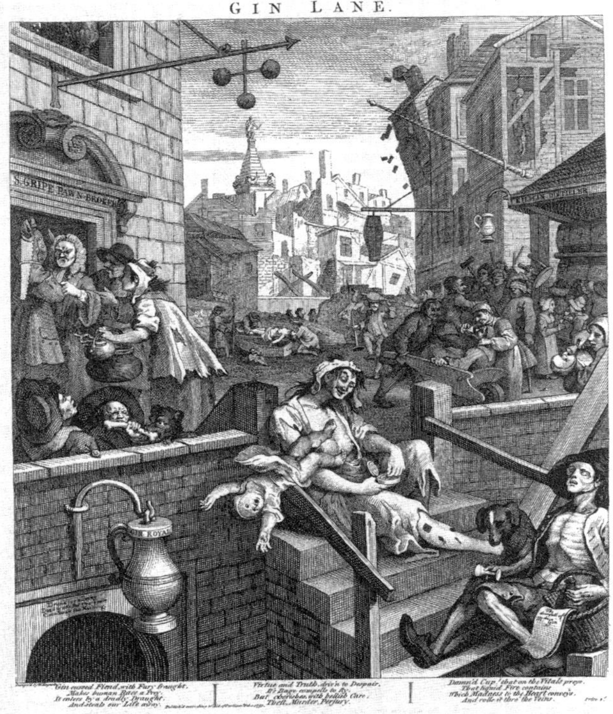

Abb. 2 William Hogarth, Gin Lane, 1751, Kupferstich mit Radierung, 38,5 × 32 cm

«Tatler» oder «Guardian», aber auch in ungezählten Lehrlingsbrevieren. Mit Hilfe statistischer Erhebungen wurde erfolgreich Druck auf das Parlament gemacht, schrittweise gegen die Lobby des sogenannten *landed interest* vorzugehen. Krankenhäuser, Findelhäuser, Waisenheime, aber auch Gefängnisse und Irrenhäuser wurden von privater Hand gegründet, während die in den älteren Institutionen unhaltbaren Zustände angeprangert wurden. An diesen Kultursektor schloss sich eine neuartige Kunst der *middle class* an. William Hogarth ergriff die sich hier bietenden Gestaltungsmöglichkeiten am entschiedensten. Bereits in den 1730er Jahren war er *governor* des St. Bartholomew's Hospital und malte das Treppenhaus des dortigen Versammlungsgebäudes unentgeltlich aus. Wenig später förderte er das Foundling Hospital, nahm selbst in seinem Privathaus Findelkinder auf, brachte Künstlerkollegen dazu, dem Findelhaus zu dessen Funktion passende Historienbilder zu stiften, und schuf damit die erste öffentliche Kunstausstellung Englands.[3]

Der Adel konnte diese sozialreformerischen Aktivitäten der Kunst akzeptieren, solange sie im didaktischen Medium der Druckgraphik verblieben. In entsprechender Malerei sah er dagegen einen Angriff auf die eigenen Hochkunst-Normen und konnte derartige Ansprüche nur abqualifizieren. Die Künstler organisierten sich in Privatakademien, die eigentlich nur Studiervereine von gleichberechtigten Mitgliedern waren, etwa in Hogarths St. Martin's Lane Academy. Auch schufen sie sich eigene Ausstellungsinstitutionen wie die Society of Artists, die ebenfalls unhierarchisch organisiert war und in Stubbs' Leben eine entscheidende Rolle spielen sollte. Die Privatakademien konnten auch Aufträge für Ausstattungsprogramme anziehen, so die St. Martin's Lane Academy für die sogenannten *supper boxes*, die kleinen Speisepavillons in Vauxhall Gardens, dem größten Vergnügungspark in London. In dessen Zentrum stand ein ebenfalls ausgeschmückter Musikpavillon für Abendkonzerte, und im Halbrund vor den Pavillons errichtete Hogarths Freund, der Bildhauer Louis-François Roubiliac, der ebenfalls Mitglied der St. Martin's Lane Academy war, 1738 ein Denkmal für Georg Friedrich Händel (Abb. 3).

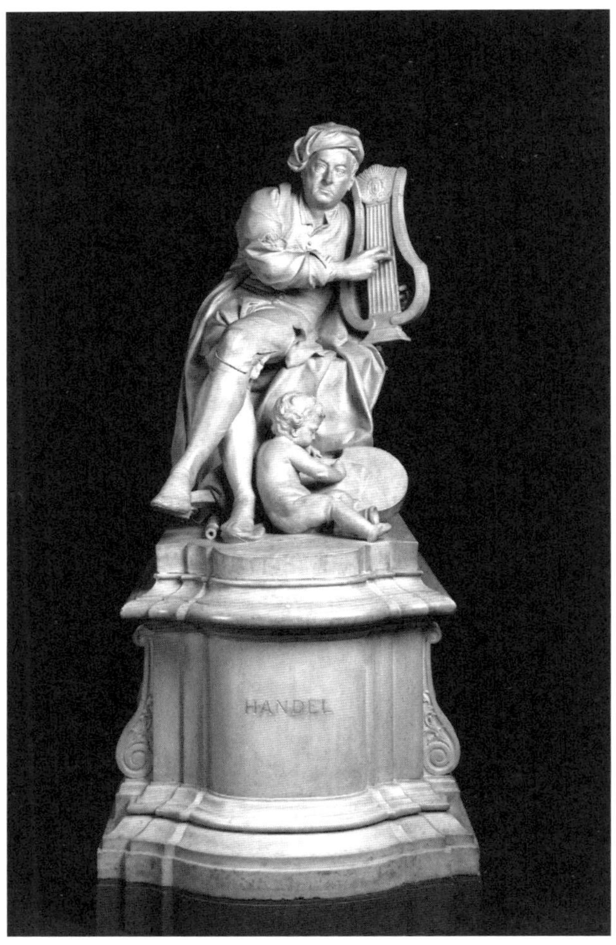

Abb. 3 Louis-François Roubiliac, Georg Friedrich Händel, 1738, Marmor, Höhe 135,3 cm, London, Victoria & Albert Museum

Es ist das erste Denkmal für einen noch lebenden Künstler oder Denker – diese Ehre sollte erst wieder mehr als dreißig Jahre später Voltaire zuteilwerden. Das Besondere an Roubiliacs «Händel» ist die bewusste Adaption des Musikers für eine

Sphäre, der sich Händel selbst absolut nicht zugehörig fühlte. Er ist ohne die von ihm in der Öffentlichkeit immer getragene Allongeperücke dargestellt, dafür mit Hausmütze, seine Kniebundhosen sind nicht richtig geknöpft, er trägt Pantoffeln, und einen hat er gar ausgezogen und tritt auf ihn als bequeme Unterlage. Dies war für ein öffentliches Denkmal geradezu unerhört. Zugleich aber spielt Händel auf einer Leier und ist von einem Putto begleitet, der sein Spiel in Noten festhält. Händel fungiert demnach als Apoll oder Orpheus. Das heißt: *high* und *low* gehen eine sonderbare Mélange ein, die den Hochkünstler der italienischen Oper für ein breites Amüsierpublikum akzeptabel machte. So sehr Händel dies irritiert haben muss, er lernte schnell, erschloss sich einen neuen Markt jenseits der Adelsoper, wurde wie Hogarth *governor* des Findelhauses und stiftete ihm eine Orgel, nur um auch hier Konzerte geben zu können.[4]

Dieses Nebeneinander und gelegentliche Sich-Berühren der zwei Kulturen hatte relativ ungestört Bestand bis 1768. Dann nämlich wurde die königliche Kunstakademie mit dem bald geadelten Joshua Reynolds als erstem Präsidenten gegründet, was die Künstlerschaft spaltete. Die Akademie suchte Anschluss an die Normen der europäischen Hochkunst, Reynolds lieferte in seinen «Discourses» den theoretischen Überbau. Das war ein ambivalentes und im Grunde genommen verspätetes Unterfangen, denn die europäische Ästhetik hatte längst andere Wege eingeschlagen. Das französische Ausstellungsinstitut, der 1737 gegründete «Salon», hatte es auch Nichtakademikern ermöglicht auszustellen. Der Streit der Rubenisten und Poussinisten, Teil der sogenannten *Querelle des anciens et des modernes*, der um den Vorrang von Linie oder Farbe geführt wurde, endete mit der tendenziellen Aufwertung der Farbe. Das war insofern ein Angriff auf die klassisch-akademische Kunstauffassung, als die Farbe traditionellerweise als bloßes malerisches Akzidenz galt gegenüber der Linie, die die Idee der Sache bereits vollgültig fassen sollte. Die Aufwertung der Farbe bedeutete zugleich die Stärkung des sinnlichen Aspekts der Malerei und forderte zu einer Untersuchung der Wirkungsformen der Kunst heraus. Umgekehrt aber setzte die Konzentration auf den Wirkungsaspekt die Bedeutung des intellektuellen Anspruchs der Kunst herab. Die Komplexität des Themas trat gegenüber der sinnlichen Erscheinung des Werkes zurück, das damit für ein breiteres Publikum eher rezipierbar war.

Der französische Salon mit seinem Überangebot an Gemälden, die auf den bildgepflasterten Wänden miteinander konkurrierten, bewirkte für das einzelne Werk eine Stärkung seines Appellcharakters, damit es sich in der Masse behaupten konnte. Die Steigerung des Sentiments etwa erleichterte die Betrachteransprache. Parallel zum Salon entstand die Kunstkritik, die dem Publikum Hilfestellung im Umgang mit den Bildern gab und ihm die Möglichkeit bot, selbst vor den Kunstwerken über diese zu räsonieren. Bilder entstanden für einen breiten Markt, Staat und Kirche als Auftraggeber traten zurück.[5]

Nun lassen sich diese französischen Verhältnisse nur in Grenzen auf England übertragen. Dennoch wird vor dieser Folie verständlich, dass die Engländer mit der Gründung der Royal Academy versuchten, das Rad der Geschichte zurückzudrehen. Der propagierte Kunstbegriff mit der Historie als höchster Gattung sollte durch die Grundlegung einer nationalenglischen Historienmalerei eingelöst werden. Nicht nur Homer, sondern vor allem Shakespeare und Milton sollten die Themen abgeben. Sehr erfolgreich war dieser Versuch, England in die Tradition der europäischen Hochkunst zu stellen, nicht, denn was nationale Kunst anging, war bei der englischen Schicht von Auftraggebern für gehobene Malerei, beim Adel, nach wie vor nur das Porträt gefragt. Reynolds suchte diese Gattung zu nobilitieren, indem er die Dargestellten in klassischen Rollen auftreten ließ und ihre Figuration mit Schemata der Hochkunst-Tradition unterlegte – nicht zu Unrecht nennen die Franzosen Derartiges «portrait historié». Das Porträt sollte so Anteil am Rang der Historie nehmen, es partizipierte damit am Anspruch der von den adligen Bildungsreisenden gesammelten italienischen klassischen Historien.[6]

Stubbs' Platz in der englischen Kunstgeschichte

Wo nun in diesem Kontext ist George Stubbs zu verorten, und wie lässt sich sein ausgeprägter Wirklichkeitszugriff kunsttheoretisch rechtfertigen? Einfach ausgedrückt: Wie können seine Werke überhaupt als Kunst erscheinen? Man muss sich klarmachen, dass er seinen entscheidenden künstlerischen Durchbruch und seine größten Erfolge in den 1760er Jahren erzielte, in der von ausgeprägten Debatten über den Fortgang der englischen Kunst gekennzeichneten Phase unmittelbar vor der Gründung der Royal Academy. Die Künstler waren weitgehend organisiert in der Society of Artists. Hier war das Spektrum breit, auch Graphik und Kunstgewerbliches konnten ausgestellt werden. Noch dominierte ein idealistischer Anspruch nicht, aber es gab Fraktionen: Betont national orientierte Künstler standen international ausgerichteten gegenüber, die, wie Reynolds, früh eine Italienreise hinter sich gebracht hatten und die dort vertretenen Normen und Ansprüche auf englischen Boden zu übertragen suchten. Außerdem stand die Provinz gegen die City – und hier nähern wir uns der Stubbs'schen Position entschieden.

Stubbs stammte aus Liverpool, sein zehn Jahre jüngerer, aber in vielem höchst verwandter Kollege Joseph Wright of Derby, wie der Name schon sagt, aus Derby. Damit kamen beide aus Englands eigentlicher Industrieregion, aus den Midlands, wo industrielle Entwicklung und wissenschaftlicher Erkenntnisfortschritt einander bedingten. Naturwissenschaftliche Forschung hatte traditionellerweise zwar in London in der Royal Society ihren Ort, doch dort fehlte weitgehend der Praxisbezug, der für die industrielle Provinz unabdingbar war. Und so bildeten sich provinzielle private Wissenschaftsvereinigungen, wie sie etwa für Bristol, Bath, Peterborough, Spalding, Manchester, Birmingham, Derby und Newcastle überliefert sind. Die wichtigste von ihnen war die Lunar Society in Birmingham. Voraussetzung für das Entstehen dieser Vereinigungen waren provinzielle Bildungseinrichtungen: Vor allem die sogenannten Dissenter mit ihren straff organisierten Gemeinden, die sich von der Amtskirche getrennt hatten, richteten «Dissenter-Akademien» ein, die nicht wie Oxford und Cambridge einen antiquierten klassischen Kanon vermittelten, sondern handfeste, brauchbare Unterrichtsstoffe, moderne Sprachen, Mathematik und experimentelle Naturwissenschaften. Sie propagierten empirische Erkenntnis. Die Selbstorganisation der Provinz vollzog sich in erstaunlichem Maße und Tempo.

Es ist schier unbegreiflich, auf welchem Niveau agiert wurde und mit welchen umstürzenden Ergebnissen etwa die Lunar Society in Birmingham aufwarten konnte, trotz der eher geringen Zahl ihrer Mitglieder.[7] Sowohl Stubbs wie auch Wright of Derby hatten zu einer Reihe ihrer Mitglieder relativ engen Kontakt, beide vor allem zu dem Porzellanmanufakteur Josiah Wedgwood, der mit seinen Society-Kollegen mit neuen Materialien, Brennverfahren und Produkten experimentierte. Zu den Mitgliedern der Society gehörte auch der Arzt Erasmus Darwin, der Großvater des Evolutionsforschers, der selbst schon evolutionäre Modelle bedachte. Am Ende des 18. Jahrhunderts lieferte er mit seinem «Botanic Garden» die große, im Übrigen gereimte Zusammenfassung des gesamten naturwissenschaftlichen Wissens der Zeit, mit unendlichen Anmerkungen, die den Nachweis seiner umfassenden Quellenkenntnis erbrachten.[8] Assoziiert waren Joseph Priestley, der große Chemiker, Matthew Boulton und James Watt, der Erfinder der Dampfmaschine, entfernter auch Benjamin Franklin, der Erfinder nicht nur des Blitzableiters. Vor allem aber gab es einen permanenten gesamteuropäischen Austausch mit Gesellschaften und Einzelforschern. Erklärtes Ziel der Society war es, die Ergebnisse der Forschung unmittelbar für den industriellen Fortschritt nutzbar zu machen. Insofern gehörten auch Instrumentenbauer dazu wie der Uhrmacher aus Derby John Whitehurst, der zugleich geologisch forschte und eng mit Wright of Derby befreundet war.

Die Instrumentenbauer hatten allerdings noch eine andere Funktion: Die berühmtesten von ihnen wie Benjamin Martin oder James Ferguson reisten mit großer Instrumentenausrüstung durch die Lande, besonders die Industrieregionen, und boten «Lectures» an, manchmal mehrtägige Kurse, die in der regionalen Presse zur Subskription ausgeschrieben waren. Sie unterrichteten, wie es bei Martin heißt, über «die Beschaffenheit der Materie, über Bewegung, Maschinen zum Heben und Ziehen, über Hydrostatik, Pneumatik, über Wind und Klang, Licht und Farben, Sehen und optische Instrumente, über das Sonnensystem und den Gebrauch der Globen», und zwar in einem zwölfteiligen Unterrichtszyklus. Um ein mathematisch nicht oder nur unzureichend vorgebildetes Publikum erreichen zu können, bedurfte es einer klaren anwendungsbezogenen Sprache und vor allem ausgeprägter Anschaulichkeit im Experiment. Die reisenden Scholaren schreckten dabei auch vor Jahrmarkteffekten nicht zurück, um besonders eindrücklich zu wirken. Zugleich publizierten sie ausführlich und ebenso verständlich in Traktatform zu ihren «Lectures», so dass die Ergebnisse nachgelesen werden konnten. Für die Bildung und Ausbildung der Provinz sind ihre Aktivitäten kaum zu überschätzen, zumal die regionalen Wissenschaftsvereinigungen mit ihnen in regem Austausch standen.[9]

Erst vor diesem Hintergrund wird verständlich, was der aus kleinen Verhältnissen stammende, 1724 geborene Stubbs zu tun unternahm. Nach einer unbefriedigenden, kurzen ersten Malerlehre bildete er sich für eine Zeitlang selbst fort, bis er als gut Zwanzigjähriger nach York ging, Porträts malte, vor allem aber bei Charles Atkinson am County Hospital Anatomie studierte. Das gelang so gut, dass er bald die Medizinstudenten in Anatomie zu unterrichten begann, bis er von dem Arzt John Burton aufgefordert wurde, dessen Geburtshilfetraktat «An Essay Towards a Complete New System of Midwifery» mit achtzehn Tafeln zu illustrieren. Auf Burtons

Drängen hin brachte sich Stubbs selbst das Stechen bei und reproduzierte seine Zeichnungen, die zum Teil auf direkte Sektionen des weiblichen Körpers zurückgingen. Das Traktat erschien 1751, und Burton war besonders stolz auf die von ihm selbst entwickelten neuen Geburtszangen, die Stubbs auf der letzten Tafel abbildete. Laurence Sterne hat in «Tristram Shandy» in Gestalt von Dr. Slop eine böse Parodie auf Dr. Burton formuliert. Bekanntlich drückte Dr. Slops neue Geburtszange dem armen Tristram während der Geburt die Nase ein und schädigte ihn fürs Leben. Stubbs' Radierungen sind nicht sehr professionell und sicher im Strich, aber doch ausgesprochen anschaulich.[10]

Wohl schon in York kam Stubbs auf den Gedanken, den Illustrationen zur Geburtshilfe ein eigenständiges Traktat zur Pferdeanatomie folgen zu lassen. Offenbar hielt er es jedoch für notwendig, vorher Italien und seine Kunst wenigstens gesehen zu haben. So brach er 1754 zu einem kurzen Italienaufenthalt auf. In der Forschung gehen bis heute die Meinungen auseinander, ob er sich durch das in Italien Gesehene hat beeinflussen lassen oder ob er sich dem Italienerlebnis aufgrund seiner dezidiert unklassischen Kunstauffassung gänzlich verweigerte. Im Folgenden wird es besonders auf die Beantwortung dieser Frage ankommen.

Zuvor jedoch ist zum wissenschaftlichen Anspruch seiner Pferdeanatomie Stellung zu beziehen. Nach dem nur wenige Monate dauernden Italienaufenthalt ließ Stubbs sich vorerst in Liverpool nieder, malte weiter Porträts und, wie es heißt, verschiedene Tiere; wohl hat er auch hier schon seziert. Dann jedoch bot sich ihm ab 1756 die Möglichkeit – offenbar gefördert durch Lady Nelthorpe, für die und deren Familie er zuvor

Porträts gemalt hatte –, in Horkstow in Lincolnshire in einer ihm zur Verfügung gestellten Scheune Pferde zu sezieren. Dabei wurde er allein unterstützt von seinem, wie die Engländer das nennen, *common-law wife* Mary Spencer, mit der er, ohne zu heiraten, bis zu seinem Tod zusammenlebte. Sechzehn oder achtzehn Monate lang sezierte und zeichnete er Pferdekörper auf Pferdekörper, jeden offenbar bis zu sieben Wochen lang – was bestialisch gestunken haben muss. Doch Stubbs war von Jugend an «abgebrüht»: durch seinen Vater, der frisch gegerbtes und nicht wenig nach Gerbsäure riechendes Leder bearbeitete und sich dabei von seinem Sohn helfen ließ. Der Prozess der zeichnerischen Aufnahme der Pferdekörper war ausgesprochen mühevoll, denn es galt, um das Titelblatt des endgültigen Traktates zu zitieren, jeden «Knochen, Knorpel, Muskel, jedes Gewebe, alle Bänder, Nerven, Arterien, Adern und Drüsen» genauestens zu vermerken.[11]

Stubbs folgte dabei B. S. Albinus' berühmtem Traktat «Tabulae Sceleti et Musculorum Corporis Humani» mit Illustrationen von Jan Vandelaar, das zuerst 1747 in Leiden und zwei Jahre später in englischer Übersetzung mit neuen Stichen von Charles Grignion und anderen in London erschienen war. Diese menschliche Anatomie konnte auf eine lange Tradition schrittweiser wissenschaftlicher Erschließung zurückblicken. Für die Pferdeanatomie lag nur Carlo Ruinis «Dell'Anatomia et dell'Infirmità del Cavallo» von 1598 vor, mit im Vergleich zu Stubbs geradezu groben, stark vereinfachten Holzschnitten. Allerdings übernahm Stubbs von Ruini die Wiedergabe des Pferdes in Bewegung bis zum Skelett (Abb. 4). Albinus war für die menschliche Anatomie entsprechend verfahren. Durch eine derartige Darstellung des Toten, als wäre es lebendig,

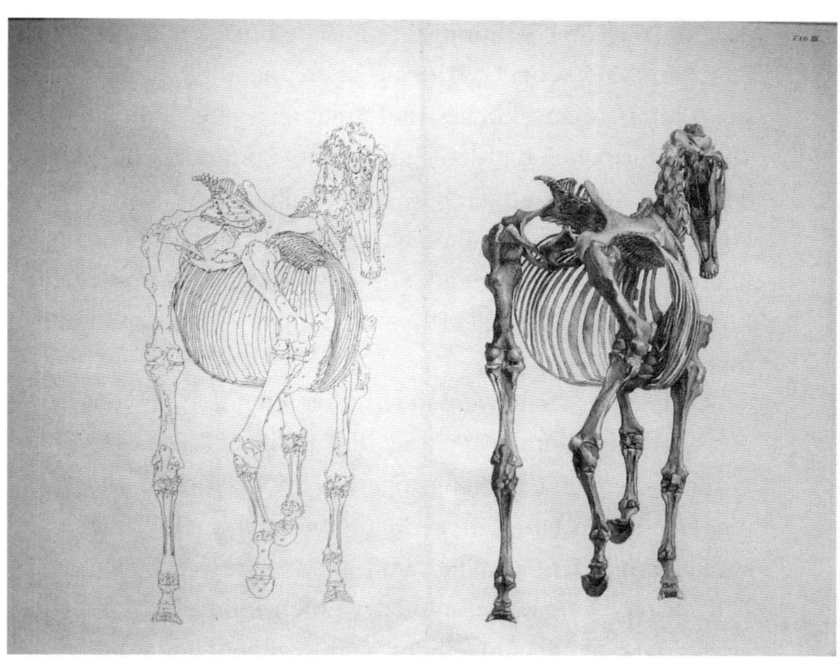

George Stubbs, The Anatomy of the Horse, Taf. 2, London 1766 Abb. 4

entsteht zweifellos ein irritierender Effekt. Er macht allerdings Sinn, weil so die Körperteile, Muskeln, Venen etc. in Funktion und damit auch an ihrem jeweiligen Ort gezeigt werden konnten.

Man hat zu Recht gesagt, dass seit Leonardos Beschäftigung mit der Anatomie des Pferdes keine auch nur annähernd mit Stubbs vergleichbare Genauigkeit in der Wiedergabe der Pferdekörpers erzielt worden ist und dass Stubbs, was den systematischen Zugriff angeht, alles Vorherige in den Schatten stellte. Nach beinahe zwei Jahren ununterbrochener Tätigkeit in Horkstow ging Stubbs mit den Zeichnungen 1758 nach London, um sich Stecher für die graphische Umsetzung zu suchen. Er scheint zuerst bei Charles Grignion angefragt zu haben, der für Albinus' menschliche Anatomie nach dem holländischen Vorbild gestochen hatte. Grignion lehnte offenbar ab, auch andere von Stubbs angefragte Reproduktionsstecher – Arthur Pond wird genannt – sahen sich außerstande, den Auftrag zu übernehmen; anscheinend fühlten sie sich der ungemeinen Komplexität und Detailliertheit der Stubbs'schen Zeichnungen nicht gewachsen.

An späterer Stelle werden wir fragen müssen, inwieweit die vor allem auf Stubbs' Freund und Kollegen Ozias Humphry zurückgehenden Überlieferungen zu Stubbs' Leben und Werk, niedergelegt in Humphrys «Memoir» nach ausführlichen Gesprächen mit dem Künstler am Ende von dessen Leben, wörtlich, *at face value*, genommen werden können. Denkbar ist auch, dass es sich in einem sehr weitgehenden Maße um Künstlertopik handelt, die sich bestimmten literarischen Traditionen und Verfahren von Künstlerlebensläufen und zudem einer bestimmten kunsttheoretischen Position verdankt.[12] Sei dem vorläufig, wie es sei, die Folge von Stubbs' Bemühungen war, dass er sich selbst daran machte, die Reproduktionsstiche zu fertigen. Das kostete ihn viele Jahre, da er nur früh morgens und abends spät an den Tafeln arbeiten konnte. Das Resultat ist von abenteuerlicher Präzision in der Wiedergabe, von verblüffender Differenziertheit auch in der graphischen Tonalität in der neuen Technik der Weichgrundätzung. Doch damit nicht genug: Hier geht es nicht um schematische Wiedergaben, die die gezeigten Dinge benennbar machen, sondern – und dies kann man gar nicht nachdrücklich genug betonen – um die Wiedergabe der Erscheinung des Körpers auf der jeweiligen Stufe der Sektion im Licht. Die Körper sind in Licht und Schatten ausgeleuchtet, ohne dass etwas verschluckt würde, aber sie sind von einer ungemeinen Lebendigkeit, sie werden räumlich, das heißt haptisch erfahren.

Die Pferdeanatomie erschien zuerst 1766 bei J. Purser in London und war ein großer Erfolg. Sie musste mehrfach nachgedruckt werden, und Stubbs vertrieb offenbar bis zu seinem Lebensende auch Einzelblätter. Briefe etwa von dem berühmten niederländischen Anatomen Petrus Camper von 1771 drücken gänzliche Begeisterung aus,[13] was zeigt, wie anerkannt Stubbs' Publikation auch unter Naturwissenschaftlern gewesen ist. Camper wünschte sich, Stubbs möge sich nun noch den inneren Organen der Pferde widmen, um den Veterinärmedizinern von noch größerem Nutzen sein zu können. Stubbs lehnte mit dem Hinweis ab, er habe das Seinige getan, denn in erster Linie sei die Anatomie für Künstler gedacht gewesen und erst in zweiter Linie für Pferdebesitzer und -züchter.

Doch gerade in diesen Kreisen muss sein Erfolg überwältigend gewesen sein. Als Stubbs 1758 nach London kam, muss er die Zeichnungen einigen englischen Hochadligen gezeigt haben, was eine Welle von Aufträgen für gemalte Pferdeporträts nach sich zog. So kann man sagen, dass Stubbs in den sechziger Jahren den frühen Höhepunkt seiner Karriere erlebte. Die Auftragsfülle erklärt auch, warum die Fertigstellung der achtzehn Tafeln zur Pferdeanatomie so lange Zeit in Anspruch nahm. Doch trotz der bewunderungswürdigen Präzision der Zeichnungen zur Pferdeanatomie bleibt ihr schlagartiger Erfolg bei einer ganzen Gruppe von Hochadligen erklärungsbedürftig. Offenbar war Joshua Reynolds für die Kontaktvermittlung verantwortlich. Alle Adligen, die Stubbs

Anfang der sechziger Jahre in Anspruch nahmen, wurden gleichzeitig von Reynolds, der sich nach seiner Italienreise als der wichtigste englische Porträtmaler etabliert hatte, in aufwendigen Bildnissen verewigt.

Was diese Klientel verband, war dreierlei: Sie waren jung, extrem reich und hingen verwandten politischen Überzeugungen an. Sie waren Whigs, die sich in der Opposition befanden, jedoch nach politischem Einfluss strebten und auf ihre Chance warteten. Dafür hatten sie sich auf ihre Landsitze zurückgezogen und entwickelten dort ausgeprägte Aktivitäten. Sie bauten bzw. gestalteten die Landsitze nach der neuesten Mode um, sie hatten ihre Grand Tour nach Italien gemacht, kauften weiterhin Kunst zur Ausstattung sowohl ihrer Landsitze wie ihrer Stadtwohnungen, sie kultivierten die Jagd und gestalteten ihre Gärten im großen Stile um. Dabei lösten sie den formellen, strengen französischen Gartenstil durch den lockeren englischen ab. Die Ernsteren unter ihnen kümmerten sich auch um landwirtschaftliche Reformen, vor allem aber gaben sie sich der Zucht von Rennpferden hin – und dies in einiger Hemmungslosigkeit. Sie richteten gewaltige Stallungen ein, kauften insbesondere Araberpferde, beteiligten ihre besten Pferde an Pferderennen und wetteten darauf Unsummen, was den einen oder anderen in den Ruin trieb.

Stubbs' (und Reynolds') Auftraggeber waren der 1. Baron, später 1. Earl Richard Grosvenor, die Viscounts Torrington und Bolingbroke, die Dukes of Richmond, Portland und Grafton, John Spencer of Althorp, bald Earl Spencer, und vor allem der 2. Marquess of Rockingham. Rockingham galt als ihr Anführer, die Gruppe wurde auch «the Rockinghams» genannt. Zweimal war Rockingham für kurze Zeit Premierminister, das erste Mal 1765/66 trotz seiner Abneigung gegen den Hof und seiner Sympathie für Amerika. Der 3. Duke of Richmond besaß, für einen Adligen eher ungewöhnlich, eine naturwissenschaftliche Universitätsausbildung, er hatte in Leiden studiert und gründete den Ordonance Survey, der die Landvermessung – für die Industrielle Revolution unabdingbar – vollzog. Wenn sich die übrigen Young Whigs für Wissenschaften interessierten, dann für Zoologie und Anatomie, denn auf ihren Gütern züchteten sie nicht nur Hunde und Pferde, als Ausweis ihrer Exklusivität hielten sie sich nicht selten ganze Menagerien. Doch Pferdezucht und Rennsport genossen oberste Priorität, und so gründete die Gruppe bereits in den 1750er Jahren den bis heute bestehenden Jockey Club. Über die jeweilige Zucht wurde genauestens Buch geführt, die Abstammungslisten werden bis heute fortgesetzt. Die großen Ställe bekamen Stallfarben, so dass die Jockeys beim Rennen sofort zu erkennen waren und das Prestige ihrer Herren umso besser mehren konnten. Der Club entwarf verbindliche Rennregularien und erstellte einen ebenso verbindlichen Rennkalender – kurz: Der Rennsport wurde in halbwegs geordnete Bahnen überführt und von den Genannten und wenigen anderen dominiert.[14]

Im Bilde verewigt jedoch wurden primär die großen Renngewinner, die eine Zeitlang den Turf beherrschten, bevor sie aufgrund ihrer Gaben in die Zucht genommen wurden, um sie über Generationen zu vererben. Das einzelne Pferd war unverwechselbar und sollte auch als solches zur Anschauung kommen – und niemand schien dafür besser geeignet als Stubbs nach seinen gänzlich ungewöhnlichen Untersuchungen am Objekt; die Anatomiezeichnungen konnten als Beleg dienen. So malte er Romulus für Lord Spencer, Hollyhook oder

Lustre für Lord Bolingbroke, Baudy für Lord Grosvenor, Scrub für den Marquess of Rockingham.

Festzuhalten ist überdies: Häufig wurden nicht nur die Jockeys mitgemalt, sondern auch der Stallknecht oder der Trainer, mithin diejenigen, die für das Tier sorgten, die mit ihm eine geradezu symbiotische Einheit bildeten. Sie mit dem Pferd als Team darzustellen, war für den Besitzer Ausweis seiner Sorgfalt bei der Zucht. Die Stallknechte, oft erfahrene Züchter und eher Gestütsleiter, sind nicht selten namentlich bekannt, ebenso wie die Jockeys. Sie gehörten zum Haus und wurden von Stubbs mit der gleichen Sorgfalt und Genauigkeit porträtiert wie die ihnen anvertrauten Pferde. Das hatte eine interessante Konsequenz: So wie die Individualität der Tiere unverkennbar sein sollte, so erschienen ihre Betreuer als Individuen im Bild, sie erwiesen sich vor Stubbs' Augen als werte Subjekte, denen mit der Darstellung so etwas wie soziale Gerechtigkeit widerfuhr. Vorläufer war hier William Hogarth, der in einem berühmten Porträt seine sechs Bediensteten (Taf. 1) mit offensichtlicher Sympathie als Kopfstudien dargestellt hat. Doch wie im Falle von Stubbs hatte das Bild von Hogarth eine Funktion, die die Emanzipation der Abhängigen eher zu einem Nebeneffekt machte. Das Bild hing in seinem lockeren malerischen Stil in Hogarths Atelier und sollte vor potenziellen Kunden als Ausweis seiner künstlerischen und darstellerischen Fähigkeiten im Porträtfach dienen.[15] In Parenthese gesagt: Falls sich jemand wundern sollte, dass ein Künstler des englischen 18. Jahrhunderts, der primär vom Verkauf seiner Graphiken lebte, über sechs Bedienstete verfügte, sei er daran erinnert, dass durch die Landflucht ein Überangebot an billigen Arbeitskräften bestand, die froh waren, wenn sie als Bedienstete mit einem Taschengeld in einem Haushalt aufgenommen und versorgt wurden.

Die genannten Pferdeporträts – und sie wären zu vermehren – sind samt und sonders in dem knappen Zeitraum von 1761 bis 1763 entstanden, in dem Stubbs auch noch drei andere Bildtypen entwickelte: das Hundeporträt mit dem gleichen Anspruch auf Individualität der dargestellten Tiere, das Jagdgesellschaftsbild – berühmte Beispiele sind die «Charlton Hunt» für den 3. Duke of Richmond und die «Grosvenor Hunt»[16] – und als dritten Typus das «Mares and Foals» genannte Bildformular, auf dem, friesartig angeordnet, eine Reihe von Zuchtstuten mit ihren Fohlen vorgeführt wurde. Bei letztgenanntem Typus geht ein Exemplar für den 2. Viscount Bolingbroke voran, doch die Krönung ist zweifellos die Gruppe für den 2. Marquess of Rockingham aus dem Jahr 1762, denn dort erscheint die Pferdegruppe ohne landschaftliche Einbettung vor neutralem Hintergrund in ockerfarbenem Ton (Taf. 2).[17] Allein die Pferdehufe werfen einen minimalen Schatten, so dass die Tiere nicht in der Luft zu schweben scheinen, auch wenn Räumlichkeit nur durch die Pferdeleiber selbst gestiftet wird und indirekt dadurch, dass es eine einheitliche Licht- und Schattenführung gibt. Rockingham scheint an dieser Form, die eine vollständige Konzentration auf die dargestellten Pferde zulässt, besonderes Gefallen gefunden zu haben, denn aus demselben Jahr stammt noch ein weiteres Exemplar vor neutralem Hintergrund mit drei namentlich bekannten Hengsten aus dem Gestüt von Rockingham, mit Whistlejacket, Godolphin Hunter und Godolphin Colt. Whistlejacket als das berühmteste der Pferde wird von seinem *headgroom*, dem Stallleiter Mr. Cobb, gehalten.[18] Da die Pferde ungesattelt sind, ist er eng an

Whistlejacket geschmiegt, er trägt Rockinghams Livree. Dass auch er vor neutralem Hintergrund erscheint, gleichzeitig aber mit erkennbarer Sympathie und auf den Betrachter blickend wiedergegeben ist, führt zu einer paradoxen Spannung zwischen abstraktem Raum und höchst konkreter Figur, die jedoch nur die Aufmerksamkeit des Betrachters steigert.

Whistlejacket, der berühmte arabische Hengst, der seine Berühmtheit allerdings gar nicht so sehr seinen Renn- und Zuchterfolgen verdankt, sondern primär George Stubbs, ist vom Künstler in einem riesigen, fast 3 × 2,5 Meter großen individuellen Porträt verewigt worden (Taf. 3), das zweifellos eines der bedeutendsten Bilder des 18. Jahrhundert darstellt, jedenfalls das bedeutendste je gemalte Pferdebild.[19] Erst vor gut zwanzig Jahren hat es triumphal Einzug in die National Gallery in London gehalten. Heute bildet es als Blickfang den Abschluss einer ganzen Raumfolge. Seine Monumentalität ist in ihrer vibrierenden Lebendigkeit schier erschlagend. Whistlejacket steht nach rechts gewendet, den Kopf mit großen glänzenden Augen ein wenig zum Betrachter gedreht, in der Levade da, und ebendieses Faktum hat zu weitreichenden Überlegungen geführt.

Denn die Levade gebührt dem aufgesattelten Herrscher oder Feldherrn, sie ist Zeichen seiner siegreichen Überlegenheit, eine Hoheitsform an sich. Es sei nur an die Bilder von Velázquez und Rubens erinnert, an die Reiterbildnisse mit Philipp IV., seinem Favoriten, dem Herzog von Olivares, oder mit dem Kardinalinfanten Don Ferdinando, Philipps Vertreter und Heerführer in den Niederlanden, oder auch mit George Villiers, dem Duke of Buckingham. Und so nahm man an, Rockingham habe ursprünglich Stubbs den Auftrag gegeben, den Platz auf dem Pferderücken für den 1760 auf den Thron gekommenen König Georg III. freizuhalten. Ein zweiter Künstler hätte den König malen sollen, ein dritter die Hintergrundlandschaft. Ob sich diese Geschichte, die Stubbs für Humphrys «Memoir» überliefert hat, wirklich auf Whistlejacket bezieht, bleibt ungewiss.[20] Doch im Dezember 1762 habe Rockingham aus politischen Gründen endgültig mit dem König gebrochen, und so sei der Rücken des Pferdes freigeblieben, das nun in voller Schönheit vor einen neutralen Hintergrund gesetzt worden sei. Horace Walpole hat diese Tradition fortgeschrieben. 1772 notiert er zu Whistlejacket: «... it was to have had a figure of George 3rd until Rockingham went into opposition».[21] Ob Rockingham bei dem 1762 datierten Bild bei der Auftragsvergabe noch an eine Huldigung des Königs gedacht haben kann, erscheint durchaus fraglich. Georg III. hat nach seinem Regierungsantritt 1760 sofort seinen Mentor Lord Bute mit aller Macht im Staate betraut, der als überzeugter Tory bis 1763 Premierminister blieb. Mag Rockingham den Bruch mit dem König offiziell auch erst im Dezember 1762 vollzogen haben, die Verhältnisse hatten sich bereits zuvor grundsätzlich geändert.

Anekdoten zu Whistlejacket und Humphrys «Memoir»

Da sich an das gewaltige Bild von Whistlejacket noch weitere Legenden angeschlossen haben, ist es nun an der Zeit, etwas ausführlicher zu Humphrys «Memoir», der Lebensschilderung von George Stubbs, Stellung zu nehmen. Humphry bemerkt dort, dass Whistlejacket ursprünglich Georg III. tragen sollte und das Bild das Produkt dreier Gattungsspezialisten hätte werden sollen. Dann referiert er folgende Geschichte, die wohl unter anderem eine Rechtfertigung dafür liefern sollte, dass das Bild geradezu mit Notwendigkeit in seinem heutigen Zustand verblieb und dass gerade dieser Zustand seinen besonderen künstlerischen Reiz ausmacht. Stubbs hatte nämlich, so will es Humphry, das Gemälde fast vollendet, für das das Pferd, begleitet von seinem vertrauten *groom*, der als Einziger das extrem nervöse Tier im Zaum halten konnte, Modell gestanden hatte – da habe der Maler das Bild aus der Malposition genommen und an die Wand gestellt, um seine Wirkung zu prüfen, dabei habe er Whistlejacket den Rücken zugekehrt. Plötzlich habe der *groom*, der das Pferd hielt, aufgeschrien. Whistlejacket habe aufs Höchste erregt und wilden Blicks auf sein Porträt geschaut und es offenbar angreifen wollen. Der *groom* habe das Pferd mit Gewalt zurückgehalten, sei aber von ihm in die Luft geschleudert worden. Stubbs habe Whistlejacket schließlich mit Malstock und Palette geschreckt, und mit Mühe sei es gelungen, das Pferd nach einem erneuten, nun verwirrten Blick auf das Gemälde in den Stall zurückzuführen. Kurz darauf sei der Marquess of Rockingham erschienen, und als er von den Vorgängen um Whistlejacket hörte, sei er von der Wirkung des Bildes so überzeugt gewesen, dass er angeordnet habe, es solle in seinem Zustand allein mit dem Pferd vor neutralem Hintergrund verbleiben.[22]

Trotz der Kenntnis von Walpoles politischer Begründung für die Entscheidung, das Bild in diesem Zustand zu belassen, gilt die Geschichte von Humphry noch in einer neueren Publikation als glaubwürdig.[23] Dem Autor ist der topische Charakter der Geschichte offensichtlich entgangen. Künstlerlebensläufe des 18. und 19. Jahrhunderts stellen nicht nur eine eigene literarische Gattung mit eigenen Gesetzen dar, gleichgültig, ob sie vom Künstler selbst oder von einer ihm verbundenen Person nach seinem Tode formuliert sind, vielmehr sind sie durch und durch rhetorisch überformt.[24] Mit Hilfe rhetorischer Figuren wollen sie eine bestimmte, letztlich kunsttheoretische Position des Künstlers zum Ausdruck bringen und ihr mehr Überzeugungskraft verleihen. Es ist sehr bezeichnend, dass eine Vielzahl derartiger englischer Lebensläufe den Titel «Anecdotes» trägt. Die Anekdote meint hier nichts anderes als eine rhetorische Figur, die als eine aus dem Leben berichtete Geschichte vermeintliche Authentizität bezeugt. Humphry geht es in seinem «Memoir» zu Stubbs bei seinen berichteten Anekdoten – und es gibt eine ganze Reihe davon, sie mischen sich fast ununterscheidbar mit Historisch-Faktischem – allein um eines: Er möchte in ungezählten Varianten den besonderen Wirklichkeitszugriff von Stubbs nicht nur rechtfertigen, sondern als eine eigenständige künstlerische Qualität herausstreichen, die gleichberechtigt neben einer klassisch-idealistischen Kunstauffassung steht. Das hat eine lange Tradition, Tizian oder Rembrandt sind durch die Berufung auf diese Qualität in den Rang eines Raffael oder Rubens gehoben worden.[25]

Möglich war das, weil das Rechtfertigungsmuster eine noble klassisch-antike Herkunft hat. Bedient sich die idealistische Kunsttheorie der aristotelischen oder platonischen Philosophie, dann hat diese Tradition, deren Vertreter so wirklichkeitsnah malen, dass ihre Darstellungen wie lebendig wirken, zu atmen, sich zu bewegen scheinen, ihren Locus classicus in Plinius' «Naturgeschichte». Deren 35. Buch ist den berühmten antiken Malern wie Apelles, Zeuxes oder Protogenes, Parrhasios oder Nikias gewidmet. Da ihre Werke nicht überliefert sind, leben sie in Plinius' Künstleranekdoten fort, und diese Anekdoten kreisen so gut wie ausschließlich um die besondere Qualität der täuschenden Naturnachahmung. Derjenige Künstler ist der bedeutendste, dem es am überzeugendsten gelingt, die Dinge wie lebendig erscheinen zu lassen. Wird der Künstler als jemand begriffen, der verlebendigt, so wird ihm geradezu göttliche Schöpferkraft zugewiesen, er schafft eine zweite Natur. Diese Vorstellung war auch in christlichen Traditionen zu nutzen: Wie Gott den Menschen aus Lehm, aus einer toten Materie geschaffen hat, um ihm dann Pneuma als Lebensatem einzuhauchen, so verfährt in Analogie der Künstler. Auf uns durchaus paradox erscheinende Weise greift auch die klassische Kunsttheorie auf Plinius' Anekdoten zurück und verschränkt dabei zwei sich im Grunde genommen widersprechende Kunstformen: wirklichkeitsgetreue Naturnachahmung und die Wirklichkeit idealisierende Wiedergabe. Doch auch hier hat man den topisch-rhetorischen Charakter des Arguments zu sehen. Es dient allein der Nobilitierung des jeweiligen Künstlers, der in eine Ahnenschaft mit den großen antiken Kunstheroen gestellt werden soll.[26]

In unserem Falle ist die Herkunft der von Humphry berichteten Anekdote, wie mir scheint, genau zu benennen. Man mag zuerst allgemein an die berühmten Plinius-Anekdoten denken, etwa an jene, in der die Sperlinge an den von Zeuxes gemalten Trauben picken wollen, oder an jene, in der, schon näher an unserem Beispiel, ein Hengst eine gemalte Stute bespringen will, oder auch an diejenige, in der Wachteln zu einer in einem Bild von Protogenes nur ganz am Rand gemalten Wachtel fliegen wollen – das Modell ist immer das gleiche.[27] Doch die Humphry'sche Variante lässt sich genauer auf Vasari und seine Künstlerviten von 1550 bzw. 1568 zurückführen, die auch in England die am weitesten verbreitete Vitenliteratur überhaupt darstellten. Dort ist die Rede von einem Pferd, das Bramantino so lebensecht gemalt habe, dass es von einem lebenden angegriffen worden sei.[28] Offenbar hat Humphry diese Variante seinerseits variiert und ausgeschmückt.

Auch alle anderen von Humphry angeführten Geschichten gehören zur entsprechenden Kategorie: Stubbs hat ein für alle Mal in seinem Leben entschieden, dass allein die Natur Vorbild sein kann und so getreu als möglich wiedergegeben werden muss. Die Forschung hat all dies wörtlich genommen, als handele es sich um objektive Tatbestände. Das verstellt ihr nicht nur den Blick auf die dahinterstehende kunsttheoretische Dimension des Angeführten, sondern verhindert auch die Erkenntnis von Stubbs' eigentlichen Antrieben. Denn mitnichten gehen seine Vorstellungen völlig im Anspruch genauer Naturwiedergabe auf. Er nutzt allerdings, wie viele Künstler vor ihm, die Topik als einziges zur Verfügung stehendes Modell, das in der Lage ist, dem klassisch-idealistischen Konzept Kontra zu bieten und sich damit vom künstlerischen Anspruch her gegenüber dieser Tradition zu behaupten. Um nur Weniges aus Humphrys «Memoir» aufzugreifen: Stubbs hat 1754 wie erwähnt seine kurze Italienreise absolviert, und Humphry legt alles darauf an – ein Teil der Forschung folgt ihm in dieser Hinsicht wiederum bis heute –, den Eindruck zu erwecken, die Kunst in Rom habe nicht den geringsten Einfluss auf den Künstler gehabt. In Diskussionen mit Künstlerkollegen in Rom sei er als Einziger grundsätzlich anderer Meinung gewesen –

was nichts anderes heißen soll, als dass er gegen alle klassisch-idealistische Programmatik argumentiert und damit das, wofür die römische Kunst einsteht, in Frage gestellt habe.[29]

Auch der antiklassische Impetus ist ein Topos. Zu ihm gehört gemeinhin – etwa bei Hogarth, Thomas Gainsborough oder John Constable –, dass seine Vertreter die traditionelle Italienreise grundsätzlich verweigert haben.[30] Da Stubbs sie angetreten hat, gilt es, ihren Einfluss gänzlich zu minimieren. Dabei ist durch die Quellen überliefert, dass Stubbs Werke italienischer Künstler im eigenen Besitz hatte. Humphry dagegen muss – im Sinne seiner kunsttheoretisch konsequenten Topik – den Italieneinfluss auf allen Ebenen, auch der der praktischen Kunstausübung, ablehnen. Gleich zu Anfang seines «Memoir» heißt es, Stubbs sei überzeugt, er müsse «for the future look into Nature for himself and consult and study her only; and to this determination he steadily adhered during the course of his long life, for he never copied one picture whatever for his improvement either in Italy or elsewhere».[31] Und im Zusammenhang mit der Romreise resümiert Humphry: Stubbs «was to convince himself that nature was & is always superior to art whether Greek or Roman; – and having renew'd this conviction immediately resolved upon returning home».[32] Wenn es nach dieser Überzeugung für Stubbs eine Lehre aus seiner Italienreise gab, dann diejenige, dass es nicht des Vorbildes der klassischen Kunst und der Antike bedürfe, wenn man sich nur gänzlich der Natur als Lehrmeisterin verschreibe.

Es fragt sich nun, ob diese Topik für Stubbs wirklich verfängt – wobei an seinem wissenschaftlich fundierten Naturstudium nicht zu zweifeln ist. Verräterisch ist eine zeitlich nach Humphrys Text entstandene Anekdote, die womöglich auf Stubbs' *common-law wife* Mary Spencer zurückgeht. Die Forschung geht ihr, obwohl sie geradezu absurde Züge aufweist, zu einem Gutteil ebenfalls auf den Leim. Die Anekdote erschien im «Sporting Magazine» im Mai 1808, knapp zwei Jahre nach Stubbs' Tod. Stubbs hat eine ganze Reihe von Varianten des Themas «Horse and Lion» gemalt, auf denen entweder ein Pferd, das eines Löwen ansichtig wird, entsetzt zurückschreckt oder der Löwe bereits auf den Rücken des Pferdes gesprungen ist, um es zu zerfleischen (Taf. 4); dabei kann das Pferd manchmal noch stehen, oder aber es ist bereits zusammengebrochen. Die Bilder waren offenbar ein Erfolg, Stubbs musste sie vielfach wiederholen. Vor allem bei dem zuletzt genannten Typus müssen die Zeitgenossen, insbesondere der italienerprobte Adel, unmittelbar erkannt haben, dass es sich dabei um eine offensichtliche Paraphrase auf eine antike Großskulptur handelte, die in Rom vor dem Konservatorenpalast Aufstellung gefunden hatte und schon von Michelangelo besonders bewundert wurde. Sie ist seit dem 16. Jahrhundert vielfach kopiert und variiert worden, als bronzene Kleinplastik im Kreis um Giovanni da Bologna (Taf. 5), lebensgroß dagegen 1743 von dem zentralen englischen Bildhauer Peter Scheemakers für den Garten in Rousham. Eine reduzierte Marmorfassung befand sich auch im Besitz von Henry Blundell, dem zudem eines von Stubbs' «Horse and Lion»-Bildern gehörte. Auch Lord Rockingham war im Besitz eines der vielen Bronzeabgüsse, und er ließ 1762 Stubbs den Auftrag zur größten Fassung der «Horse and Lion»-Gruppe zukommen, die über die ungemeine Größe von 2,44 × 3,33 Metern verfügt (s. Taf. 4). Es kann also kein Zweifel daran bestehen, dass das Vorbild nicht nur sofort erkannt werden konnte, sondern vielmehr erkannt werden sollte.[33]

Nichtsdestoweniger versucht die Anekdote im Sinne der für Stubbs in Anschlag gebrachten Topik mit ihrem kunsttheoretischen Hintergedanken, von dieser Vorbildhaftigkeit mit aller Macht abzulenken. Die Geschichte verläuft folgendermaßen: Auf seiner Rückreise von Rom nach England habe Stubbs an Bord des Schiffes im Mittelmeer einen gebildeten Afrikaner kennengelernt, der sich ebenfalls in Rom aufgehalten hatte. Dieser habe ihn in sein Haus in Marokko eingeladen und ihm die Aussicht eröffnet, ihm einen Löwen in der Natur vorzuführen. Sie seien schließlich in Ceuta angelangt. Von der Stadtmauer aus habe der Maler zu seiner großen Freude an einem Abend einen Löwen sehen können, der in der Tat über ein weißes «Barbary Horse», also einen Araberhengst, hergefallen sei, keine 200 Yard entfernt. Der Löwe habe sich angeschlichen und plötzlich das Pferd überfallen, das erschrocken zurückgewichen sei, aber gebannt nicht mehr habe entkommen können. Der Löwe habe den Rücken des Pferdes besprungen, es niedergeworfen und seine Eingeweide herausgerissen.[34]

Selbst in der neueren Forschung wird diese Geschichte akzeptiert mit der schönen rhetorischen Frage: Wenn sie nicht wahr wäre, wofür hätte sie dann erfunden werden sollen?[35] Ja, wofür wohl! Andere äußern gelinde Zweifel, weil die Geschichte nicht schon bei Humphry überliefert wurde, halten sie aber doch für möglich.[36] Auch das ist ein erstaunliches Argument, das angesichts der Beschaffenheit von Humphrys Text unfreiwillig komisch klingt. Es gilt nun, genauer hinzuschauen, zumal Humphry die «Horse and Lion»-Bilder problemlos unter Stubbs' ausgeprägtem Wirklichkeitsverständnis subsumiert. Er scheint auch genau zu wissen, dass Stubbs Löwen vielfach in der Menagerie von Lord Shelburne studiert habe und dort auch beobachten konnte, wie ein Löwe seine Beute anspringt.[37] Um den Eindruck festhalten zu können, habe Stubbs flüchtige Umrisszeichnungen in schwarzer und weißer Kreide angefertigt. So konkurrieren verschiedene Geschichten miteinander, sind aber dem identischen kunsttheoretischen Ziel verpflichtet.

Eine erste Annäherung an Stubbs' eigentliche Antriebe verspricht eine Würdigung der Auftragsumstände des großen «Horse and Lion»-Bildes für Lord Rockingham. Dieser erteilte Stubbs parallel den Auftrag für ein zweites Riesenbild, nämlich für «Whistlejacket». Nun haben die Bilder, was die Forschung mit einem gewissen Bedauern feststellt, nie nebeneinander gehangen. Es handelt sich also nicht um Pendants,[38] dafür aber um antithetische Bilder. Von vornherein hing das «Horse and Lion»-Gemälde in Rockinghams Stadtwohnung, «Whistlejacket» dagegen auf dem Landsitz. Stubbs wusste sehr wohl zu unterscheiden, was wohin gehört. In die Stadt gehörte ein Bild mit Historienanspruch, das einen offensichtlichen Antikenrekurs aufweist und sich auch von der Auffassung her nicht mit bloßer Wirklichkeitswiedergabe zufriedengibt. Worin aber besteht die Überbietung der bloßen Naturverpflichtung? Offensichtlich in zweierlei: in einer vom Naturvorbild abweichenden Anthropomorphisierung im Ausdruck des Pferdes, einer Übersteigerung seiner natürlichen Erscheinung, und in einem dem Bild subtil eingeschriebenen *concetto*, das es zu Ideenkunst macht und damit dem Historienanspruch Genüge tut.

Stubbs hat die klassische Leidenschaftsauffassung studiert. Er besaß neunzehn Stiche nach Lebruns Leidenschaftstypen, eine weitere Serie von 23 «coloured Prints of the Passions», und schließlich hat er selbst vier Leidenschaftstypen entworfen: Lachen, Weinen, Traurigkeit und Schrecken oder Furcht; sie sind 1800 von seinem Sohn gestochen worden. Dass es sich dabei um einen Zugriff mit wissenschaftlichem Anspruch handelt, wird deutlich dadurch, dass die vier Leidenschaftsdarstellungen im Typus des *écorché* erscheinen, das heißt mit abgezogener Haut, was es ermöglicht, die jeweiligen Muskelbewegungen im Gesicht nachzuvollziehen.[39] Es sei vermutet, dass Stubbs hier wie schon William Hogarth der Tradition sowohl von James Parsons «Lecture» an der Royal Society mit dem Titel «Human Physiognomy explain'd» von 1747 wie auch von Benjamin Ralphs «The School of Raphael or, the Student's Guide to Expression in Historical Painting» von 1759 verpflichtet ist.[40] Beide haben einen eher medizinischen Zugriff, indem sie auf die Muskelbewegungen rekurrieren, um die Ausdrucksdifferenzen erklären zu können.

Nun scheint richtig zu sein, was Stephen Deuchar in seinem Buch über «Sporting Art» von 1988 beobachtet hat, dass nämlich Stubbs für den Ausdruck seines vom Löwen angesprungenen Pferdes Lebruns Leidenschaftstypus des «Terreur» (Abb. 5) benutzt hat, womöglich nach der englischen Ausgabe des Lebrun'schen Traktates von 1701, und zwar in allen Details, zumal in denjenigen, in denen Lebrun von der Natur abweicht, um die Überzeugungskraft des Leidenschaftstypus zu steigern.[41] Der Ausdruck von Stubbs' Pferd und der Lebrun'sche Leidenschaftstypus stimmen überein im weit aufgerissenen Mund bzw. Maul, das die oberen und unteren Zahnreihen und die Zunge freilegt, in den schreckensweit geöffneten Augen, dem gewaltigen Überaugenwulst und schließ-

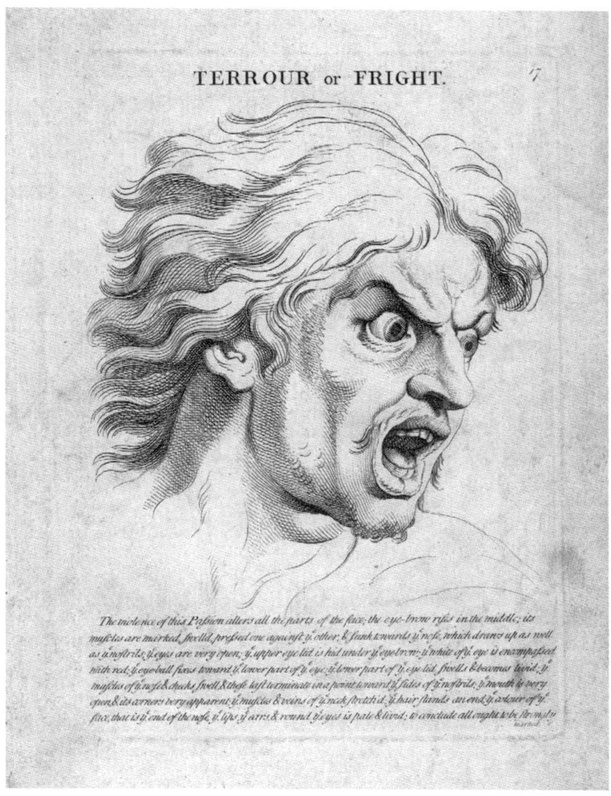

Nach Charles Lebrun, Terrour or Fright, Taf. 18 aus: Heads, Representing the Various Passions of the Soul, 1740–1765, 27,8 × 19,2 cm, Kupferstich, London, British Museum Abb. 5

lich den wie von Furien im Sturmwind bewegten Haaren. Es stellt sich die Assoziation zu den vor Entsetzen zu Berge stehenden Haaren ein. Hinzu kommt der aus der Anspannung entstehende, aber bei Stubbs deutlich übertriebene Halsmuskel, der wie eine Bahn am Tier herabläuft. Mit unverfälschter Naturwiedergabe hat das wenig zu tun, es handelt sich vielmehr um eine Ausdruckschiffre. So wählt Stubbs für die überlieferten Varianten seiner «Horse and Lion»-Gruppe einen eigenen Modus, der sich der Ästhetik des Sublimen verdankt.

Dass dieser Modus als solcher auch erkannt wurde, macht ein Gedicht von Horace Walpole deutlich, das dieser geradezu enthusiasmiert auf eine Version verfasst hat, in der das Pferd vor dem Löwen zurückschreckt. Es wurde 1763 in der Society of Artists ausgestellt. Das Gedicht erschien im «Public Advertiser» am 4. November 1763. Schon die Existenz eines solchen Gedichts ist erstaunlich, denn zuvor hatte Walpole die Pferdeporträts von Stubbs keiner Aufmerksamkeit gewürdigt. Ganz offensichtlich sah er bei der Gruppe sofort den höheren Anspruch, der der klassischen Kunstauffassung gerecht zu werden suchte.

Bereits der Titel des Gedichts ist bezeichnend: «Angesichts des berühmten erschreckten Pferdes von dem unnachahmlichen Mr. Stubbs». Walpole spürt den Ausdrucksdimensionen des Pferdes nach, beschwört ihre extreme Wirkung auf den Betrachter, sieht durch die aufgerissenen Nüstern alle Gefühle aufgesogen und in jeder Ader Furcht und Angst schlagen. Er beruft die Sublimität der Darstellung, sieht sein eigenes Blut in Wallung gesetzt, empfiehlt dem berühmten Schauspieler Garrick, diese Ausdrucksdarstellung zu studieren, und endet mit der Doppelzeile: «Dein Pinsel, Stubbs, braucht keinen Rivalen zu fürchten / Nicht nachahmende Kunst steht vor uns, sondern das Leben selbst».[42] Auch wenn Walpole dann doch in der Plinius'schen Tradition den Topos der Verlebendigung aufruft, so ist doch das Entscheidende, dass diese Wirkung nach Walpoles Meinung nicht auf dem Wege der bloßen Nachahmung durch den Künstler erreicht wurde. Gelingt es, dem Pferd eine Seele einzuschreiben – so Walpoles Argument, womit er ganz offensichtlich auf die Überblendung der Pferdephysiognomie mit dem Lebrun'schen Leidenschaftstypus zielt –, dann erschließt der Maler den Pferdekörper damit für menschliche Anteilnahme.

Auf diesem Weg ist Stubbs noch einen Schritt weitergegangen: durch die Darstellung einiger weniger mythologischer Themen, die aber dennoch dem Pferdethema verbunden bleiben. Ebenfalls in Varianten in verschiedenen Medien liegt die Darstellung von Phaeton vor, der sich Apolls Sonnenwagen mit der Pferdequadriga ausgeliehen hat, am Himmel die Kontrolle über die wilden Pferde verliert und in sein Verderben rast. Nicht der in der Bildtradition übliche Absturz selbst wird bei Stubbs vorgeführt, sondern der Moment davor, als die Pferde im wilden Galopp aus der Spur geraten. Auch sie erscheinen wie vom Wahn gepackt, in einer Übersteigerung des Ausdrucks und der Bewegung, die das Naturmaß verlässt.[43]

So scheint Stubbs demonstrieren zu wollen, dass er über antithetische Modi verfügt, einen klassischen und einen unklassischen. Humphry kann nicht umhin, im Zusammenhang mit einer Phaeton-Variante, die der schwedische Bildhauer Tobias Sergel zu Gesicht bekam, dessen begeisterte Bemerkung zu zitieren. Sergel hatte nach einem langen Romaufenthalt auf dem Rückweg in seine Heimat in England Zwischenstation gemacht. Er habe, so Humphry, erklärt, «that the focus and expressions, as well as the fiercy & animated motion of the animals placed them upon a footing with the finest sculptures of the ancients».[44] Dabei muss zumindest für Sergel offenbleiben, ob damit nur seine Bewunderung für die erfolgreiche Verlebendigungsform gemeint ist oder Stubbs' Fähigkeit, den klassisch-antiken Modus zu adaptieren. Sergel hatte die Jahre 1767–1778 in Rom in engem Kontakt zum Füssli-Kreis verbracht, der just in dieser Zeit einen anti-winckelmannschen Klassizismus begründete. Sergel und seine Kollegen pfropften den stilisierten Formen des überkommenen Klassizismus einen dem Winckelmann'schen Diktum von der «edlen Einfalt» und «stillen Größe» völlig fremden gesteigerten Leidenschaftsausdruck auf, noch dazu in der Skulptur.[45] In Stubbs musste Sergel von daher eine verwandte Seele erkennen, soweit es seinen klassischen Modus betraf. Und insofern scheint es mir richtig, Stubbs' Kunst einer neoklassizistischen Auffassung zuzuschlagen. Allerdings dürfte diese Klassifizierung auch für seinen Wirklichkeitsmodus zu gelten haben. Womit wir endlich bei Stubbs' eigentlicher Ästhetik angelangt wären, wie sie sich in einer ausgeprägten Bildordnung niederschlägt, deren Bedeutsamkeit besonders herausgestrichen zu werden verdient.

Jedoch gilt es vorab noch, den *concetto*-Charakter von Stubbs' «Horse and Lion»-Bildern zu erschließen. Zwei kleine Beobachtungen können dabei hilfreich sein. Im Gegensatz zur antiken Gruppe – die im Übrigen 1694 grundlegend restauriert wurde, wobei der gesamte Pferdekopf ergänzt und eher spannungslos nach vorne gerichtet wurde[46] –, aber auch zu den Kleinbronzen aus der Giambologna-Werkstatt, die den Kopf mit starker, ausdruckshaltiger Rückwärtswendung geben und damit wohl Stubbs' primäres Vorbild waren,[47] stellt Stubbs seine attackierten Pferde grundsätzlich ohne Hufeisen dar. An der antiken Gruppe, besonders aber auch bei den Kleinbronzen, die das niedergebrochene Pferd zeigen, sind selbst die einzelnen Nägel im Hufeisen deutlich zu erkennen. Da Stubbs bei allen seinen Pferdeporträts auf die Markierung der Hufeisen nicht verzichtet, dürfen wir bei seinen «Horse and Lion»-Gruppen von Absicht ausgehen.[48] Zudem haben seine Pferde in diesen Gruppen am rückwärtigen Fußgelenk ausgeprägte Haarbüschel, die bei den Pferden der Pferdeporträts offensichtlich gestutzt sind. So sollen wir offenbar auf den «Horse and Lion»-Bildern Pferde im Urzustand sehen, in vorzivilisatorischen Zeiten. Dem korrespondiert, dass das Arabische, das im Blut der Rennpferde steckte, im Gegensatz zum Griechisch-Römischen als vorzeitig und urtümlich angesehen wurde. England bzw. London dagegen wurden als neues Rom begriffen, als Hort der Zivilisation. Und Ausdruck von Zivilisation war beim Hochadel besonders die von verfeinerten Methoden getragene Pferdezucht.

Dass diese Interpretation in die richtige Richtung geht, kann noch durch ein weiteres Detail unterstrichen werden. In den 1760er Jahren entdeckte Stubbs für sich die unberührte Region der Creswell Crags, nicht weit von Welbeck Abbey an der Grenze von Nottinghamshire und Derbyshire am Wellow River gelegen. Die Gegend zeichnet sich durch dramatische Kalksteinfelsen aus, vor allem aber durch vorzeitliche Höhlen, in denen Knochen von urzeitlichen Tieren gefunden wurden. Vor allem seine «Horse and Lion»-Szenen lässt Stubbs vor dieser Kulisse spielen.[49] Man muss sich klarmachen, dass in England nach der Jahrhundertmitte geradezu ein geologischer Tourismus entstand und bisher unentdeckte, weil unwegsame Felsgebiete wie der Lake District oder südlich davon Matlock Dale und Dove Dale in Derbyshire erschlossen wurden. Wright of Derby hat sie in seinen Bildern verewigt. Dabei stand zweierlei im Zentrum: zum einen die Suche nach neuen Mineralien, die etwa Wedgwood in seiner Manufaktur nutzen konnte, zum anderen und vor allem aber die Frage nach dem Alter der Erde und den Urgesteinen.[50] Vor diesem Hintergrund wird deutlich, dass es Stubbs, gerechtfertigt durch die ästhetische Theorie des Sublimen, um die Veranschaulichung von Urzuständen ging. Und in Urzuständen fanden auch die Leidenschaften ungehemmt Ausdruck. Um dieses in sich stimmige *concetto* für den Betrachter wahrnehmbar werden zu lassen, verfremdete Stubbs die Erscheinung der Dinge und versuchte damit zugleich, einem klassischen Konzept gerecht zu werden.

Nun übersieht man angesichts der irritierenden Wirklichkeitstreue von Stubbs' Pferdeporträts leicht, dass auch diese Bilder einer ausgeprägten Stilisierung unterliegen, allerdings ist sie allein formaler Natur und steht damit in bewusster Spannung zum Realitätsanspruch des Dargestellten. Diese formale Stilisierung, die die allermeisten Bilder von Stubbs auszeichnet, sowohl die Porträts wie die Bilder mit Historienanspruch, sei etwas genauer an seinem schönsten «Mares and Foals»-Porträt demonstriert, demjenigen mit neutralem Hintergrund, das 1762 für den 2. Marquess of Rockingham gemalt wurde und das sich immer noch in Familienbesitz befindet (s. Taf. 2). Die friesartig aufgereihten Pferdeleiber sind mit kristalliner Klarheit gemalt, die sie hinterfangende Folie ist in einem kühlen Grün-Gelb-Ockerton gehalten. Das Licht fällt von links ein und leuchtet die Körper der Pferde aus, es stiftet logisch Schatten, was von den ganz leichten Schatten, die die Hufe auf den neutralen Grund werfen, verstärkt wird. Das bindet, im Zusammenhang mit der Reihung, die sorgfältig für sich stehenden Pferde aneinander. Ebenso logisch entfalten sich die Pferdeleiber in räumlicher Hinsicht, wenn auch nur auf einem schmalen bühnenartigen Streifen.

Doch noch wichtiger für den Eindruck ist die abstrakte Flächenordnung, die für den Betrachter subkutan zur Wirkung kommt und damit eine ästhetische Unausweichlichkeit besitzt. Die waagerechte Bildmittelachse ist durch den Widerrist, also den erhöhten Teil des Rückens aller fünf Stuten gleichermaßen markiert. Zugleich sind die horchend aufgestellten Ohren der aufmerksamen zweiten Stute von links, die den höchsten Punkt des Gegenständlichen fixieren, exakt auf der oberen Linie des waagerechten Goldenen Schnittes angesiedelt, während die untere waagerechte Linie des Goldenen Schnitts mitten durch die Pferdeleiber geht. Sie wirken auf diese Weise wie an einer Schnur aufgereiht. Die beiden senkrechten Linien des Goldenen Schnitts markieren dagegen präzise den höchsten Punkt des Widerrists von zweiter und dritter Stute von links. Der Goldene Schnitt, seit dem 16. Jahrhundert als göttliche Proportion bezeichnet, ist ein unmerklich wirksames Ordnungsschema, das der Mensch als angenehm empfindet. Man hat es an griechischen Tempeln, aber auch in der Natur ausgemacht, etwa an der Nautilusschnecke.[51] Eine derartige unmerklich-merkliche, abstrakte ästhetische Ordnung empfinden wir angesichts aller Bilder von Stubbs. Sie wird gesteigert durch die ausgeprägte Stilisierung im Form-Gegenstand-Verhältnis und ist ein Stilmerkmal des Neoklassizismus. Es unterscheidet sich von der klassischen Ordnung, die die Dinge in einen atmosphärisch sich entfaltenden Raum einbettet, dadurch, dass die Dinge hier wie herausgelöst erscheinen, ihren Platz weniger im Illusionsraum als auf der Bildfläche wie ein geradezu abstraktes Muster finden. Wir zeichnen ihre Form nach und empfinden sie als Flächenphänomen.

Auf den ersten Blick mag bei Stubbs das Dargestellte, das doch im Modus höchster Lebendigkeit erscheint, zugleich wie gefroren oder fixiert wirken, da jeder Gegenstand für sich gesehen und der Zusammenhang nur abstrakt gestiftet ist. Doch wenn wir nah an ein Stubbs'sches Bild herangehen, dann erkennen wir plötzlich, dass die Figuren mitnichten scharf umrissen sind, sondern einen unendlich subtilen Lichtrand aufweisen, der für die Wahrnehmung ein leichtes Vibrieren, die Empfindung des Atmens der Körper bewirkt. Dann erkennen wir auch, dass ein ungemein feiner Lichtschleier über alles Dargestellte gezogen ist, was auch die Farbfelder in sich mit zartem Leben erfüllt. Die Dinge sind als Erscheinende im Licht vorgeführt. Das Phänomen ist mehr, als ein Leonardo'sches Sfumato oder eine bloß skizzenhafte Wiedergabe veranschaulichen können. Es ist eine optische Eroberung von Erscheinungen, die, wie ich behaupten möchte, Newtons Erkenntnisse vorauszusetzen scheinen.

Insofern sei zum Abschluss dieses Kapitels folgende Vermutung geäußert: Ein derartiges Phänomen kann man nur malen, wenn man es zuvor gesehen hat. Der Ort, an dem es wahrgenommen werden konnte und im 18. Jahrhundert verstärkt auch gesehen wurde, ist die milchige Glasscheibe der Camera obscura, die durch ihre Linsen das Licht bündelt und die Gegenstände zugleich als Flächenphänomene wahrnehmbar werden lässt.[52] Stubbs dürfte sie benutzt haben.

3. Kapitel
Gainsborough – Farbe und Musik

Don't be so blue[1]

Farbprobleme: warm versus kalt

William Beckford war nicht nur unendlich reich und hochgradig exzentrisch, sondern auch frühreif und hochbegabt. Sein Erbe trat er nach dem Tod des Vaters 1770 als Zehnjähriger an, seine Lehrer waren exquisit. Sir William Chambers dürfte für seine spätere Baumanie Grund gelegt haben, wichtiger in seiner Frühphase scheint jedoch ab 1774 Alexander Cozens gewesen zu sein. Der in Eton erprobte Zeichenlehrer führte ihn nicht nur in die Kunst und Kunstgeschichte ein, sondern fungierte vor allem als sein Mystagoge, was die rege Phantasie seines Schützlings in Wallung versetzte. Nicht umsonst wurde Cozens der «Perser» genannt, er dürfte Beckfords Neigung zu orientalischen Geschichten geweckt haben. Beckford lernte in Windeseile Sprachen und wurde von seiner Mutter in jungen Jahren auf Reisen geschickt. Nicht ohne Risiko. 1777 und 1778 verbrachte er ein gutes Jahr mit seinen Tutoren am Genfer See. Er sprach und schrieb perfekt Französisch – und mit dem Schreiben hat er spätestens zu diesem Zeitpunkt begonnen: Er verfasste

Geschichten und einen parodistischen Text, den er allerdings erst 1780 vollendete und drucken ließ, unter dem Titel «Biographical Memoirs of Extraordinary Painters». Doch am Genfer See ergriff ihn auch die rousseausche Naturbegeisterung, zudem geriet er in den Freundeskreis Voltaires und damit in den Dunstkreis philosophischer Gedanken der Aufklärung – was seine Mama, als sie es realisierte, erschaudern und seine sofortige Rückkehr nach Fonthill Splendens anordnen ließ.[2]

Allerdings: Für seine Mutter erwies sich diese Heimkehr als ein Weg vom Regen in die Traufe. Denn kaum zu Hause, begegnete dem achtzehnjährigen Beckford die große Liebe seines Lebens, der erst zehnjährige William Courtenay, später 9. Earl of Devon. Der Kitty genannte Knabe, den George Romney für Beckford im Bilde verewigt hat,[3] entzündete ihn vollkommen, wie überhaupt «pink cheeked school boys»,[4] «lovely beings in all the freshness of their early bloom»[5] es ihm angetan hatten. Davon legt auch das von Beckford bei Reynolds in Auftrag gegebene Bildnis des vierzehnjährigen Master Hamilton von 1782 Zeugnis ab. Der in der Tat wunderschöne Knabe, später 10. Duke of Hamilton, hatte gleichzeitig mit seinem Verehrer ein «Appointment» bei Reynolds.[6] Sein rotes Samtgewand zeigt einen Reflex von Reynolds' Rubens-Erfahrung auf dem Kontinent. Und die Rolle der Farbe des Gewands im Kunstdiskurs wusste Beckford, nach Ausweis seines literarischen Erstlings, der «Biographical Memoirs», schon früh einzuschätzen.

Die heftige Satireschrift führt eine Reihe von Künstlerlebensläufen vor. Mit den Namen der Künstler treibt Beckford sein Spiel. Einige wenige berühmte Maler werden direkt benannt, einige Namen werden verballhornt, wieder andere lassen sich als Anspielungen auf zeitgenössische Künstler wenn schon nicht sicher entschlüsseln, so doch wahrscheinlich machen, selbst wenn die Figuren in gänzlich anderen Zeiten angesiedelt sind. Gelegentlich werden Charakteristika verschiedener zeitgenössischer Künstler in ein und dieselbe Beckford'sche Erfindung eingeschrieben – was die Entzifferung nicht eben leichter macht.

Berichtet wird etwa von dem Künstler Sucrewasser, der am Wiener Hof seine Ausbildung bei dem italienischen Künstler Insignificanti erfährt; weit kann ihn die Lehre also nicht gebracht haben. Eine Prinzessin am Hof fordert Meister und Schüler auf, ihren Schoßhund zu malen. Der Künstler fragt seinen Schüler, ob er damit einverstanden sei, den Hund auf einem roten Samtkissen darzustellen. Der Schüler jedoch leistet, zum nicht geringen Ärger seines Meisters, Widerrede und behauptet, ein blaues Kissen würde den besseren Effekt ergeben. Mit Empörung in der Stimme belehrt ihn der Meister, er plane, dem roten Kissen einen goldenen Saum zu geben, dadurch werde die sensible Delikatesse seines Pinsels erst recht zum Vorschein kommen, und er weist den Schüler an, diesen Teil des Bildes nicht durch seinen groben «touch» zu zerstören, Blau habe nicht annähernd den Glanz des Rot.[7]

Zweierlei macht der Text bis hierhin deutlich. Zum einen dürfte auch der Prinzessin bewusst gewesen sein, dass der Künstler Insignificanti arbeitsteilig vorgeht: Er behält sich das Hauptmotiv, in diesem Falle den Hund, vor, sein Schüler ist für die Dekoration, hier das Kissen, zuständig. Das steigert die Möglichkeiten des Outputs. Indirekt dürfte Beckford damit auf Sir Joshua Reynolds verweisen, der sich regelmäßig von Draperiemalern helfen ließ. Zum anderen wirft der Text ein farbtheoretisches Problem auf: Wie sind das Verhältnis und die Wertigkeiten der Farben Rot und Blau, denen traditionellerweise die Dimensionen von warm und kalt zugewiesen werden, zu denken? Auch dies verweist indirekt auf Reynolds und auf eine unmittelbar zeitgenössische Debatte. 1778, als Beckford nach England zurückkehrte und seine Satire zu Ende schrieb, hatte Reynolds, der Präsident der Royal Academy, im Zusammenhang mit der jährlichen Preisverleihung für die besten Schülerarbeiten seinen 8. Diskurs gehalten. Er empfahl den Eleven der Akademie darin nicht nur, synkretistisch zu verfahren, indem sie sich an den unterschiedlichen Vorzügen der besten Künstler der Geschichte gleichermaßen orientieren sollten. Er entwarf ihnen auch Regeln der Komposition und Lichtführung, um dem Bild eine Einheit («the whole together») geben zu können.[8]

Dem Licht, so erklärte er, müsse hinreichend Schatten beigesellt sein, was Konsequenzen für die Farbgebung habe: Ein gewisses Maß an kalten Farben sei notwendig, um den warmen Farben ihren eigentlichen Wert und ihr Leuchten zu geben. Lernen könne man das rechte Verhältnis von warmen und kalten Farben an der venezianischen Malerei. Es sei definitiv so, dass die Hauptmasse des Lichts in einem Bild von einer warmen, weichen Farbe sein müsse. Gelb, Rot oder Gelblich-Weiß seien zu wählen, während blaue, graue oder grüne Farben beinahe gänzlich aus den Hauptmassen herausgehalten werden müssten, sie könnten nur als Unterstützung und zur Absetzung der Farben dienen. Darum müsse eine kleine Menge kalter Farben reichen. Bei den Römern und Florentinern sehe man häufig das Gegenteil, das würde den Bildern die Kraft und den Glanz rauben und die Harmonie zerstören. Vorbildhaft, was den Zusammenklang der Farben angehe, sei

Tizian und in Sonderheit sein Bild «Bacchus und Ariadne». Ariadne, abgesetzt von der Hauptgruppe am linken Bildrand, sei blau gewandet, und ebendies würde die Brillanz der Hauptgruppe stärken. Diese sei in weiche, warme Farben gefasst. Damit aber das Bild nicht in zwei Teile, in einen kleinen kalten Teil und einen größeren warmen, zerfalle, sei es für Tizian zwingend gewesen, geringe Anteile einer warmen Farbe in den kalten Bereich einzufügen und umgekehrt den warmen Hauptteil mit einer Prise kalter Farbe zu versehen. So habe Ariadne einen roten Schal und eine der Bacchantinnen in Bacchus' Gefolge ein Stück einer blauen Draperie zugesellt bekommen.[9]

Auf diese Reynolds'sche Argumentation rekurriert Beckford – aber nicht nur darauf. Ein ganzer von Anekdoten durchsetzter Kosmos tut sich bei ihm auf. Bevor er durchleuchtet werden soll, ist allerdings darauf hinzuweisen, was die Forschung seltsamerweise verabsäumt hat zu realisieren, dass Reynolds in der Akademieausstellung von 1778 auch gleich die Nutzanwendung seiner theoretischen Anleitung geliefert hat. Mit der «Marlborough Familie» (Taf. 6) hatte er, wie Ellis Waterhouse nicht ganz zu Unrecht bemerkt hat, das monumentalste Werk der englischen Porträtgeschichte geschaffen, zugleich sein größtes mit 3,20 Metern in der Höhe und 2,90 in der Breite.[10] Auftraggeber war George, der 4. Duke of Marlborough – das Gemälde sollte in jeder Hinsicht höchsten Ansprüchen genügen.

Caroline, die Duchess of Marlborough, nimmt die Mitte der achtköpfigen Familie ein und vermittelt zwischen der linken und der rechten Gruppe. Links, heraldisch gesehen rechts, vor einer gewaltigen gedrehten Kolossalsäule sitzt der Duke mit seinem stehenden ältesten Sohn, dem Erben, an seiner Seite.

Marlborough erscheint im Gewand des Hosenbandordens, zu dem ein blauer Umhang gehört, den er, um dessen Bedeutung im Bilde zu minimieren, über die Knie gebreitet hat. Sein Sohn dagegen trägt rote Samtkleidung. Die rechte Seite, heraldisch die linke, zu der die Duchess überleitet, ist den Töchtern und dem jüngeren Knaben der Familie vorbehalten. Die Duchess trägt ein warmes senffarbiges Gewand, ein schmaler Streifen eines blauen Umhangs ist um ihren linken Arm gewunden und erscheint an der Hüfte wieder. Bei den vier Töchtern überwiegt der von Reynolds in seinem Text genannte warmfarbige Gelb-Weiß-Ton, der Knabe erscheint wieder in roter Samtkleidung. Allein die Gürtelschärpe der jüngsten Tochter ist blautonig, so dass wir links, rechts und in der Mitte eine kleine Partie in Blau im überwiegenden Altmeisterton Braun-Gelb mit einer Tendenz zum Rot haben. Um aber seine theoretischen Ansprüche auf den Punkt zu bringen, überwölbt Reynolds das ganze Bild mit einer schweren, goldverzierten roten Portiere. Das setzt den Gesamtton, der durch die schmalen Blauanteile, ganz in Reynolds' Sinn, nur gesteigert wird. Stellt man zudem in Rechnung, dass Reynolds für seine Verwendung schlechter, verblassender Farben berühmt-berüchtigt war, dann muss der ursprüngliche Eindruck insbesondere durch die riesige rote Portiere sehr viel intensiver gewesen sein.[11] Dass der rote Vorhang sich Reynolds'scher Ostentation verdankt, ist dem immer sensiblen Horace Walpole aufgefallen: Er fand ihn zu aufdringlich.[12]

Die Anekdoten zum «Blue Boy»

Reynolds verfolgte mit seiner doppelten Strategie, in Text und Bild, nach Meinung der künstlerbiographischen Quellen des frühen 19. Jahrhunderts ein direktes Ziel: Er wollte ein für alle Mal seinem größten Konkurrenten und künstlerischen Antipoden Thomas Gainsborough auf dessen eindeutig gegen Reynolds' Auffassung gerichteten «Blue Boy» (Taf. 7) antworten und Gainsboroughs Position widerlegen. Nun gab es gleich nach Gainsboroughs Tod 1788 eine Fülle von biographischen Schriften, die auf den verschiedensten Ebenen an der Legende Gainsboroughs strickten, um ein bestimmtes Bild seiner künstlerischen Existenz zu entwerfen. Sofern die Texte in eine eigenständige Publikation geronnen sind, hängen sie insofern zusammen, als jeweils der jüngere Text die älteren nutzt, fortschreibt, leicht variiert, verändert, in ihren Tendenzen verstärkt. Auf diese Weise wurden Traditionen gestiftet, denen in der Kunstgeschichte nicht selten Quellenwert beigemessen wird. Dabei machen schon die Titel der Schriften deutlich, dass ihnen eine unseren Vorstellungen nicht entsprechende Geschichtsauffassung zugrunde liegt. Wenn die noch im Todesjahr von Gainsborough erschienene Schrift seines langjährigen, nicht unproblematischen Wegbegleiters und Förderers Philip Thicknesse den Titel trägt «A Sketch of the Life and Paintings of Thomas Gainsborough, Esq.», dann scheint dies konventionell kunsthistorisch zu klingen.[13] Doch impliziert diese Formulierung – und dies gilt für alle frühen biographischen Schriften über Gainsborough ausnahmslos –, dass der Schreiber selbstverständlich davon ausgeht, dass Leben und Werk nicht nur aufs Engste zusammenhängen, sondern nur über die Biographie die Werke zu verstehen sind. Und dieses Verständnis wird in erster Linie befördert durch Anekdoten, die sich an Leben und Werk angeschlossen haben. Denn in ihrer literarisch-rhetorischen Überformung bringen sie – so die Überzeugung – das tiefergehende Verständnis erst eigentlich ans Licht, indem sie ein Bild entwerfen, das einerseits Züge des Individuellen von Leben und Werk hervorkehrt und andererseits diese Eigenheiten in übergeordnete, tradierte Verstehenshorizonte einbettet.

So weit, so gut. Nur gilt es, diese Bildhaftigkeit zu verstehen und zu fragen, wofür sie steht. Dabei ist weniger entscheidend, ob die Anekdote «stimmt», ob sie objektiven Gegebenheiten entspricht, als vielmehr, ob sie der zu entwerfenden Charakterisierung von Leben und Werk Genüge tut, sie verdeutlicht oder ihr eine Nuance hinzufügt. Nicht selten greift die Anekdote dabei auf überlieferte Topoi zurück, die das Leben eines Künstlers in Hinblick auf sein Werk strukturieren.

Welch entscheidende Rolle die Anekdote bei der Deutung von Leben und Werk spielt, wird im Falle von Thicknesses biographischer Skizze zu Gainsborough schon dadurch deutlich, dass sie an ihrem Beginn und für den gesamten Text geltend eine eigene Überschrift trägt: «Anecdotes, &c.» Sofern der Begriff der Anekdote sich auf Künstlerlebensläufe und die zugehörigen Werke bezieht, aber auch auf Darstellungen von Kunstentwicklungen einzelner Länder oder eines bestimmten Zeitraumes in der Tradition von Giorgio Vasari, Carel van Mander oder Joachim von Sandrart, geht er in England zurück auf Horace Walpoles «Anecdotes of Painting in England» von 1780. Und Walpole erklärt in seiner Einleitung auch, warum er gerade diesen Begriff gewählt hat. Es gebe bisher keine Abhandlung über die englische Kunstentwicklung, allerdings halte sich die Zahl der bedeutenden englischen Künstler auch in Grenzen; Künstler habe man sich bisher vom Kontinent geholt. Daher habe er seine Abhandlung nicht «The Lives of English Painters» genannt, sondern ihr den Titel «Anecdotes of Painting in England» gegeben. Durch den Begriff der Anekdote könne Neugierde geweckt werden.[14] Das scheint harmlos und entschuldigend daherzukommen, doch was dann in mehreren Bänden folgt, ist das durchaus detaillierte Wissen um die Geschichte der englischen Kunst, besonders in der damaligen Gegenwart. Nur ist dieses Wissen eben aufbereitet durch Anekdoten, die die englische Kunsttradition in Zusammenhänge stellen, die auf breiteres Verständnis rechnen können und die auch die Bewertung durch den Autor einer derartigen Abhandlung nicht unterschlagen.

Schaut man auf die Titel der im Ganzen oder in Teilen Gainsborough gewidmeten frühen Schriften, so wird deutlich, dass es eine ganze Reihe von Begriffen für derartig Biographisches gab, die interchangieren, kaum klar voneinander zu trennen sind und nicht selten den individuellen Erinnerungsaspekt betonen, wobei die anekdotischen Bemerkungen im Gewand subjektiver Erfahrung daherkommen. Neben den «Anecdotes of» und «Lives of» finden sich «Memoirs», «Reminiscences» oder «Recollections».[15] Dabei ist die sich dahinter verbergende Dimension von persönlicher Erinnerung, subjektivem Urteil und Traditionseinbindung deutlich wichtiger als bloße, noch so sehr durch Quellen abgesicherte Faktizität. Das geht so weit, dass Daten manipuliert werden, wenn sie in veränderter Form «aussagekräftiger» werden.

Dafür sei ein kleines Beispiel aus Beckfords Frühschrift angeführt, das zeigt, wie sehr auch ihm die Anekdotentradition und ihre Topik bereits in jungen Jahren vertraut ist. Zu Beginn seiner Abhandlung bespricht er zwei Künstler in der Nachfolge Jan van Eycks. Den einen nennt er Hemmeline, was deutlich Hans Memling meint, der in der Tat in älteren Schriften «Hemeling» oder «Hemmeling» genannt wurde. Beckford lässt ihn am 6. September 1492 Gent betreten und damit seine erfolgreiche Karriere beginnen.[16] Schon die Genauigkeit der Angabe nimmt wunder und scheint wenig Sinn zu machen, da Memling bereits 1494 starb und in Brügge beerdigt wurde. Den Beginn seiner Erfolgslaufbahn kann das Datum nicht markieren, soll es aber. Doch was hat sich am 6. September 1492 ereignet? Nach einigem Grübeln wird man feststellen, dass dies der Tag ist, an dem Columbus von Gomera aus endgültig zu seiner großen Reise aufbrach, die ihn einen neuen Kontinent entdecken ließ. So wird Memling zum Columbus der Kunst, der ihr neue Felder erobert hat.

Der zweite Künstler, den Beckford an dieser Stelle nennt und der schließlich am Prager Hof arbeitete, trägt irritierenderweise den Namen Aldrovandus Magnus – ein Spiel mit dem Namen von Ulisse Aldrovandus, dem berühmten Arzt und Begründer der Zoologie. Offenbar soll auf das besondere, alchimistisch überwölbte Wissenschaftsinteresse des Prager Hofes verwiesen und der besondere Anteil des Künstlers an der Verwissenschaftlichung der Kunst hervorgehoben werden. Denn, so wird uns nahegelegt, dieser Künstler war auserwählt. Sein Geburtsdatum ist ausdrücklich auf den St.-Simons-Tag 1473, den 8. Oktober, gelegt.[17] Simon nimmt bei der Darbringung im Tempel das Christuskind auf den Arm und bekennt, er habe «den Heiland gesehen». Aldrovandus soll offenbar das Wesen der Kunst erkannt haben – doch worin besteht es? Das beantwortet gleich die nächste Anekdote. Aldrovandus bekommt den Auftrag, ein Altarbild für die Prager Kathedrale, den St.-Veits-Dom, zu malen. Wieder muss eine Prinzessin herhalten, die mit einer Herzogin zusammen den Maler bei der Arbeit besucht. «Moses und der brennende Dornbusch» lautet das Thema des Altarbildes. Die Prinzessin schreit vor dem Bild auf und beschwört ihre Mutter, sie möge auf keinen Fall den Brombeerbusch berühren, damit sie sich die Finger nicht verbrenne.

Diese Anekdote ist eines der unzähligen Beispiele, bei denen die perfekte Nachahmung der Natur für eine Täuschung gesorgt haben soll. Seit Plinius' Zeiten gibt es eine ununterbrochene Kette derartiger Beispiele. Künstler, auf die der Topos von der optischen Täuschung durch die Kunst Anwendung findet, werden primär einer realistischen, nicht idealistischen Tradition zugeschlagen. Sie geben die Natur wieder, wie sie ist, nicht wie sie aus klassisch-idealistischer Sicht sein soll. Wir werden am Beispiel von Gainsborough sehen, dass diese Deutung auch dann aufrechterhalten wird, wenn die Malweise des Künstlers dem Anspruch der Wiedergabe größtmöglicher Naturtreue gänzlich widerspricht.

Überraschenderweise findet Gainsboroughs «Blue Boy», verstanden als Demonstrationsobjekt der Widerlegung der Prinzipien von Reynolds, in den ganz frühen biographischen Reminiszenzen zu Gainsborough überhaupt keine Erwähnung. Ja, das Bild scheint nicht zum Kanon der erfolgreichen Bilder Gainsboroughs gehört zu haben. Zäumen wir das Pferd vom Schwanz her auf und referieren zuerst die letzte umfassende Zusammenfassung aller anekdotisch geprägten Lebensläufe zu Gainsborough, George Williams Fulchers «Life of Thomas Gainsborough» von 1856. Zum «Blue Boy» hat er die radikalste Lösung anzubieten.[18] Er datiert das Bild auf 1779 und sieht es damit als unmittelbare Antwort auf Reynolds' Diskurs von 1778. Damit vermischt er, was bei Anekdoten oft passiert, ob bewusst oder nicht, verschiedene Traditionen. Man könnte aber auch, positiv gewendet, sagen, er bringt sie verdichtet auf den Punkt. Fulcher weiß auch zu berichten, dass in «A Handbook for Young Painters» darauf abgehoben wird, Gainsborough habe gar keinen wirklichen Wettbewerb mit Reynolds angestrebt, insofern sein «Blue Boy» keine klare, kühle Blaufarbe verwendet habe, vielmehr sei die Farbe von dessen Gewand durch zarte andere Töne gebrochen. Geradezu trotzig merkt das Handbuch an, so schön das Bild auch gemalt sei, eine andere Farbe für das Gewand als Blau wäre besser gewesen, weil sie angenehmer für das Auge gewesen wäre.[19] Gebrochen sind die Farben des Gewandes in der Tat aufgrund seiner starken Fältelung, was die Lichtreflexe potenziert. Doch dominierend bleibt das Blau allzumal.

Erst 1798, immerhin zehn Jahre nach Gainsboroughs Tod, gewinnt der «Blue Boy» seinen Namen. Gainsborough hatte einen langjährigen Freund und Briefpartner, William Jackson, der hauptberuflich Musiker, aber mit ausgeprägtem Kunstinteresse, war. Er beriet Gainsborough, den begeisterten Amateurmusiker, in musikalischen Fragen, dieser ihn in bildkünstlerischen. Da jedoch Gainsborough grundsätzlich aus seinem Herzen keine Mördergrube zu machen pflegte, teilte er seinem Freund trocken mit, es sei mit seinen bildkünstlerischen Bemühungen nicht weit her. Das traf Jackson, der zeitweise überlegt hatte, von der Musik zur bildenden Kunst zu wechseln. Und so müssen wir seine Bemerkungen zu Gainsboroughs musikalischen Bemühungen nach dessen Tod auch als Retourkutsche begreifen: Gainsborough habe noch nicht einmal Noten lesen können, und seine musikalische Praxis sei nicht über Anfangsgründe hinausgekommen.[20] Das sahen andere Freunde, unter ihnen professionelle Musiker, gänzlich anders. Doch Jackson wusste Gainsboroughs Kunst wohl zu schätzen, und so heißt es bei ihm: «Perhaps his best portrait is that known among the painters by the name of the Blueboy – it was in the possession of Mr Buttall, near Newportmarket.»[21] Das entspricht den Tatsachen, nur war auch Jackson, dem Vertrauten des Malers, nicht klar, dass das Bild nicht nur im Besitz von Mr. Buttall, dem Sohn eines Eisenhändlers in Soho, war, sondern ihn auch darstellte. Dass sich dieses Wissen so früh verloren hat, spricht dafür, dass in dem Bild in erster Linie die Demonstration eines Künstlerproblems gesehen wurde, ausgelöst durch die Farbgebung.

Dies bestätigt eine zweite Quelle aus dem Jahre 1798. Sie stammt von William Seward, einem bekannten Anekdotenschreiber, vor allem zu Joshua Reynolds und Samuel Johnson. Im August 1798 publizierte er im «European Magazine» einen Text, in dem es heißt, der «boy in a blue Vandyke dress» sei ein Bild, das den Vergleich mit keinem anderen zu scheuen brauche – womit bereits indirekt auf den Paragone, den Wettstreit mit Reynolds hingewiesen ist. Gainsborough, so Seward, habe die Skizze eines Knaben von Tizian gesehen. «I am proud», lässt Seward den Künstler sagen, «of being of the same profession with Titian, and was resolved to attempt something like him.» Ohne Übergang fährt Seward fort, Vorbild für Gainsborough sei das berühmte Gemälde van Dycks in Wilton gewesen, und Gainsborough habe eine besondere Begabung und Leichtigkeit besessen, diesen Maler nachzuahmen.[22] Wir dürfen ergänzen: In seiner Zeit in Bath zwischen 1759 und 1774 hat Gainsborough auf den umliegenden Landsitzen van Dycks Bilder nicht nur studiert, um hinter das Geheimnis von dessen Malweise zu kommen, sondern er hat sie auch in Farbe kopiert. Das angesprochene Bild in Wilton, das, wohl 1635 entstanden, Lord John Stuart und seinen Bruder Lord Bernard Stuart darstellt (Taf. 8), hat Gainsborough in ungewöhnlicher Detailliertheit und in der Originalgröße von immerhin 2,37 × 1,46 Metern kopiert.[23] Ganz offensichtlich war Seward diese Kopie geläufig, sie wurde auf dem Gainsborough Sale nach 1788 verkauft.[24]

Nun sind die direkten Ähnlichkeiten zum «Blue Boy» nicht sehr ausgeprägt. Was also will Seward mit seinem Text sagen? Zumal es auch keine Skizze von Tizian gibt und auch kein Knabenbildnis – mit einer Ausnahme, dem berühmten Porträt des elfjährigen Ranuccio Farnese,[25] das Gainsborough nicht im Original gesehen haben kann. Doch ist es von größtem Einfluss auf die Malweise van Dycks gewesen, der es in Rom zwischen 1622 und 1625 zeichnerisch kopiert hat.[26] Seward, aber auch Gainsborough mögen die Zeichnung gesehen haben, schließlich kam van Dyck nach England mit von ihm erworbenen Tizian-Bildern, um seine Genealogie anzudeuten. Und in diese Ahnenschaft wollte ganz offensichtlich auch Gainsborough sich gestellt sehen. Gekennzeichnet ist diese Tradition durch einen skizzenhaften Malmodus, den Reynolds in seinem berühmten 14., Gainsborough gewidmeten Diskurs im Detail beschrieben hat, um den Konkurrenten dadurch eindeutig der flämischen und venezianischen Tradition zuschlagen zu können.[27] Reynolds war belesen, er kannte nicht nur die künstlerischen, sondern auch die kunsttheoretischen Traditionen. Er hatte seinen Vasari parat, kannte aber auch, was entschieden unterschätzt wird, Roger de Piles' Schriften, vor allem die «Cours de peinture par principe» von 1708, die 1743 als «The Principles of Painting» auf Englisch erschienen waren.[28] De Piles vertrat in der französischen *Querelle* die Position der Rubenisten gegen die Poussinisten, was eine deutliche Aufwertung der Farbe gegenüber der Linie zur Folge hatte.[29] War die Farbe zuvor bloßes Akzidens, dem mechanischen Bereich der Kunst angehörend, so wurde sie jetzt zu einer selbständigen Kraft, die für sich Bedeutung produziert und Anteil nimmt am geistigen Entwurf.

Reynolds betont Gainsboroughs «odd scratches and marks», «dieses Chaos, diese ungeschlachte und formlose Erscheinung, die wie durch Magie aus einer gewissen Entfernung Form annehmen und alle Teile den rechten Platz einnehmen lassen kann».[30] Doch, gibt Reynolds zu bedenken, bedarf es langer Erfahrung, um in dieser Malweise Sicherheit zu gewinnen, sie sei schwieriger zu erlernen als eine auf glatte Vollendung zielende Malerei. Natürlich paraphrasiert Reynolds hier Vasaris Bemerkungen zu Tizian. Vasari hatte geschrieben, Tizian arbeite in seinem Spätwerk «mit grob hingeworfenen Pinselstrichen und Flecken, so daß man sie von nahem nicht zu betrachten vermag, sie aus der Ferne aber perfekt wirken». «Auch wenn es vielen so scheinen mag, als wären sie ohne Mühe gemacht, so ist dies keineswegs der Fall …». Es bedürfe großer Anstrengungen, um diese Malweise zu beherrschen. «Auf diese Weise angewandt, handelt es sich um eine wohlüberlegte, schöne und herrliche Methode, die die Gemälde lebendig und in ihrer Ausführung von großer Kunstfertigkeit erscheinen läßt und dabei die Mühen kaschiert.»[31]

In allen frühen Schriften über Gainsborough werden dessen Porträts als besonders lebendig und ausgesprochen ähnlich charakterisiert. Doch wie ist Ähnlichkeit bei den «odd scratches and marks» zu erreichen? Reynolds hat dieses Problem durchaus erkannt und Gainsboroughs Weise, Lebendigkeit zu erzielen, nachvollzogen. Er spricht von dessen «hatching manner», was wörtlich zu übersetzen wäre durch ein Arbeiten mit Schraffuren, aber doch wohl genauerhin meint, dass Gainsborough die einzelnen Pinselstriche unverbunden nebeneinandersetzt und das Auge auffordert, sie zu verbinden. Und diese Aktivität empfindet der Betrachtende, als würde sie selbst das Lebendige des Gegenstandes stiften. Zur Ähnlichkeit weiß Reynolds Entsprechendes anzumerken. Da Gainsborough nur auf den generellen Effekt durch Andeutung ziele, würde seine «unfinished manner» eine verblüffende Ähnlichkeit erzielen, denn «the imagination supplies the rest».[32] Bei dieser Bemerkung handelt es sich um eine ziemlich wörtliche Übernahme von Roger de Piles aus seinem «Abrégé» von 1699: «Les Desseins touchez & peu finis ont plus d'Esprit …: la raison en est que l'imagination y supplée toutes les parties qui y manquent, ou qui n'y font pas terminées, & que chacun les voit selon son Goût …».[33] Dass die Imagination das Fehlende ergänzt und dies notwendig jeder auf seine Weise tut, leuchtet ein.

Doch wie erzielt Gainsborough ganz praktisch den generellen, Ähnlichkeit stiftenden Effekt? Die frühen Quellen überliefern uns eine sehr glaubwürdige Beschreibung seines praktischen Vorgehens. Der Miniaturporträtist Ozias Humphry stellt schon für die 1760er Jahre fest, dass Gainsborough den Malraum extrem verdunkelt und während der Sitzungen mehrfach einen größeren Abstand vom «sitter» genommen habe, um die «general form» zu erfassen.[34] Ausgereift scheint Gainsboroughs Verfahren dann erst im Spätwerk gewesen zu sein. Der 1766 geborene Graphiker John Thomas Smith berichtet, er habe dem Künstler mehrfach beim Malen zuschauen können. Bei schwachem Licht habe dieser mit einem sechs Fuß, also etwa 1,80 Meter (!) langen Pinsel gearbeitet, und er habe seine Staffelei so eingerichtet, dass die Leinwand gleich weit vom «sitter» wie vom malenden Künstler entfernt gewesen sei. Im Übrigen habe er im Stehen gemalt.[35] Das kann Smith nur in den 1780er Jahren beobachtet haben, festgehalten hat er es erst am Ende seines Lebens 1828. Auf diesen Bemerkungen fußt die gesamte Gainsborough-Forschung. Fügt man noch hinzu, was Gainsboroughs Tochter überliefert, dass er seine Farben so stark mit Ölterpentin verdünnt habe, dass sie schier von der Palette liefen,[36] und streicht man ein wenig von der jeweiligen Übertreibung, so dürfen wir davon ausgehen, dass Gainsborough im Frühwerk die Konturen eines Porträtkopfes noch flüchtig mit Kreide angelegt hat, um dann im abgedunkelten Raum zu malen. Später wird er auf jegliche zeichnerische Anlage verzichtet haben, um den ersten Eindruck vom «sitter» gleich mit dem Pinsel in «dead colour» zu markieren, um dann Lasur auf Lasur farbig aufzutragen.

Dieses Verfahren, mit dünnflüssigen Lasuren zu arbeiten, hat er ganz offensichtlich seinem Studium der Bilder van Dycks zu verdanken. Dort konnte er auch erkennen, dass van Dyck auf den sogenannten Bolusgrund zumindest für die Fleischteile eine farbige Imprimitur, eine dünne Farbschicht in

Rosa, aufgetragen hat, so dass dieser farbige Grund bei den durchscheinenden Lasuren mitsprechen konnte. Somit hatte Gainsborough ein weiteres Verfahren der Verlebendigung zur Verfügung.[37] Denn wenn das auf das Bild fallende Licht mehr oder weniger stark vom Grund reflektiert werden kann, dann scheint für unsere Erfahrung der Reflex vom Grund durch die darüber liegenden Farben. Wir erfahren dies, wie man sagen könnte, als das Atmen des Bildes und übertragen es auf die dargestellte Person. Die Zeitgenossen haben dies durchaus gespürt und in folgende schöne Beschreibung gefasst, die sich in einem wenige Tage nach Gainsboroughs Tod erschienenen Nachruf im «Gentleman's Magazine» findet: «He gives the feature and the shadow, so that it is sometimes not easy to say which is which: for the scumbling [die Lasur] about the feature sometimes looks like the feature itself, so that he shows the face in more points of view than one, and, by that means, it strikes every one that has seen the original, that it is a ressemblance; and while the portrait with a rigid outline, exhibits the contenance only in one disposition of mind, his gives it in many».[38] Das ist schon eine außergewöhnlich einsichtige Beschreibung des Phänomens: Das Auge, das das, was es sieht, nicht festhalten kann, erfährt dies als leichte Unruhe und deutet es als eine Verlebendigung des Gegenstandes. Wir werden ein höchst verwandtes Phänomen in der Moderne wiederfinden und es im Falle von Barnett Newman und Mark Rothko untersuchen.

Nun gibt es mehr oder weniger zeitgleich als Äquivalent zu diesem Phänomen einen ästhetikgeschichtlichen Begriff, den auch Reynolds im Zusammenhang mit Gainsborough in seinem 14. Diskurs von 1788 verwendet: «indistinctness».[39]

Andernorts habe ich ihn herleiten können. Er stammt von dem Theoretiker des Pittoresken William Gilpin und findet sich entwickelt in dessen «Remarks on Forest Scenery, and other Woodland Views, relative chiefly to Picturesque Beauty ...» von 1791.[40] Das späte Datum könnte zu der Vermutung Anlass geben, Reynolds sei der Gebende, Gilpin der Nehmende. Doch Gilpins Theorie ist in seinen «Three Essays. On Picturesque Beauty» bereits vollständig entwickelt. Sie wurden sogar erst 1792 publiziert, doch haben sie eine lange Vorgeschichte: Formuliert wurden sie 1776 und 1791 punktuell überarbeitet. Zweimal, 1776 und 1779, hat das Manuskript Reynolds vorgelegen, der es in Briefen an Gilpin 1776 und 1791 kommentiert hat. Es steht in einer längeren, auch für Gainsborough relevanten ästhetischen Tradition, die sich mit Wahrnehmungs- und Wirkungsästhetik beschäftigt. Wenn Alexander Gerard in seinem «Essay on Taste» von 1759 formuliert, ein Betrachter genieße es, wenn ein Werk «leaves the full meaning to be guessed at»,[41] dann ist er auf dem Wege zu Gainsboroughs oder Gilpins Überzeugungen. Allerdings zielen diese beiden nicht auf die «full meaning» als Resultat der Rezeption eines Werkes, sondern lassen letztlich dessen Bedeutung offen. Nur so bleibt das Bedürfnis, die Sehnsucht nach Erfüllung fortbestehen. Und es ist die Funktion eines Werkes, diese Dimension zu eröffnen: Erst «indistinctness» macht ein Werk sublim. Gilpin koppelt den Begriff der «indistinctness» mit dem der «roughness», der in adjektivischer Form auch bei Reynolds als Charakteristikum auftaucht.[42] Er ist stärker auf die materielle Erscheinung der Malfaktur bezogen, mithin eine Kategorie des Pittoresken. Denn das Pittoreske, das in «roughness» zum Ausdruck kommt, rekurriert auf eine Oberflächenbeschaffenheit, die über das bloß Schöne als allein perfekte Glätte hinausgeht. Letztere erschöpft sich, sobald sie erkannt ist, während «roughness», Unebenheit, Rauheit, sogar Derbheit, fortwirkt, man könnte sagen, immer wieder Reibungsfläche bietet. William Turner wird diese Dimension auf ihren Höhepunkt führen.[43]

«Blue Boy's» blue

Zurück zu Gainsborough und dem «Blue Boy», den Seward von van Dycks Gemälde in Wilton herleiten wollte.[44] Ihm dürfte dabei Gainsboroughs Kopie vor Augen gestanden haben. Dass Gainsborough an dieses van Dyck'sche Werk verschiedentlich angeknüpft hat, steht außer Frage, denn das Bild ist auch eine Farbdemonstration. Der etwas höher und heraldisch rechts, also vom Betrachter aus gesehen links stehende ältere der beiden Stuart-Brüder ist in seinem goldbraunen und dunkelroten Gewand warmtonig gegeben, während der arrogant über die Schulter schauende jüngere in seinem blauen Gewand, das im Oberteil das silberne Futter hervorkehrt, den kalttonigen Gegenpart bildet. Selbst die Haare der beiden folgen in ihrer Färbung dieser Antithese. Wie man auf einem blauen Gewand schimmernde Lichtreflexe malen kann, das konnte Gainsborough hier für seinen «Blue Boy» lernen. Doch das Standmotiv des «Blue Boy» und auch das genauere barocke Gewand stammen nicht von hier, sondern von einem anderen Gemälde van Dycks, das erneut ein Bruderpaar zeigt. 1635 im Auftrag von König Charles I. gemalt, stellt es George Villiers, den 2. Duke of Buckingham, und seinen geringfügig jüngeren Bruder Lord Francis Villiers dar (Taf. 9).[45] Der zum Zeitpunkt des Gemäldes siebenjährige George, der leicht nach vorne und damit vor seinen Bruder gerückt erscheint, ist in Pose und Gewand das direkte Vorbild des «Blue Boy». George jedoch ist in ein intensives Rot gekleidet, auf das der «Blue Boy» antwortet, der ihm zudem in der Pose klappsymmetrisch entspricht.

Der «Blue Boy» ist 1770 zu datieren, nicht, wie Fulcher es gerne gehabt hätte, 1779. Auf das Wilton-Bild mit den Stuart-Brüdern hat Gainsborough aufs Subtilste 1772 mit seinem Gemälde der «Linley Sisters» (Taf. 10) reagiert.[46] Gainsborough war mit der hochmusikalischen Familie Linley seit seiner Zeit in Bath eng befreundet. Elizabeth, die ältere, stehende der beiden Schwestern, war von jungen Jahren an eine gefeierte Sängerin, ihre jüngere Schwester Mary tat es ihr nach. Mary sitzt, wie man seit Dürers Zeiten sagt, auf einer Rasenbank. Elizabeth stützt ihren Arm auf die Schulter ihrer Schwester und die zwischen beiden stehende große Gitarre, die offenbar, der Szenerie entsprechend, als pastorales Attribut gedacht ist. Die beiden sind sehr unterschiedlich charakterisiert, was den besonderen Reiz des Bildes ausmacht: Elizabeth trägt, anders als der «Blue Boy» mit seinem gesättigten Blau, ein blassblaues Gewand, ihr Blick geht sinnend-melancholisch in die Landschaft. Mary dagegen, mit Noten auf dem Schoß, ist ockerbraun gewandet, ihr Blick geht direkt aus dem Bild auf den Betrachter, geradezu herausfordernd. Ihr Gewand scheint schon von der erdigen Farbe her in die Natur überzugehen, während sich auf Elizabeths Gewand allein in den Schattenzonen Reflexe der Erdfarbe ausmachen lassen. So gehören die beiden Schwestern unterschiedlichen Sphären an. Elizabeth, die wegen ihrer besonderen Schönheit und der Schönheit ihres Gesangs engelgleich genannt wurde,[47] ist die Überirdische, Mary die erdverbundene Irdische: Himmel und Erde begegnen sich.

Der «Blue Boy» hat seine Rolle als Antwort auf Reynolds farbtheoretische Überzeugungen erst 1821 erhalten, in John Youngs Katalog der Gemälde in Grosvenor House, wo sich der «Blue Boy» zu diesem Zeitpunkt befand. Diese Rolle ist bis zum heutigen Tag topisch. Young stützt seine Behauptung nicht mit Daten, so fällt der chronologische Widerspruch nicht auf, dass das Gemälde schon einige Jahre vor Reynolds' 8. Diskurs entstanden ist.[48] 1827, in John Burnets «Practical Treatise on Painting», scheint die Vorstellung schon Allgemeingut geworden zu sein.[49] Burnet kennt offenbar nicht nur Reynolds' Bemerkungen im 14. Diskurs zum Warm-Kalt-Verhältnis der Farben, sondern auch dessen Spezifizierung in den ausführlichen Kommentaren zu William Masons Übersetzung von Charles Alphonse Du Fresnoys «The Art of Painting», die im dritten Band von Reynolds' gesammelten Schriften von 1798 greifbar waren.[50] Dort heißt es in einer Variante zur Diskursfassung: «Die vorherrschenden Farben eines Gemäldes sollten von einer warmen, weichen Art sein, Rot oder Gelb; und es sollte nicht mehr an kalter Farbe eingefügt werden, als genug ist, um als Grund oder Folie sich von den weichen Farben absetzen zu lassen und ihnen Wertigkeit zu geben. Die kalten Farben sollten nie dominant sein; in dieser Hinsicht sei ein Viertel an kalten Farben im Gemälde genug; diese kalten Farben, sei es Blau, Grau oder Grün, sollten über den Grund des Bildes verteilt werden, beziehungsweise die Gegenstände des Bildes begleiten …».[51] Hierzu schreibt Burnet: «I believe Gainsborough painted the portrait of a boy dressed in blue, now in the possession of Lord Grosvenor, to show the fallacy of this doctrine».[52]

Doch sollte man Gainsborough nicht unterschätzen, ihn, der sich als ungebildet stilisierte, nur um auch auf diesem Felde die Gegenposition zu Reynolds zu ergreifen: Sein «Blue Boy» erschöpft sich nicht in einer bloßen Farbdemonstration. Was regelmäßig übersehen wird, ist die Tatsache, dass Gainsborough zwar nicht wie Reynolds durch literarische Anspielungen im Sinne des klassischen «ut pictura poesis» Bedeutung stiftet, sondern dies entgegen seinen vielfältigen Äußerungen auf eine besondere Weise tut: durch die Farbverwendung, die tonale Wirkung oder den Malmodus. Damit ist es Aufgabe der Betrachtenden, den tieferen Sinn des Bildes als angelegt, gelegentlich auch nur als angespielt zu erkennen. Das macht den besonderen Reiz im Umgang mit Gainsboroughs Bildern aus. Für den «Blue Boy» heißt das, auch sein Blau und die Inszenierung dieses Blaus müssen offen für die Zumessung eines tieferen Sinnes sein.

Der Dargestellte ist Jonathan Buttall, der 1770 achtzehn Jahre alt war. Damit war er noch Master, nicht Mister Buttall und kurz vor dem Erwachsenwerden. In diesem Alter war ihm noch zweierlei gestattet. Zum einen konnte er sein eigenes, offenes langes Haar tragen, die gepuderte Perücke stand ihm noch bevor. Karl Philipp Moritz hat diese gesellschaftliche Regel voller Vergnügen 1782 bei seinem Englandbesuch konstatiert.[53] Und zum anderen: Er konnte noch ein Van-Dyck-Kostüm vorführen, Erwachsenen war dies nur bei einer Maskerade gestattet. Das reiche Kostüm mag zudem auf den Familienbesitz eines Van-Dyck-Gemäldes verweisen. Doch spricht auch vieles dafür, dass Gainsborough selbst ein entsprechendes Kostüm besaß, denn er nutzte es zumindest bei einem weiteren Knabenbildnis. Es wurde in Analogie zum «Blue Boy» «Pink Boy» genannt und befindet sich heute in Waddesdon Manor (National Trust). Es ist 1782 datiert und dürfte Francis Nicholls darstellen, der 1774 geboren wurde, mithin einen etwa acht Jahre alten Knaben. Er trägt dasselbe Kostüm wie Jonathan Buttall, nur eben rosafarben, und die Jacke nicht geschlossen. Auch der zugehörige Hut mit weißer Feder hat eine andere Farbe bekommen. Auch bei diesem Porträt ein Spiel mit der farbigen Antithese?

Doch der «Blue Boy» selbst macht dieses Spiel auf, und dahinter verbirgt sich offenbar die eigentliche Bedeutung, auf die, so könnte man sagen, die Anekdoten zum Farbproblem, die sich an das Bild angeschlossen haben, aufmerksam gemacht haben. Der Knabe schaut aufmerksam, aber ohne Regung auf die Betrachtenden, er drückt Erwartung aus, die kühle Farbe unterstreicht die Regungslosigkeit. Doch im Hintergrund zu seiner Rechten ballt sich eine abendliche Gewitterstimmung zusammen, gelb, orange, rot. Auch links von ihm erscheinen rötliche Flecken. Die atmosphärische Stimmung drängt auf Entladung. Es scheint, als dürften wir dies als Verweis auf den Reifeprozess verstehen, der dem Knaben bevorsteht, vom Jüngling zum erwachsenen Mann, vom ausstaffierten Objekt zum selbstbewusst agierenden Subjekt, ausgezeichnet auch durch eine erwachende Sinnlichkeit, die das Bild in allen warmen Farben des Grundes in sich trägt, als warteten sie nur darauf, auf den Knaben übertragen zu werden.[54]

Wir erinnern uns an William Beckford. Als er am 1. Oktober 1781 21 Jahre alt wurde, feierte man zum Erreichen seiner

Volljährigkeit vom 28. bis zum 30. September ein großes, offizielles, pompöses Fest. Nun trat er ganz offiziell in die Fußstapfen seines verstorbenen Vaters und ließ die Obhut seiner Mutter hinter sich. Zu Weihnachten desselben Jahres folgte eine vom Lichtzauberer Philip-James de Loutherbourg inszenierte phantasmagorische dreitägige Orgie in Fonthill Splendens mit einer Gruppe von Gleichgesinnten der englischen Jeunesse dorée. Die jungen Adligen hatten sich mehr oder weniger eingeschlossen in ein halbdunkles Reich und gaben sich allen erdenklichen Ausschweifungen hin. Die Orgie nahm den symbolischen Anlass des Geburtstagsfestes wörtlich, der Übergang in eine neue Lebensphase wurde ausgelebt.[55] Etwas von dieser Dimension ist Gainsboroughs «Blue Boy» inhärent.

Beckfords Satire auf die englische Kunstszene macht, auch wenn sie nicht einfach zu entschlüsseln ist, deutlich, wie gut er sich bereits in jungen Jahren dort auskannte. Allerdings ist schwer zu sagen, auf wen er mit dem österreichischen Künstler Sucrewasser anspielt. Der Hinweis, dass die Damen ihn «pittore amabile» nannten, könnte dafür sprechen, dass mit ihm auf die liebliche Kunst von Angelika Kauffmann gezielt ist, wurde ihr doch eine zarte Seele attestiert. Zudem hatte sie einen Gutteil ihrer Jugend in Österreich verbracht und war lange in Italien gewesen, um dann 1766 nach London überzusiedeln. Dort war sie sofort eng mit Reynolds vertraut und gehörte 1768 – wie auch Gainsborough – zu den Gründungsmitgliedern der Royal Academy.[56] Da sie bis 1781 in London blieb, hat sie nicht nur Reynolds' 8. Diskurs von 1778 mitbekommen, sondern musste auch Beckford geläufig sein, besonders als Vertraute von Reynolds. Dass Sucrewasser einen Künstlerfreund und Antipoden namens Sourcrout hatte, ist bezeichnend.[57] Erneut ist eine Antithese aufgemacht, nun nicht von warm und kalt, sondern von süß und sauer.

Doch noch auf einen weiteren Künstler in Beckfords Arsenal ist hinzuweisen. Blunderbussiana wird er genannt, wobei seine Qualität durch die erste Hälfte seines Namens gleich eine nicht gerade positive Einschätzung erfährt. «To blunder» heißt so viel wie stümpern oder verpfuschen. Der Vater des Künstlers ist Räuberhauptmann, der Sohn spezialisiert sich prompt auf die Darstellung von Banditen. Entsprechendes ist für Salvator Rosa überliefert, dem in England Wright of Derby und vor allem John Hamilton Mortimer begeistert folgten. Für Salvator Rosa geht die Legende, er sei von Banditen erzogen worden und habe an ihren Raubzügen teilgenommen.[58] Offensichtlich spielt Beckford darauf an und parodiert damit den künstlerbiographischen Topos von der Gleichsetzung von Kunst und Leben, der zum Standardrepertoire der älteren Künstlerbiographen zählt. Doch dann überlässt bei Beckford der väterliche Räuberhauptmann seinem Sohn die Leichen der Ausgeraubten, und dieser beginnt geradezu manisch zu sezieren, bis er Perfektion in der Wiedergabe einzelner Stufen der Sektion erreicht hat. Jeden Tag, so heißt es, entdeckt er eine neue Arterie oder Sehne, und auch ohne jede Anleitung macht er beständig Fortschritte. Keine Frage, dies zielt auf George Stubbs, denn dessen grandios illustrierte Abhandlung «The Anatomy of the Horse» (s. Abb. 4) von 1766, die auf der Erfahrung jahrzehntelanger Pferdesektionen beruht, die auch er ohne Anleitung unternahm, trägt den Untertitel: «Including a particular description of the Bones, Cartilages, Muscles, Fascias, Ligaments, Nerves, Arteries, Veins, and Glands» («Einschließlich einer detaillierten Beschreibung der Knochen,

Knorpel, Muskeln, Faszien, Bänder, Nerven, Arterien, Adern und Drüsen»).[59] Beckford macht sich lustig über den vermeintlichen Wirklichkeitsfetischismus, der, so darf man implizieren, für ihn den Kunstcharakter aufzuheben droht. Im vorangehenden Kapitel zu Stubbs wurde gezeigt, wie diese Wirklichkeitsverpflichtung zu verstehen ist und dass sie sich nicht im bloß Abbildenden erschöpft.[60]

Vorläufiges Resümee

Schon jetzt können wir die Frage stellen, warum sich an Künstler wie Gainsborough, Stubbs oder auch Wright of Derby so viele einschlägige Anekdoten anschließen. Was verbindet diese Künstler? Alle drei kommen aus der Provinz und verweigern sich letztlich den normativen Anforderungen der Royal Academy. Sie lassen es zum Bruch mit ihr kommen und stellen nicht mehr im Rahmen der akademischen Jahresausstellungen aus, unter anderem weil sie sich durch die Hängung in der Ausstellung schlecht behandelt sahen. Alle drei wählen primär «moderne», zeitgenössische Themen, verklären nicht durch überzeitliche Kostümierung, so dass ihre Darstellungen auch und gerade am Stand der jeweiligen Mode zu datieren sind. Als Klassifizierung blieb für sie aus der Sicht einer klassisch-akademischen Auffassung nur die Benennung als bloße Naturnachahmer, die an den Anspruch auf das Ideal der Kunst nicht heranreichten.[61] So konnten sie sich nur auf dem ihnen zugewiesenen Feld einrichten und forciert antiakademisch verhalten. Die Forschung hat diese Rollenzuschreibung sowohl für die Akademiker wie für die Antiakademiker akzeptiert und fortgeschrieben. Die Anekdoten dienten der Verfestigung dieses Bildes. Versucht man allerdings, ihre eigentliche Funktion zu verstehen und durchsichtig zu machen, so ergibt sich für beide Seiten ein differenzierteres Bild, das deutlich macht, dass die jeweilige Kunst nicht in den genannten Zuschreibungen aufgeht.

Dass die Anekdoten zu den genannten drei Künstlern sich auf die Betonung möglichst naturgetreuer Nachahmung beschränken, hat einen einfachen Grund: Sie bedienen sich des Repertoires der Plinius'schen Anekdoten. Nun sind diese, was nach dem Gesagten irritieren mag, auch auf klassische Künstler wie Raffael oder Michelangelo angewandt worden. Doch in diesen Fällen wird nicht in erster Linie auf die täuschende Nachahmung abgehoben, vielmehr wird der Ruhm der antiken Künstler beschworen und auf außerordentliche Künstler der Gegenwart übertragen. Topisch wurde etwa die Benennung eines Künstlers als neuer oder zweiter Apelles.[62] Wichtig für unseren Zusammenhang ist, dass auch die antiken Anekdoten Künstlerleben und Werk vollkommen parallelisieren. Aus der Handlung eines Künstlers, so wird argumentiert, ist auf seine Kunstauffassung zu schließen. Dem entspricht auch Samuel Johnsons Definition der Anekdote in seinem «Dictionary» in der Ausgabe von 1785: Die Anekdote sei ein «biographical incident, a minute passage of private life» – «eine biographische Begebenheit, ein winziger Schritt des privaten Lebens», der aber, so müssen wir ergänzen, die Person grundlegend charakterisiere und eben auch deren Kunst oder zumindest den Anspruch dieser Kunst.[63]

«One part of a Picture ought to be the first part of a Tune, that you can guess what follows, and that makes the second part of the Tune, and so I've done»[64]

Die Natur als Lehrmeister

Gainsboroughs diesem Abschnitt als Motto vorangestellte Bemerkung in einem Brief an seinen Musikerfreund William Jackson aus dem Jahr 1770 beschwört die für Gainsborough so wichtige Analogie von Musik und Kunst. Sie gilt zuallererst der für Gainsborough neben dem Porträt wichtigsten Gattung, der Landschaftsmalerei. Diese lag ihm besonders am Herzen. Zu Beginn seiner Karriere, so will es die Anekdote, stapelten sich die Landschaftsgemälde in seiner Wohnung.[65] Da ihnen jeglicher Vedutencharakter fehlte, sie allein einen «mood», eine Stimmung, einen Ton zu transportieren suchten und auch keine sich im Bild entwickelnde Geschichte zeigten, konnte das Publikum wenig damit anfangen. Weder erzeugten die Bilder einen Wiedererkennungseffekt, noch weckten sie Neugierde auf ein unerwartetes Ereignis. Sie zeigten Zuständliches und waren mehr oder weniger gegenstandslos. Und je «abstrakter» sie waren, umso mehr lebten sie allein von einem angeschlagenen Ton. Selbst wenn sich auf ihnen Staffage fand, dann diente sie primär der Unterstreichung des Tones. Gainsboroughs oft zitierte Bemerkung, wieder in einem Brief an Jackson, belegt dies: «... do you really think that a regular Composition in the Landskip way should ever be fill'd with History, or any figures but such as fill a place (I won't say a Gap) or to create a little business for the Eye to be drawn from the Trees in order to return to them with more glee …».[66] Das mag zugespitzt formuliert sein, doch selbst in Bildern Gainsboroughs, in denen die Staffage mehr Raum und Aufmerksamkeit erlangt, ist sie Teil der Natur, gehört dahin und ist kein in sie eindringender Fremdkörper, der für sich Geltung verlangte.

Wie sehr Gainsborough im Gegensatz dazu die Porträtmalerei für notwendige Brotarbeit hielt und wie gern er sich mehr der Landschaftsmalerei gewidmet hätte, macht die folgende, ebenfalls oft zitierte Bemerkung aus einem weiteren Brief an Jackson überdeutlich: «I'm sick of Portraits and wish very much to take my Viol da Gam and walk off to some sweet Village where I can paint Landskips and enjoy the fag End of Life in quietness and ease. – But these fine Ladies & their Tea-drinkings, Dancings, *Husband Huntings* &c &c will fob me out of the last ten years …». Am Ende des Briefes beschwört er seine besondere Neigung: «My Comfort is, I have 5 Viol's da Gamba, 3 Yayes and two Barak Normans».[67] Henry Yaye war der erste Viola-da-Gamba- und Geigenbauer einer fast 200 Jahre lang tätigen Instrumentenbauerfamilie, und Barak Norman baute im späten 17. Jahrhundert Violinen, Violoncellos und «bass viols» (Gamben). Was im Himmel aber wollte Gainsborough mit der Sammlung all dieser Instrumente, die in seiner Zeit in Bath (bis 1774) noch viel umfangreicher war? Es ist die Rede auch von Flöten und selbst einer Harfe.

Gainsboroughs Begeisterung für Musik und Musikinstrumente hat zu einer Reihe von Anekdoten Anlass gegeben, sie stammen zumeist von Philip Thicknesse und William Jackson. Beide entwickelten spätestens seit Gainsboroughs Londoner Zeit ab 1774 seinem Erfolg gegenüber Neidgefühle und brachten sie vor allem in Form einer Ironisierung seiner musikalischen Manie zum Ausdruck. Diese Dimension ist bei ihren Texten mitzulesen, zumal sie erst nach Gainsboroughs Tod formuliert wurden.

Gainsborough hatte Philip Thicknesse 1753 in seiner Frühphase in Ipswich kennengelernt und war von ihm gefördert worden. Thicknesse hat sich immer zum Entdecker und lebenslangen Förderer des Künstlers stilisiert und die entsprechende Entdeckungsgeschichte, um ihr Nachdruck und eine höhere Weihe zu verleihen, in Varianten Plinius'scher und Vasari'scher Anekdoten gekleidet. Dabei kam es auf drei Dimensionen an: Der Künstler braucht den Entdecker und Förderer, damit das, was quasi schon im Mutterleib in ihm angelegt ist, seine besondere Begabung und Auserwähltheit, öffentlich werden kann. Das impliziert zweitens: Der Künstler braucht keinen Lehrer, er ist eine Naturbegabung und beherrscht seine Kunst von Anfang an. Und drittens: Seine einzige Lehrerin ist die Natur.[68] Bei Plinius findet sich die Überzeugung des antiken Bildhauers Lysipp referiert, dass allein die Natur, nicht das Vorbild eines Künstlers nachzuahmen sei («naturam ipsam imitandam esse, non artificem»).[69] Sie stammt ursprünglich, wie Plinius uns klarmacht, nicht von Lysipp selbst, sondern wurde ihm von Eupompos nahegebracht.

Nun ist von einem Eupompos nirgends sonst die Rede, was die Forschung irritiert hat. Das Problem ist nicht so schwer zu lösen: Eupompos bedeutet so viel wie «von gutem Geleit», und darauf kommt es an: Der Künstler braucht, so begabt er sein mag, Begleitung und Rat, denn einen eigentlichen Lehrer, so Plinius, habe Lysipp nicht gehabt, außer eben die Natur.[70] Deswegen heißt es entsprechend bei Thicknesse: «... Mr. Gainsborough, like the best Poets, was born a Painter ...».[71] Er habe schon als Kind permanent die Natur in all ihren Facetten beobachtet, als ihm noch gar nicht klar gewesen sei, dass er einmal Maler werden würde. Als er aber einen Stift in die Hand bekam, habe er als Erstes eine Gruppe von Bäumen gezeichnet. Diese «Maiden Drawing» sei in seinem, Thicknesses, Besitz, zusammen mit weiteren Naturstudien. Er habe diese Jungfernzeichnung in einen Manuskriptband mit musikalischen Entwürfen seines Bruders geklebt.[72] Und so soll gleich die erste Zeichnung Gainsboroughs magischen Einflüssen der Musik ausgesetzt gewesen sein.

Der Locus classicus für Thicknesses Entdeckeranekdote sind Vasaris «Viten» mit der Entdeckung Giottos durch den greisen Cimabue,[73] selbst wenn die Geschichte auch schon vor Vasari vorkommt. Giotto – so heißt es bei Vasari –, der als Knabe Schafhirt war, wurde von Cimabue dabei gesehen, wie er Tiere seiner Herde auf Stein oder in den Sand zeichnete. Da in Giotto gleichzeitig der Begründer neuzeitlicher, zur Perfektion führender Malerei gesehen wurde und wird, ist die Anekdote fort und fort tradiert worden, sie bildet den Gründungsmythos der Kunst der Neuzeit. Thicknesses Entdeckungsgeschichte variiert diese Erzählung: Er sei in Ipswich mit dem Herausgeber des «Ipswich Journal» unterwegs gewesen, sei zu dessen Stadtgarten gekommen und sei dort davon irritiert worden, dass sich ein melancholisch dreinschauender Mann ohne jede Bewegung mit verschränkten Armen auf die Gartenmauer gestützt habe. Er habe den Herausgeber darauf aufmerksam gemacht, der ihm seufzend geantwortet habe, der Mann stehe dort schon den ganzen Tag, er sei wohl nicht ganz richtig im Kopf oder es gehe ihm schlecht. Thicknesse sei schließlich auf den Mann zugegangen und habe erst, als er ganz in seiner Nähe war, erkannt, dass es sich um eine auf eine Holztafel gemalte Figur gehandelt habe. Lächelnd habe der Herausgeber gesagt, schon viele seien von dieser Tafelfigur getäuscht worden. Fasziniert von diesem Werk der Kunst habe Thicknesse erfahren, dass der Künstler der Tafel nahebei in Ipswich lebe. Er ließ sich die Adresse geben, begab sich dorthin und betrat das Atelier von Gainsborough. Dort sah er neben einer Reihe weiterer Bilder ein Porträt auf der Staffelei von perfekter Ähnlichkeit stehen, doch steif gemalt und noch schlechter in Farben gefasst. Dann aber habe er kleine Landschaftsbilder entdeckt, die ihn unmittelbar animiert hätten. Gainsboroughs eigentliche Bestimmung wird herausgestrichen: «*Madam Nature*, not *Man*, was then his only study».[74] Derartige rhetorische Argumente sollte man allerdings nicht wortwörtlich nehmen, sie gelten nur für den jeweiligen Kontext. Hier geht es allein darum, die besondere Naturverpflichtung Gainsboroughs zu betonen.

Wenig später kann durchaus dessen Porträtmalerei gepriesen werden, nachdem er seinen Modellen Lebendigkeit einzuhauchen und eine angemessene Farbigkeit beizugesellen vermocht habe. Auch hierfür sieht Thicknesse sich verantwortlich: Er habe Gainsborough ein auf Kupfer gemaltes Porträt eines spanischen Mädchens gegeben, das, so habe Gainsborough bekannt, ihn zum Porträtmaler gemacht habe.[75] Ein spanisches Mädchen auf Kupfer gemalt – das verweist einerseits auf Gainsborough als begabten Kostümmaler und andererseits auf den speziellen Glanz seiner Farben. Bei der Verwendung einer Kupfertafel wird dieser Glanz nämlich besonders gesteigert. Und auch Gainsboroughs unstillbarer Neigung zur Musik habe er, Thicknesse, die Richtung gewiesen, indem er ihm eine

Geige geliehen habe, mit der Gainsborough, obwohl er nie zuvor ein Instrument in der Hand gehabt habe, staunenswerte Fortschritte gemacht habe.[76]

Der vergebliche Kampf um ein Ehepaarbildnis

Thicknesses Text leitet an dieser Stelle zu Gainsboroughs Porträt von Ann Ford, der späteren Mrs. Thicknesse (Taf. 11), über. Es ist denkbar, dass dieses 1760 zu datierende grandiose Bildnis von Thicknesse in Auftrag gegeben wurde, auch wenn er Ann Ford erst 1762 geheiratet hat. Sicher ist es allerdings nicht, denn 1760 war Thicknesse noch mit seiner zweiten Frau Elizabeth verheiratet, deren enge Freundin Ann Ford war. Erst nach Elizabeths Tod 1762 konnte er sich Ann Ford zuwenden. Doch wie dem auch sei, den Kontakt zu Gainsborough hat mit Sicherheit Thicknesse hergestellt.[77] Er berichtet nämlich, als das Gemälde vollendet gewesen sei, habe es Gainsborough zu ihm nach London geschickt. Um es zu schützen, habe der Künstler es aufgerollt und mit einer gleich großen Leinwand, die ein Landschaftsbild zierte, bedeckt. Offenbar, so sollen wir lesen, sind Porträt und Landschaft nun «deckungsgleich», was ihren Rang angeht.[78]

Nichts von dem, was Thicknesse bis hierhin berichtet, dürfte gänzlich der Wahrheit entsprochen haben. Um allein die Verpackungsgeschichte als gut erfundenes Bild zu erweisen, genügt es zu betonen, dass es bei Gainsborough eine Landschaft von der Größe eines «full-length portrait» – im Falle von Ann Ford handelt es um Maße von 1,97 × 1,35 Metern – schlicht nicht gegeben hat. Aber dies ist nicht wirklich wichtig: Es gilt, einen solchen Text auf der Metaebene zu lesen, dann gewinnt er seine Aussagekraft und offenbart sowohl seine individuelle, subjektive Absicht als auch seine topische Dimension. Diesen Strang seiner Erzählung verfolgt Thicknesse durchaus weiter, wenn er Gainsboroughs Wechsel nach London 1774 einerseits als eine Flucht vor der Verantwortung ihm, Thicknesse, gegenüber darstellt, zugleich aber weiter seine schützende Hand über Gainsborough gehalten haben will.[79] Nicht nur habe er ihm den Wechsel nach London empfohlen, sondern ihm, der schon aufgrund seines exzentrischen Charakters in der höheren Gesellschaft wenig Chancen gehabt hätte, auch erste Kontakte vermittelt, die alles Weitere nach sich gezogen hätten. In Wirklichkeit hatte Gainsborough als Gründungsmitglied der Royal Academy, anerkannter Konkurrent von Reynolds und gefragter Modemaler derartige Patronage längst nicht mehr nötig. Thicknesse möchte vor der Nachwelt seine Rolle im Leben Gainsboroughs hervorheben und dessen Undank betonen. Denn der Bruch zwischen den beiden war schon in Bath vollzogen worden, und indirekter Anlass dazu war das Porträt von Ann Ford, das zunächst genauer betrachtet werden muss.

Es ist in jeder Hinsicht außergewöhnlich – so außergewöhnlich wie Ann Ford selbst. Sie war eine hochbegabte Musikerin und scherte sich wenig um Konvention, was Gainsborough gefallen haben dürfte, denn er verewigte in seinem Porträt dieses Unkonventionelle in kaum verhüllter Form. Ann Ford spielte verschiedene Instrumente vorzüglich, zugleich war sie eine gute Sängerin. Ihre beiden Hauptinstrumente waren die sogenannte English Guitar, die sie auf Gainsboroughs Gemälde auf ihrem Schoß trägt, vor allem aber die Viola da

Gamba, die hinter ihr an der Wand hängt, sie hat die Größe eines Cellos. Als Frau die Viola da Gamba zu spielen, galt schlicht als unpassend, musste das Instrument doch beim Spielen zwischen die Beine gestellt werden. Daran war schon bei der weiblichen Kleidung der Zeit nicht zu denken. Eine kleine ungeschickte Zeichnung zeigt, wie Ann Ford sich offenbar beholfen hat: Sie stellte die Viola seitlich von sich auf einen Hocker, was wahrlich nicht unkompliziert ist und eine ziemliche Verdrehung ihres Leibes erforderte, denn ihre Beine mussten notwendig seitlich des Hockers stehen.[80] Doch Ann Ford wollte mehr, sie wollte öffentlich auftreten – auch dies galt in der englischen Gesellschaft als unmöglich. In privaten Soireen, ja – aber öffentlich?[81] Per Annonce in den Zeitungen kündigte sie 1760 öffentliche Konzerte in London an – die ihr Vater mit allen Mitteln zu verhindern suchte. Selbst die Polizei wurde eingeschaltet, um sie arretieren zu lassen. Der Earl of Jersey hätte sie gern zu seiner Mätresse gemacht und bot ihr 800 Pfund im Jahr, wenn sie seinem Haushalt beitrete. Durch ihr Auftreten galt sie fast als so etwas wie Freiwild.

Gainsboroughs Gemälde lässt sie noch in anderer Hinsicht herausfordernd erscheinen: durch die Pose, die sie einnimmt. Sie sitzt schräg auf ihrem Stuhl, fläzt sich geradezu, vor allem aber hat sie die Beine übergeschlagen und den Kopf beinahe mutwillig auf den Arm gestützt, der zugleich auf dem Notenstapel eines Beistelltischchens aufruht. Die Beine überzuschlagen, noch dazu in einem lebensgroßen Gemälde, galt für eine Frau als undenkbar, die Etikettevorschriften der Zeit sprechen dies klar aus: «... for such a free posture unveils more of a masculine disposition than sits decent upon a modest female.»[82] Und auch der aufgestützte Kopf mit dem herausfordernden Blick über die Schulter hat die Zeitgenossen über die Maßen irritiert. Mrs. Mary Delany schreibt am 23. Oktober 1760 an eine Freundin: «This morning went with Lady Westmoreland to see Mr Gainsborough's pictures ... There I saw Miss Ford's picture a whole length with her guitar, a most extraordinary figure, handsome and bold; but I should be very sorry to have anyone I loved set forth in such a manner.»[83] Mit «handsome and bold» ist die Porträtierte sehr gut charakterisiert: attraktiv und dreist. Zudem ist «bold» im 18. Jahrhundert auch ein Terminus der Malerei, er meint eine kühne, gar bewusst grobe Malweise. Für die Glanzlichter auf Ann Fords silbernem, kühlen, aber rasant gemalten Gewand mag er wohl zutreffen. Zumal die Dargestellte von einer stark roten Draperie hinterfangen wird, was eine ostentative Spannung aufmacht.

Wie dürfte Gainsborough zu dieser allen Konventionen widersprechenden Fassung des Gemäldes gekommen sein? Man hat für die Figuration immer wieder auf van Dycks «Lady Digby» von 1633/34 als Vorbild hingewiesen[84] – was wenig überzeugt. Sicher ist die Malweise insbesondere des schimmernden Kleides ohne das Vorbild van Dycks nicht zu denken. Doch die Vergleichbarkeit der Pose erschöpft sich in der Anlage der Körperdrehung: der Leib nach rechts, der Kopf mit Blick über die Schulter nach links. Nichts von der Forciertheit der Figuration bei Gainsborough findet sich bei van Dyck. Man muss sich schon nach Motiven umschauen, die selbst die Konvention in Frage stellen – und hier sieht man sich auf die Künstler der St. Martin's Lane Academy verwiesen, zu denen Gainsborough in seiner Londoner Frühphase (1740–1749) engen Kontakt hatte.

Die bereits im vorigen Kapitel erwähnte St. Martin's Lane Academy war ein Zusammenschluss von Künstlern, wo Lernende und etablierte Künstler von gleich zu gleich verkehrten, ohne jede Hierarchie. Sie versuchten, eine autochthon englische Kunst zu begründen, um den Einfluss kontinentaleuropäischer klassischer Kunst zurückzudrängen. Ferner sahen sie sich nach geeigneten Orten um, an denen sie ihr Kunstvermögen demonstrieren konnten.[85] Der umfangreichste Auftrag für Mitglieder der Academy betraf die Ausmalung der *supper boxes* im Vergnügungspark Vauxhall Gardens. Vauxhall Gardens war neu organisiert worden, man hatte versucht, das Niveau zu heben, unter anderem durch die Ausmalung der abendlich zu mietenden *supper boxes* und durch die Einrichtung eines großen Musikpavillons im Zentrum, in dem Stücke von Händel, Johann Christian Bach oder Thomas Arne zur Ausführung kamen. Die *supper boxes* wurden mit einem Gemäldezyklus, gemalt vor allem von Francis Hayman, ausgestattet.[86] Wichtigstes Kunstwerk jedoch war das Monument für Händel von Louis-François Roubiliac im Zentrum der halbrund angeordneten *supper boxes* (s. Abb. 3).[87] Auf seine besondere Unkonventionalität wurde bereits hingewiesen.

Händel hat die Beine in entspannter Privatheit übereinandergeschlagen, so dass vom Fuß des übergeschlagenen Beines der eine Pantoffel herunterbaumelt, während der andere, Krönung aller *légèreté*, für den bestrumpften Fuß als Auflage benutzt wird. So erweckt der Komponist den Eindruck, als klimpere er nur ein wenig auf seiner apollinischen Leier herum. Dabei notiert der Putto auf einem Notenblatt, das er auf den Körper der Viola gelegt hat, was der Meister gerade komponiert hat. Im ersten Moment wird sich Händel angesichts seines Monumentes der Magen umgedreht haben, doch dann wird er realisiert haben, dass er diesen Kotau vorm Publikum machen musste. Denn seine italienischen Opern waren in der Krise – man wollte Nationalenglisches hören wie die «Beggar's Opera» von John Gay oder die gelegentlich bewusst volkstümlichen Melodien von Thomas Arne.[88]

In gewissem Sinne steigt Gainsborough in diese Tradition ein, denn bei aller Eleganz seiner Ann Ford – ihre geradezu frivole Selbstinszenierung war nicht zu übersehen. Am nächsten kommt ihre Pose jedoch der verheirateten Frau in Hogarths «The Lady's Last Stake» (Taf. 12) von 1758/59, die ihren letzten Einsatz versucht. Frivol ist die dort erzählte Geschichte entschieden.[89] Die Lady hat beim Kartenspiel mit einem jungen hübschen Offizier alles verloren, ihr Geld und ihren Schmuck. Beides bietet er ihr jetzt wieder an, doch nicht ohne erotische Entschädigung. Noch zögert sie, wägt ab. Die Beine sind übergeschlagen, die Finger der Rechten verharren unschlüssig auf ihrer Wange, der Blick geht ziellos über die Schulter. Sollte Gainsborough sich wirklich hier orientiert haben, so ist die Übertragung auf Ann Ford einigermaßen gewagt.

Der Streit zwischen Thicknesse und Gainsborough soll indirekt ausgelöst worden sein durch Gainsboroughs Objekt der Begierde, die hinter Ann Ford an der Wand hängende Viola da Gamba, ein Instrument von 1612, wie Thicknesse vermerkt. Er berichtet die Geschichte zweifellos tendenziös. Als Miss Ford nämlich längst Mrs. Thicknesse geworden war, habe Gainsborough ihm mehrfach 100 Guineas für die Viola da Gamba geboten. Schließlich habe Mrs. Thicknesse sie Gainsborough überlassen, als Gegenleistung aber gefordert, der Künstler möge das Porträt ihres Mannes als «full length» malen, als

Pendant zu ihrem Porträt. Obwohl Gainsborough darum gebeten habe, ihm das Instrument erst zu schicken, wenn er Philip Thicknesses Porträt vollendet habe, sei ihm die Viola gleich am nächsten Tag überantwortet worden. Gainsborough habe sofort eine Leinwand aufgespannt und in einer Skizze den Kopf von Philip Thicknesse ausgeführt, das Übrige in «dead colour» angelegt und zu Füßen von Thicknesse dessen Hund skizziert. Danach jedoch habe er, trotz wiederholter Nachfrage, die Leinwand nie wieder angerührt und stattdessen ohne Auftrag das Porträt seines Freundes, des Musikers Johann Christian Fischer, ebenfalls in «full length» vollendet.[90] Das hätten er, Thicknesse, und seine Frau als Affront empfunden. Seine Frau habe Gainsborough nach dem Vorfall geschrieben, er möge das Bild ihres Mannes endgültig beiseitestellen und die Viola da Gamba zurückschicken. Gainsborough habe sich reuevoll gezeigt, versprochen, das Bild zu Ende zu malen – doch über Monate sei wieder nichts geschehen. Nun habe Thicknesse sich selbst an Gainsborough gewandt, sich empört gezeigt und darum gebeten, ihm zumindest das unvollendete Bild zu schicken. Was Gainsborough dann in der Tat getan habe, ohne auch nur einen weiteren Pinselstrich darauf verschwendet zu haben. Auf Dauer allerdings hätten Thicknesse und seine Frau den Anblick des nicht zu Ende geführten Bildes nicht ertragen können, und so hätten sie die unvollendete Leinwand wieder an Gainsborough zurückgeschickt. Der Begleitbrief von Mrs. Thicknesse habe den Künstler aufgefordert, seinen Pinsel zu ergreifen, das Gesicht des besten Freundes, den er je gehabt habe, zu löschen und ihn für immer aus seinem Gedächtnis zu streichen. Darauf sei Gainsborough sofort und endgültig nach London aufgebrochen.

Trotz alledem habe er, Thicknesse, sich auch in London für ihn verwandt – doch Undank sei der Welten Lohn. Schließlich sei er unter Gainsboroughs Freunden nicht das einzige Opfer von dessen offenbar nicht zu beherrschenden und unberechenbaren Launen gewesen.[91]

Die Geschichte ist schwer zu verifizieren. Es gibt einen Brief von Thicknesse an einen anderen Adressaten, der schlicht davon berichtet, dass seine Frau Gainsborough die Viola überlassen habe und dafür das Porträt ihres Mannes erwarte.[92] Ferner ist auch Gainsboroughs Darstellung der Ereignisse überliefert.[93] Und hier sieht es so aus, als habe Gainsborough die 100 Guineas für die Viola gezahlt und zusätzlich noch das Porträt von Philip Thicknesse malen sollen. Nach vielem Hin und Her habe er die Viola zurückgeschickt, um seine Ruhe zu haben. Dass er das Porträt von Thicknesse nicht weitergemalt habe, erwähnt er nicht.

Womöglich ist die Lösung des Problems einfach: Wenn Gainsborough einen «sitter» aufgrund von dessen Verhalten nicht leiden konnte, dann hat er sich gelegentlich auf durchaus rüde Art und Weise geweigert, das gewünschte Gemälde zu vollenden, oder den Auftrag gleich gänzlich abgelehnt.[94] Dass ihm Thicknesse zusehends auf die Nerven gegangen ist, wie Allen Cunningham 1829 berichtet, und er den «patronizing nightmare» endlich loswerden wollte,[95] ist offensichtlich. Eine Variante hierzu liefert Fulcher, wenn er von der «parasitical patronage» durch Thicknesse spricht.[96] Auf gewisse Weise wollte Thicknesse Gainsborough diese Abweisung mit seinem Erinnerungstext von 1788 heimzahlen.

Fragt man danach, wann sich diese Ereignisse abgespielt haben können, so ist man durch Thicknesse auf das Ende von

Gainsboroughs Zeit in Bath verwiesen, mithin auf 1773/74, mithin einen Zeitpunkt dreizehn Jahre nachdem Gainsborough das Porträt von Ann Ford gemalt hat. Bestätigt wird dieses Datum durch einen auf den 6. Januar 1774 datierten Brief von Johann Christian Fischer an Gainsborough. Darin ist die Rede von einer gezahlten Summe von 52 Pfund und 10 Schillingen.[97] Das dürfte sich auf ein erstes Porträt von Fischer beziehen. Gainsborough hatte ihn, einen Virtuosen auf der Oboe, im Jahr 1773 kennengelernt. Dieses erste Porträt scheint nicht erhalten, erst ein weiteres, berühmtes von 1780 ist überliefert.[98]

Nach alledem stellt sich die Frage, ob denn der Entwurf eines Porträts von Thicknesse überhaupt existiert hat. Dürfte es nicht eher so gewesen sein, dass Gainsborough zu diesem späten Zeitpunkt, als sein Umzug nach London in der Tat bevorstand, den Wunsch von Familie Thicknesse einfach ins Leere laufen ließ? Er konnte hier, wie auch in anderen Fällen, rigoros sein. Und ob die Instrumentengeschichte zu diesem Zeitpunkt überhaupt Sinn macht, ist noch aus einem anderen Grund fraglich: Bei seinem Umzug von Bath nach London hat Gainsborough nach Ausweis der Quellen seine Instrumentensammlung mit den sonstigen Ausstattungsstücken seiner Wohnung verkauft.[99]

Gainsborough, der Instrumentensammler

Es ist durchaus nicht ungewöhnlich, dass Anekdoten verschiedene Ereignisse, die sich auch zu verschiedenen Zeiten abgespielt haben können, zusammenführen und damit für eine Verdichtung der Erzählung sorgen. So wird ihre Überzeugungskraft gestärkt. Ebenso scheint es sich bei den Berichten zu Gainsboroughs Instrumentensammlung zu verhalten. Deren Beginn soll, bezeichnenderweise, der geradezu gewaltsame Erwerb einer Laute gebildet haben. Auf einem Gemälde van Dycks – wie könnte es anders sein – habe Gainsborough eine Laute gesehen, und er habe nicht geruht, bis ein solches Instrument in seinen Besitz gekommen sei. Er sei zu einem deutschen Musikprofessor gegangen und habe ihm ohne Umstände unterbreitet, er wolle seine Laute kaufen. Dieser habe das irritiert abgelehnt, aber Gainsborough habe ihm eine derart hohe Summe geboten, dass der Professor sich auf den Handel eingelassen habe. Doch damit nicht genug, als Nächstes habe Gainsborough die vom Professor geschriebenen Kompositionen für die Laute kaufen wollen. Dann habe er darauf bestanden, vom Professor Unterricht auf der Laute zu erhalten, und zwar sofort, alle Einwände des Professors hätten nicht geholfen, Gainsborough habe seinen Willen durchgesetzt.

So berichtet es Cunningham 1829,[100] dem bereits die auf William Jackson zurückgehende Erzählung von Gainsboroughs andauernder Erwerbungsmanie geläufig war. Demnach sei Gainsborough alle seine musikalischen Freunde um ihre Instrumente angegangen: Von Felice de Giardini wollte er die Violine, von Carl Friedrich Abel dessen Viola da Gamba, von Johann Christian Fischer die Flöte, und bald sei auch eine Harfenistin ohne Harfe gewesen.[101] Das mündet in Jacksons durchaus hämische Bemerkung, als Gainsborough Giardinis Violine erworben habe, sei er von dem Glauben getragen gewesen, die Musik befände sich in dem Instrument und stünde somit auch ihm zur Verfügung. Und er sei tief enttäuscht gewesen, als er nichts dem Niveau von Giardini Entsprechendes aus dem Instrument habe hervorzaubern können.[102]

Zwei Dinge sollte man festhalten: Sicher hat sich Gainsborough von seinen Musikerfreunden beim Erwerb von Musikinstrumenten beraten lassen. Sie mögen ihm auch das eine oder andere Instrument aus ihren Sammlungen überlassen haben, denn sie schätzten Gainsboroughs musikalische Begabung durchaus. Sehr im Gegensatz zu Jackson. Der monierte, wie wir gehört haben, dass Gainsborough noch nicht einmal Noten lesen könne und in der Praxis nicht über die Anfangsgründe hinausgekommen sei.[103] Dabei war Jackson, wie sein Briefwechsel mit Gainsborough zeigt, lange Zeit durchaus von dessen musikalischen Bemühungen angetan gewesen und hatte sie befördert.[104] Und zum anderen: Gainsboroughs behaupteter naiver Glaube, das Instrument bewahre die Musik in sich auf und stelle sie dem Spieler zur Verfügung, ist womöglich die bewusste Überzeichnung tradierter topischer Vorstellungen.

Händel wurde schon auf seiner vierjährigen Italienreise in Rom von Kardinal Benedetto Pamphili in einem hymnischen Gedicht als neuer Orpheus verklärt, der nicht nur die wilden Tiere besänftige, sondern gar größer als Orpheus sei, denn er habe die «Muse zum Singen gebracht, nachdem ihre Harfe so lange nutzlos am Ast eines alten Baumes hing».[105] Das Gedicht nutzt den Orpheus-Mythos, und an ihn knüpft auch Roubiliacs Händel in Vauxhall Gardens an. Denn wenn zuvor das Publikum in Vauxhall Gardens ausgesprochen gemischt war und hemmungslos profanen Gelüsten nachging – Prostituierte säumten die Wege, und die Musik kam nicht über Maultrommelspieler hinaus –, dann sollte Händel, der neue Genius des

Ortes, das Publikum durch seine Musik im Musikpavillon zivilisieren.[106] Schweigend sollte es sich um den Musikpavillon versammeln und von der Musik erheben lassen. Trotz der *supper boxes*, in denen gespeist wurde, sind wir in Vauxhall auf dem Weg zum modernen Konzertpublikum, das sich in völliger Stille den Wirkungen der Musik hingibt.

Auf Roubiliacs Denkmal spielt Händel die Leier, geschmückt von Apolls Sonne. Macht man sich den Mythos klar, so werden die Zusammenhänge deutlich: Apoll ist nicht nur der Musenführer, der die Lyra spielt, sondern auch in bestimmten mythologischen Traditionen der «Kitharodos», der Sänger zur Leier. Erfunden hat das Instrument sein schlauer Bruder Hermes. Spielt Apoll die Leier, wird er von goldenen Strahlen erleuchtet, das Instrument stiftet mit seinem Klang Frohsinn, Liebe und süßen Schlaf. Die Leier bringt der ganzen Natur Harmonie, der Leierschlägel ist der helle Sonnenstrahl. Orpheus aber ist der Sohn Apolls, seine Mutter war die Muse Kalliope, von Apoll empfängt er die Leier. Er nimmt sie mit auf die Fahrt der Argonauten, und wenn er sie spielt, sammeln sich die Seevögel über dem Schiff, die Fische springen vor Freude aus dem Wasser. Die Macht der Musik ist zum Steine-Erweichen, selbst die Regeln der Unterwelt setzt sie außer Kraft: Orpheus darf seine verstorbene Gattin Eurydike aus dem Hades herausführen, allerdings entschwindet sie ihm für immer, als er sich verbotenerweise nach ihr umdreht. Aus Trauer zieht er sich in die Wälder zurück, weiht junge Männer in die orphischen Mysterien ein und verweigert sich allen Frauen, was dazu führt, dass die thrakischen Mänaden ihn schließlich in Stücke reißen. Seine Leier aber wird vom Göttervater zu den Sternen entrückt.[107] Und von da – das meint der Baum von Kardinal Pamphili, in dem sie ewig verwaist gehangen habe – kommt sie nun an den auserwählten Händel. Die Macht der Musik geht auf ihn über und ist dem Instrument inhärent.

Das ist das eine – das andere, woran man denken sollte, ist die Metapher von der Seele des Instrumentes, nach der die Musik in der Tat im Instrument beheimatet ist. Am faszinierendsten hat dies E. T. A. Hoffmann in seiner Erzählung «Rat Krespel» auf den Punkt gebracht. Der Rat sammelt um jeden Preis alte Geigen und zerlegt sie in ihre Einzelteile, um hinter ihr Klanggeheimnis zu kommen. Er baut eigene Geigen, spielt sie allerdings nur selten, dann aber in einer unverkennbar wilden Manier. Eines Tages bringt Krespel von einer Reise ein junges Mädchen mit, auch einen jungen Mann, einen Klavierspieler, offenbar ihren Bräutigam. Sie musizieren zusammen, wobei das junge Mädchen unglaublich schön singt. Doch dann wird der junge Mann unter wildem Geschrei von Rat Krespel aus dem Haus getrieben, und das Mädchen singt nie wieder. Dafür hilft es Krespel beim Geigenzerstören und beim Geigenbauen. Nur ein Instrument wünscht es zu erhalten, da es in ihm den Klang seiner Stimme wiedererkennt. Das Mädchen, das sich natürlich als Krespels Tochter entpuppt, tröstet sich mit dieser Geige, denn es darf wegen eines Lungenleidens nicht mehr singen. Doch einmal noch taucht der Bräutigam auf, und noch einmal, gegen Krespels anfänglichen Widerstand, musizieren sie zusammen – und tot ist die Tochter.[108] Der Tod als Musikmeister.

In Gainsboroughs Instrumentenmanie drückt sich seine Sehnsucht nach den perfekten Tönen aus, und diese Suche dürfte als Metapher für die absolute Tonalität in der Malerei stehen. Dass Gainsborough die Aufgabe der Malerei in Analogie zur Musik begreift, verweist uns darauf, dass die Malerei ihre Erfüllung nach seiner Vorstellung nur in der Landschaftsmalerei finden kann, denn deren Ziel ist es, im Naturbild einen Ton anzuschlagen, der im Betrachtenden weiterklingen soll.

Doch wie entsteht Landschaft bei Gainsborough? Fragen wir die Forschung, so berichtet sie uns, dass Gainsborough sich früh an der niederländischen Malerei, vor allem an Jakob van Ruisdael, orientiert und dann die heimatliche Landschaft entdeckt habe. Schließlich habe er, mit eher schwachen Anklängen an tatsächlich gesehene Landschaften, in einer Art Abstraktionsprozess frei über Landschaftliches verfügt und in immer neuen Kombinationen einen Typus von in weiterem Sinne arkadisch-pastoralen Landschaftsbildern geprägt.[109] Das ist sicher nicht falsch, wenn auch der angenommene Dreischritt ein wenig mechanisch erscheint. Dagegen hat die englische New Art History sozialkritisch argumentiert. Sie hat Gainsboroughs Landschaften als Antwort auf die agrarische Umstrukturierung der englischen Landschaft und Landwirtschaft begriffen, Gainsborough allerdings auch eine rückwärtsgewandte Verklärung früherer Verhältnisse vorgeworfen.[110] Auch dies ist nicht falsch. Die eine Deutung betreibt eine immanente künstlerische Entwicklungsgeschichte, die andere klagt die kultur- und sozialgeschichtliche Dimension ein. Aber wie es häufig zu gehen pflegt, beide Bögen sind zu straff gespannt. Soll heißen: Sie lassen individuellen Entscheidungen des Künstlers zu wenig Platz, Reaktionen auf im unmittelbaren Umfeld Erfahrenes blenden sie weitgehend aus und gestehen den gewählten Malmitteln zu wenig Einfluss zu. Sie beharren nicht (oder zumindest nicht genug) auf der Eigenart des individuellen Bildes. Es ist die alte Geschichte. Bloße methodisch geboten erscheinende Zuordnungen sind, böse ausgedrückt, Totschlagargumente – so nötig es ist, ihre Resultate im Gedächtnis zu behalten.

Gehen wir von Anekdotischem aus, das wie immer einen wahren Kern besitzt, uns aber in seinem forcierten Vortrag irritiert. Abends beim Gespräch mit Freunden, vor allem aber bei Musik pflegte Gainsborough, so heißt es, Blatt auf Blatt flüchtig, ja grob mit Kreidestrichen zu füllen, getragen von der herrschenden, von der Musik erzeugten Stimmung im Raum.[111] Offenbar brachte er ohne rechtes Besinnen Landschaftsstrukturen aufs Papier. War eine Struktur angelegt, pflegte er das Blatt auf den Boden gleiten zu lassen, um gleich das nächste in Angriff zu nehmen. Am Ende des Abends lag eine ganze Reihe von Zeichnungen am Boden. Am Morgen darauf unternahm er die Sichtung der Ergebnisse, sonderte aus, was ihm gefiel, und benutzte es als Anregung für seine Landschaftsgemälde, wobei er allein der Verteilung der Massen folgte.[112] Dieses Vorgehen ähnelt entschieden, wie man zu Recht festgestellt hat, dem sogenannten *Blot*-Verfahren von Alexander Cozens, das dieser 1785/86 endgültig schriftlich niedergelegt und mit Beispielen illustriert (Abb. 6) hat, aber schon lange zuvor praktisch genutzt hatte. Auf dem Papier entwarf Cozens mit schwarzer Tinte mehr oder weniger abstrakte Strukturen, die per Assoziation Formvorstellungen von Landschaften aufrufen konnten. Er folgte dabei durchaus dem Zufallsprinzip, allenfalls wird man von gelenktem Zufall reden können.[113] Das einzelne Blatt konnte am Ende halb leer oder weitgehend gefüllt sein, es konnte weiche oder harte Übergänge auf-

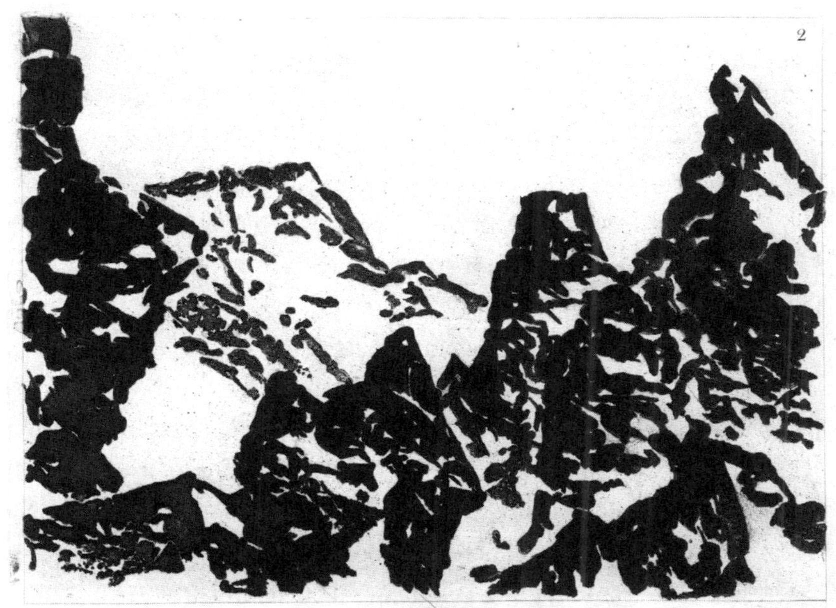

Alexander Cozens, Blot Nr. 2, aus: A New Method of Assisting the Invention in Drawing Original Compositions of Landscape, 1785/86, London, Tate Britain **Abb. 6**

weisen. Jeweils war damit ein Ton angeschlagen, dem nachgespürt werden konnte.

Die Analogie zur Musik ist nicht zufällig. Es geht bei Cozens' Verfahren um die Wirkung von Ungegenständlichem und ein durch diese Wirkung aufgerufenes Assoziationspotenzial. Dabei können Vorstellungen von Landschaft evoziert werden, sie können gefällig oder bedrohlich, Sehnsucht auslösend oder abweisend sein, erhebend oder erschütternd. Primär löst diese Gefühle die strukturelle Anlage aus, weniger der jeweilige Gegenstand an sich. Es geht um die Erkundung von Wirkformen und -möglichkeiten bzw. die Möglichkeit, die

Wirkung zu steuern. Das Wie bestimmt das Was, und das Was dient nicht in erster Linie der Übermittlung einer Bedeutung oder genauer eines Bedeutungszusammenhangs, sondern der Stiftung eines Eindrucks. Den Eindruck, den wir gewinnen, bewerten wir dann als den Ausdruck des Bildes.

Gainsborough hat die Position, die er bezog, bewusst eingenommen. Ja, er hat sich ausdrücklich als ihr Vertreter bekannt und stilisiert: als jemand, dem es auf Inhalte nicht ankomme, den primär die Wirkung einer malerischen Anlage interessiere. Damit implizierte er zweierlei. Mehrfach hat er behauptet oder, wie man annehmen muss, aus seinem Umkreis verlauten lassen, dass er zum einen gänzlich ungebildet sei und kaum jemals ein Buch lese.[114] Und zum anderen sei seine Kunst bloße Naturnachahmung, nicht geistige Erfindung, wie es die klassische Kunst verlange. Dazu passen, wie stilisiert auch immer sie sein mögen, Gainsboroughs Bemerkungen von 1771: «Ich glaube, ich sollte ein ignoranter Genosse bis zum Ende meiner Tage bleiben, da ich keinerlei Geduld habe, poetische Unmöglichkeiten zu lesen.»[115]

Gainsboroughs gemalte Landschaften sind so gut wie nie reine Landschaften, denn er verzichtet nicht auf Staffage. Allerdings ist der Begriff «Staffage» ein wenig irreführend. Das französische «staffage» bedeutet Beiwerk, Nebensächlichkeit, gar trügerischen Schein und, auf erzählende Bilder bezogen, Nebenfiguren, die das Bildthema unterstreichen. Etwas anders verhält es sich bei Landschaftsbildern, dort charakterisiert die Staffage den Landschaftstypus. Nach klassischer Lehre wird Landschaft in heroische und in pastorale Landschaft unterschieden. Ihrem jeweiligen Typus entspricht die in einem zweiten Schritt gewählte Staffage: Antikes, Klassisches, auch dramatisch Christliches gehört zur heroischen Landschaft, Arkadisches, im Hirtenmilieu Angesiedeltes zur pastoralen Landschaft.[116] Insofern könnte man, zumindest auf den ersten Blick, den größten Teil der Landschaften von Gainsborough dem pastoralen Typus zuschlagen.

Folgendes allerdings spricht dagegen, zumindest gegen den Versuch, Gainsboroughs Landschaften rein in diesem Typus aufgehen zu lassen. Das klassisch Pastorale ist überzeitlich, und in seinen Gefilden gibt es keine Probleme. Da das Zeitliche aufgehoben ist, leben in dieser idealen Wunschwelt die Bewohner in einer Art Urzustand, sie sind wunschlos glücklich, und nichts vermag diesen Zustand zu verändern. Gainsborough scheint davon geträumt zu haben, wie die bereits zitierte Bemerkung zeigt: «Ich bin krank vom Porträtmalen und wünschte mir so sehr, ich könnte meine Viola da Gamba nehmen und zu irgendeinem reizenden Dorf weggehen, wo ich meine Landschaften malen und den Rest meines Lebens in Ruhe und Leichtigkeit genießen kann.»[117] Doch die aufdringliche Gesellschaft ließ ihn nicht. Er träumte von der Idylle, doch die Realität holte ihn ein.

Nun können wir in der Literatur lesen, auch Gainsboroughs Landschaften seien überzeitlich, idyllisch.[118] Ja und nein. Sicher verklärt er das bescheidene ländliche Leben in der Natur. Die Bewohner seiner Landschaften sind Selbstversorger. Sie leben für sich, haben ein wenig Vieh und verzehren, was die Natur ihnen gibt. Dabei sind sie glücklich und zufrieden, die Kinder, meist zahlreich, wachsen heran, die Arbeit für das Nötigste ist nicht allzu schwer. Es ist Zeit genug für eine Rast, ein Gespräch, einen Flirt, auch das Viehhüten ist geruhsam, und am Abend sitzen alle fröhlich vor der Kate

(Taf. 13). Viel hat man nicht, aber es reicht, und auf die Idee, die Verhältnisse ändern zu wollen, kommt niemand. So scheint es jedenfalls, und manche Bilder Gainsboroughs lassen an dieser Idylle auch nicht zweifeln.

Doch wie erklären sich dann die zahllosen Bettlergestalten in seinen Bildern? Nun könnte man sagen – und sicher nicht ganz zu Unrecht –, dass Gainsborough dabei an seine Klientel gedacht hat. Denn auch die Landschaften mit Bettlerszenen wurden primär vom Adel und dem gehobenen Bürgertum gekauft. Und da auf den Bettlerbildern häufig Vorüberkommende den Armen milde Gaben spenden, ist hier der das ganze 18. Jahrhundert bestimmende Gedanke der *charity* aufgerufen, der nicht nur von der Kirche in unzähligen Predigten propagiert wurde.[119] Im fortgeschrittenen 18. Jahrhundert verband sich der auf christlicher Moral gegründete Gedanke mehr und mehr mit der auch im Bild zur Anschauung kommenden Vorstellung, Mildtätigkeit sei ein Zeichen von Herzensgüte.[120] So konnten Gainsboroughs Bilder entlastende Funktion besitzen, denn wer wollte nicht bei seinen mildtätigen Gefühlen abgeholt werden. Mildtätigkeit als Vorstellung, aber auch als tatsächliche Handlung konnte über das wahre Elend der Armen hinwegtäuschen.

Um zu verstehen, worum es bei Gainsborough eigentlich geht, ist es in der Tat nötig, sich Gedanken über die agrarische Entwicklung in England im 18. Jahrhundert zu machen.[121] Der Prozess sei hier nur angedeutet. Entscheidend ist zweierlei: das *enclosure system* und die Aufhebung der Allmende.[122] Die heute noch das englische Landschaftsbild prägende Einhegung der Felder durch Hecken steigerte zum einen durch unterschiedliche Feldernutzung den Ertrag, zum anderen aber war eine gewisse Feldgröße nötig, um ertragreich wirtschaften zu können. Die Erträge mussten zudem vom Land in die Stadt befördert werden, wobei die Wegesysteme unzureichend waren und unsicher zumal. Das Land wurde daher, auch das charakterisiert die englische Landschaft bis heute, mit einem Kanalsystem durchzogen. All dies kostete Geld und war nur Großgrundbesitzern möglich. Ferner wurde eine Kapitalisierung des Landes nötig – so entstand auch ein Bankensystem. Der Kanalbau wurde durch die Ausgabe von Aktien finanziert. Wirtschaftliche Entrepreneurs machten Geschäfte.[123]

Das letztlich aus dem Mittelalter stammende System der Allmende dagegen, die Engländer nennen das *common lands*, also das Land in Gemeinschaftsbesitz, wovon jeder Dorfbewohner einen kleinen Teil zur Bewirtschaftung besaß, erwies sich als nicht mehr konkurrenzfähig. Die Folge: Die Kleinbauern und auch ganze Kommunen mussten ihr Land verkaufen. Auf Dauer half auch eine genossenschaftliche Organisation nicht. Den Kleinbauern blieben zwei Optionen: Entweder zogen sie in die größeren Städte und versuchten dort, neue Arbeit zu finden. Das führte besonders in London zu einem Überangebot an Arbeitskräften, Bedienstete waren deshalb extrem billig und den verschiedensten Pressionen ausgesetzt.[124] Oder die Kleinbauern verdingten sich bei den Großgrundbesitzern als abhängige Bauern. In den Midlands, in Birmingham, Manchester oder Derby, griff zudem in der zweiten Hälfte des 18. Jahrhunderts schrittweise die Industrialisierung Raum, auch sie sog Arbeitskräfte auf. Die industriellen Unternehmer waren nicht selten auch Großgrundbesitzer und Financiers des Kanalbaus. Diese *nouveaux riches* machten selbst dem Altadel Konkurrenz. Kurz: Die Umstrukturierung des Landes geschah in einem ungemeinen Tempo und betraf in ihren Konsequenzen vor allem die ländliche Bevölkerung.

Spiegelt sich diese Entwicklung in Gainsboroughs Bildern, und wenn ja, in welcher Form? Um dies beantworten zu können, muss man sich klarmachen, welche Regionen Englands für Gainsboroughs Bilder prägend waren, auch wenn die späteren Gemälde Gainsboroughs Landschaft in generalisierter Form wiedergeben. Bei den frühen Landschaften orientierte er sich, wie er selbst bemerkt und die Forschung festgehalten hat, an der holländischen Landschaftsmalerei des 17. Jahrhunderts, doch dieser Typus Landschaft entsprach bereits seiner Heimatregion. Gainsborough stammte aus Ipswich in Sussex östlich von London, und diese Landschaft nannte man die «Woodlands». In der Tat herrschten waldige Gegenden vor. Später diente ihm primär der New Forest als Modell, südlich von London gelegen und schneller von dort zu erreichen. Er ist bis heute das größte unerschlossene Gebiet in Südengland, wobei es nun allerdings unter Naturschutz steht. Seit Urzeiten war der New Forest in königlichem Besitz. Seine Holzvorkommen dienten dem Schiffsbau der Royal Navy. Im New Forest wurde es seit alters her geduldet, dass sich Kleinbauern wild ansiedelten, kleine Katen bauten und als Selbstversorger tätig waren. Ihre Existenz war eher dürftig, und wenn Gainsborough sie in seinen Bildern verewigte, so war dies eher eine Verklärung, die Idealisierung einer Existenz, die angesichts der Agrarreform längst in Frage gestellt war.[125] Gainsboroughs Bilder drücken so eine melancholische Sehnsucht nach vergangenen Zeiten aus, beschwören eine sorgenfreie, glückliche selbstbestimmte Existenz, die es so nie wirklich gegeben hat. Betrauert wird ein *Paradise Lost*, angesichts abhängiger Bauern und eines entstehenden Industrieproletariats.

Aber es gibt auch Bilder Gainsboroughs, die die soziale Frage zum Thema machen. Zwei verwandte Gemälde seien betrachtet. Das erste trägt den Titel «Evening Landscape: Peasants and Mounted Figures» (Taf. 14), wobei «Peasants» eher arme Bauern sind und «Mounted Figures» Berittene meint. Das Bild ist um 1770 entstanden und von John, Viscount Bateman in Auftrag gegeben worden.[126] Der Adel hatte also durchaus Interesse an einem derartigen Thema. Die Komposition besteht aus drei Gruppierungen, und liest man richtig, so kommentieren sie einander. Im Zentrum des Bildes stehen die genannten «Mounted Figures», vier Bauern zu Pferde mit weiteren Lasttieren und Hunden, vorneweg eine junge Bäuerin mit Kind, die ein mit Feldfrüchten reich beladenes Pferd führt. Vor ihr im Schatten, der sie begleitende Knabe weist darauf, sitzt eine Bettlerin am Wegesrand, ein schlafendes Kind neben sich. Während die Reitergruppe im Gegenlicht erscheint und die Bettlergruppe im Schatten bleibt, fällt mildes Abendlicht ganz links auf eine Kate, vor der eine kleine Gruppe von Frauen und Kindern lagert. Schaut man genau hin, so erkennt man, dass ein Mann, der Reisig gesammelt hat und es auf dem Rücken trägt, durch die Tür in die Kate tritt. Der Reisig- oder Holzsammler ist uns aus vielen Bildern Gainsboroughs vertraut, doch nicht nur aus seinen: Er ist ein Standardthema der Kunst des späteren 18. und zumindest der ersten Hälfte des 19. Jahrhunderts, verbreitet besonders in Frankreich – es sei nur an Millet erinnert, aber er findet sich etwa auch bei Waldmüller.[127] Das Motiv ist jeweils mit der gleichen Bedeutung behaftet: Es steht für den verarmten Bauern oder Tagelöhner, der im Wald Feuerholz gesammelt hat – was durch die Grundbesitzer bei Strafe verboten war. Das, was den Allmendebauern geradezu naturgemäß gestattet war, ist nun nicht mehr erlaubt. Bei Gainsborough scheint es sich beim Holzsammeln noch um einen natürlichen, in den Tageslauf eingebundenen Vorgang zu handeln – das frei herumliegende Reisig wird vom Paterfamilias für das abendliche Feuer herangeschafft. Doch wer sind die Berittenen? Keine Frage, es sind die lohnabhängigen Bauern, die für den Großgrundbesitzer am Morgen die Ernteerträge in die Stadt gebracht haben und nun am Abend zurückkehren. Sie kommen an einer Bettlergruppe vorbei, der Knabe der jungen, zu den Lohnabhängigen gehörenden Mutter weist darauf hin, doch die Mutter schaut, wie wir annehmen müssen, bewusst daran vorbei. Von ihren Früchten kann sie nichts geben, denn sie gehören ihr nicht, und so tut sie, als würde sie die am Boden Hockenden nicht wahrnehmen. Ihr würde ein Schicksal wie den Bettelnden drohen, wenn sie ihren Arbeitsvertrag aufs Spiel setzte.

Dass dies keine Überinterpretation ist, kann uns das zweite Bild zeigen. Es stammt von etwa 1773 und stellt Bauern dar, die am Morgen auf dem Weg zum Markt sind und wiederum an einer am Weg lagernden Bettlerin – nun mit zwei Kindern, das eine an der Brust – vorbeireiten (Taf. 15).[128] Starr geht der Blick der jugendlichen schönen Bäuerin an der Gruppe vorbei, die nur von Pferd und Hund wahrgenommen wird, beide haben den Kopf zu der Gruppe der Hockenden gewendet. Die Verweigerung von Mildtätigkeit ist Resultat der neuen Agrarverhältnisse, die verhindern, dass natürliche Anlagen sich äußern.

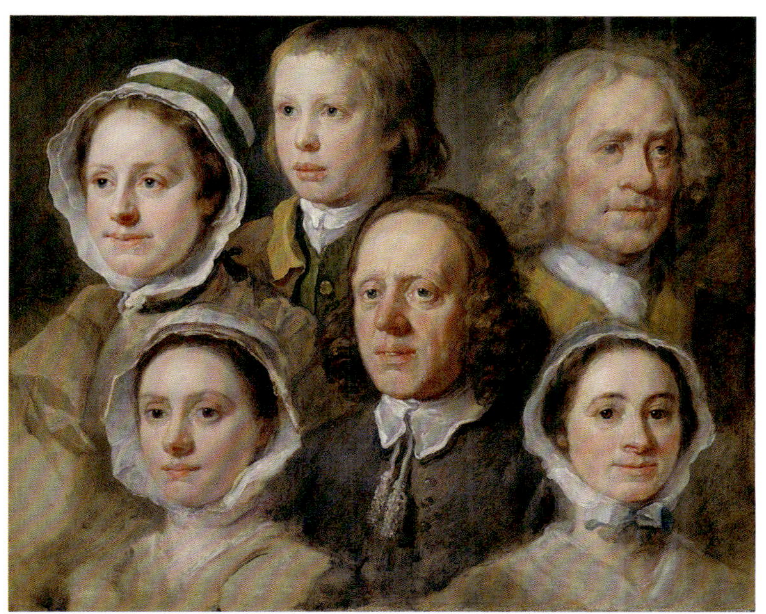

William Hogarth, Porträts seiner sechs Bediensteten, 1750–1755, Öl auf Leinwand, 63 × 75,5 cm, London, Tate Britain Taf. 1

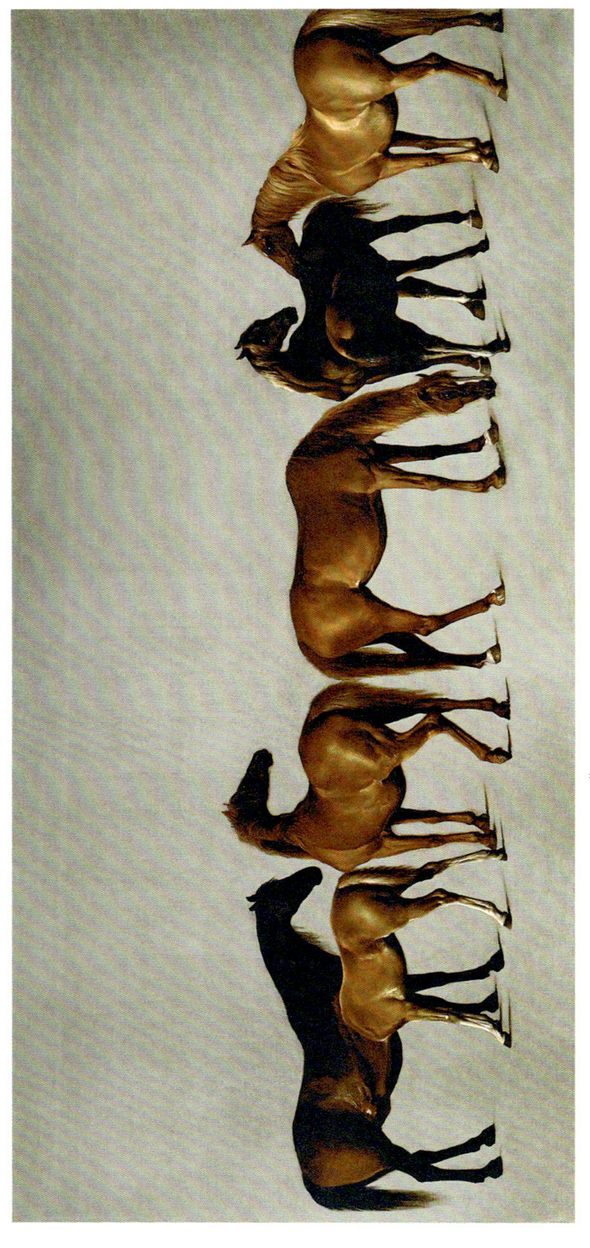

Taf. 2 George Stubbs, Mares and Foals, 1762, Öl auf Leinwand, 99 × 190,5 cm, Privatbesitz

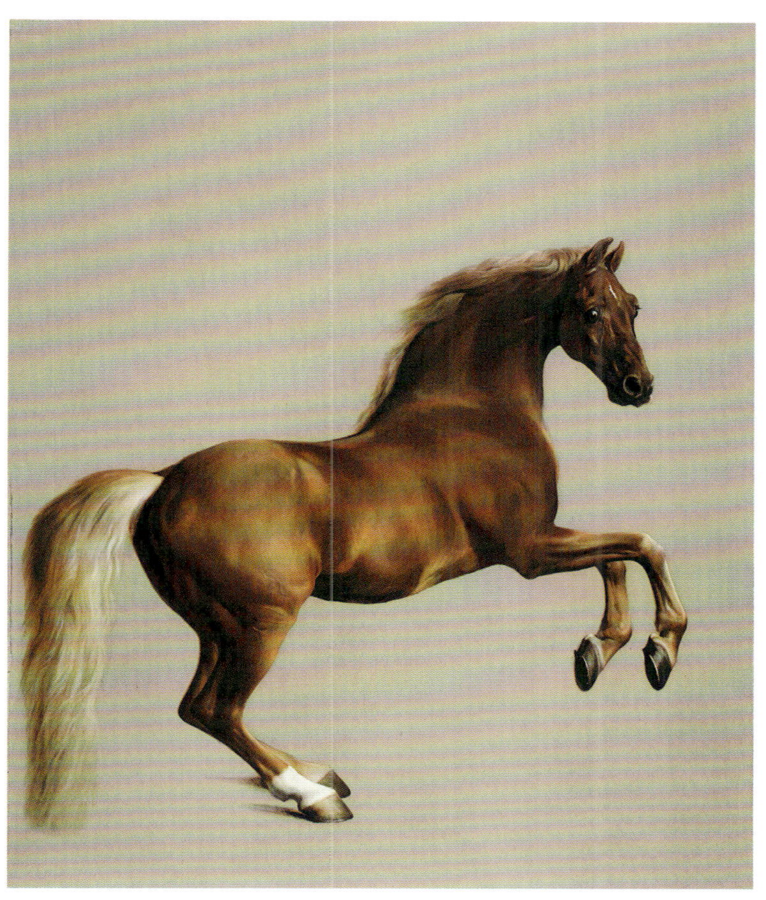

George Stubbs, Whistlejacket, um 1762, Öl auf Leinwand, 292 × 246 cm, London, National Gallery Taf. 3

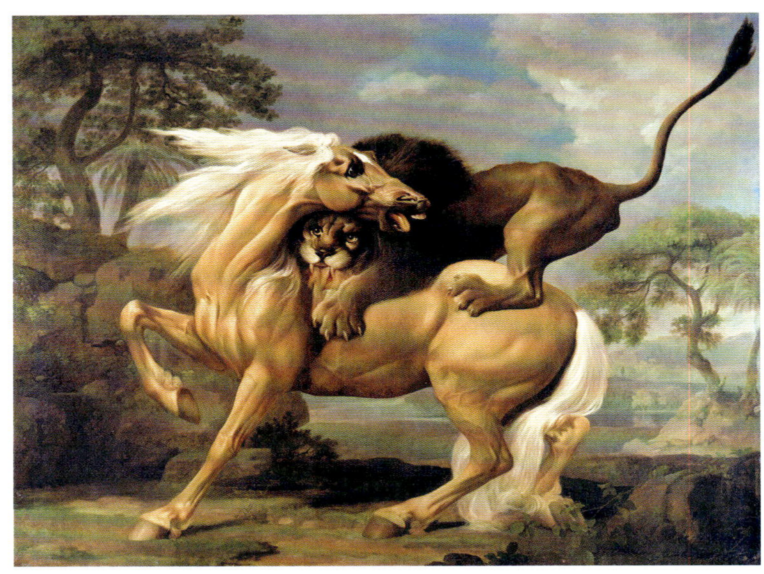

Taf. 4 George Stubbs, Lion Attacking a Horse, 1762, Öl auf Leinwand, 244 × 333 cm, New Haven, Yale Center for British Art, Paul Mellon Collection

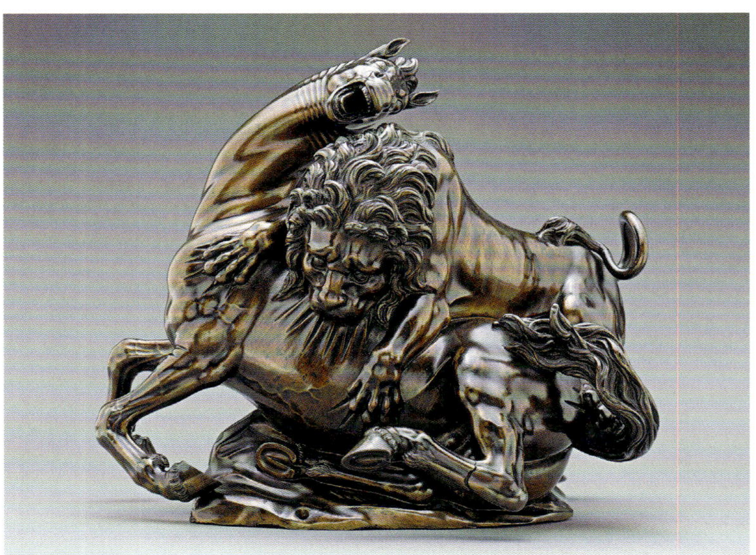

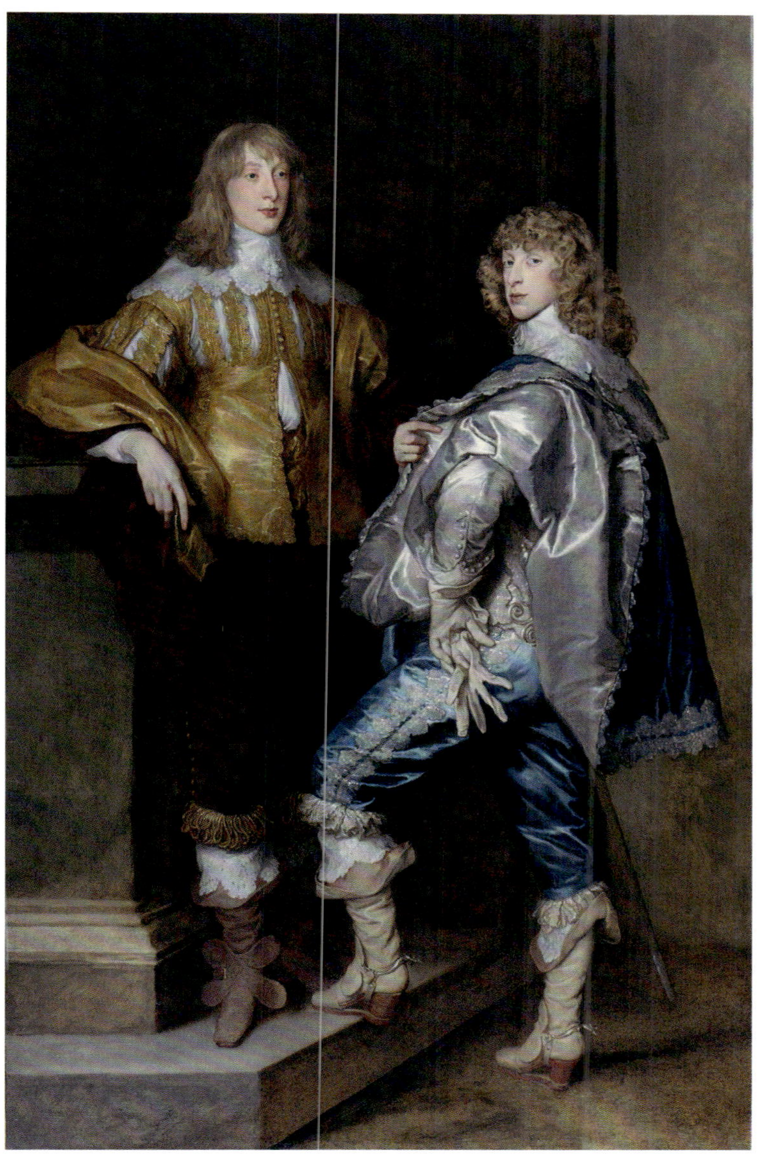

Anthonis van Dyck, Lord John und Lord Bernard Stuart, um 1638, Öl auf Leinwand, 237,5 × 146,1 cm, London, National Gallery

Taf. 8

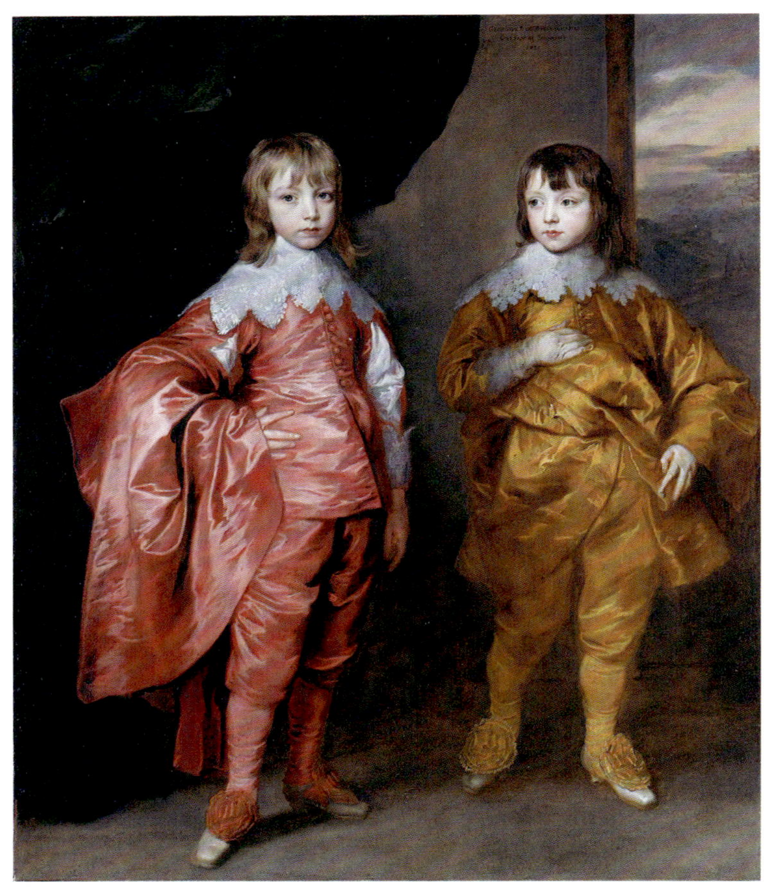

Taf. 9 Anthonis van Dyck, George Villiers, 2nd Duke of Buckingham, und Lord Francis Villiers, 1635, Öl auf Leinwand, 137,2 × 127,7 cm, Windsor Castle, Royal Collection

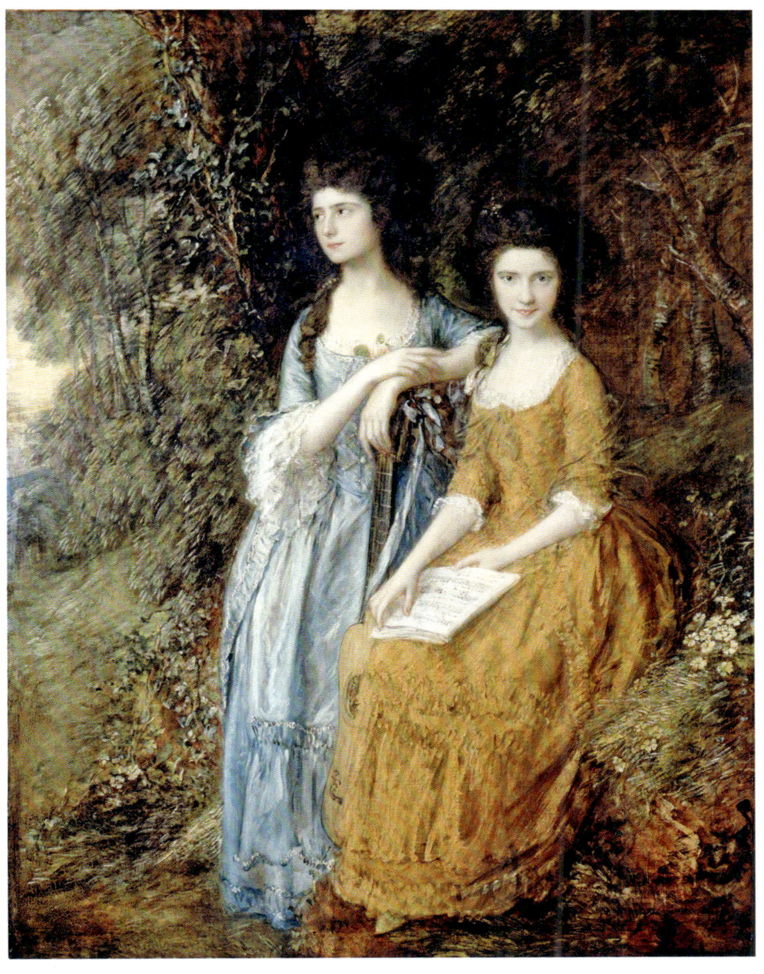

Thomas Gainsborough, The Linley Sisters, um 1772, überarbeitet 1785, Öl auf Leinwand, 199 × 153,5 cm, Dulwich Picture Gallery

Taf. 10

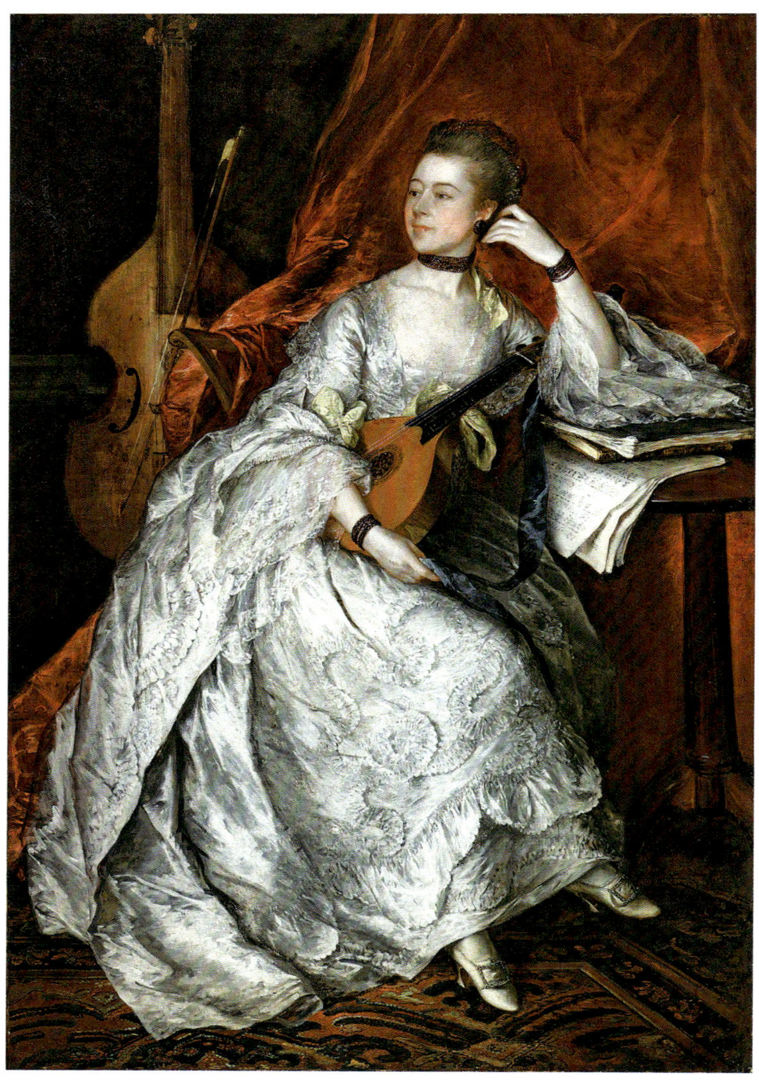

Taf. 11 Thomas Gainsborough, Ann Ford (Mrs. Philip Thicknesse), 1760, Öl auf Leinwand, 196,9 × 134,6 cm, Cincinnati Art Museum, Bequest of Mary M. Emery

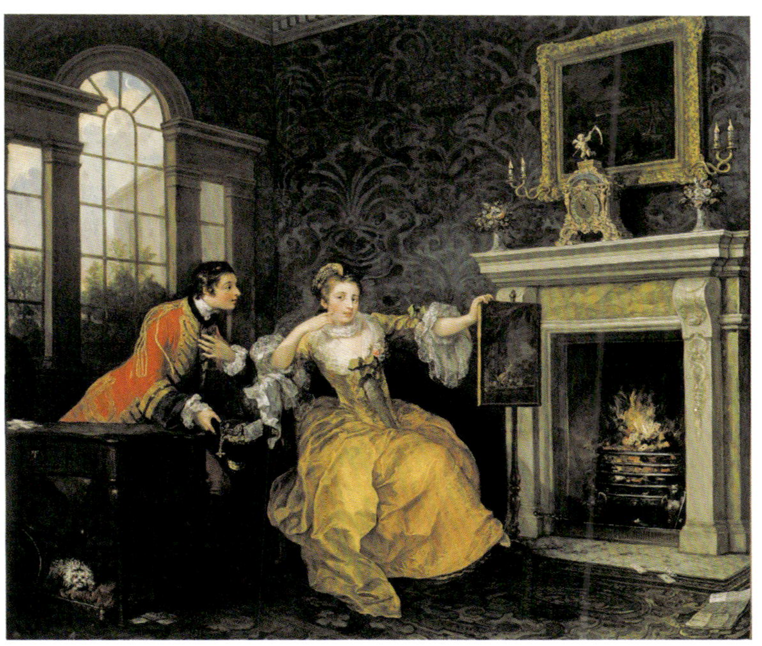

William Hogarth, The Lady's Last Stake, 1758/59, Öl auf Leinwand, 91,4 × 195,4 cm, Buffalo (N. Y.), Albright-Knox Gallery Taf. 12

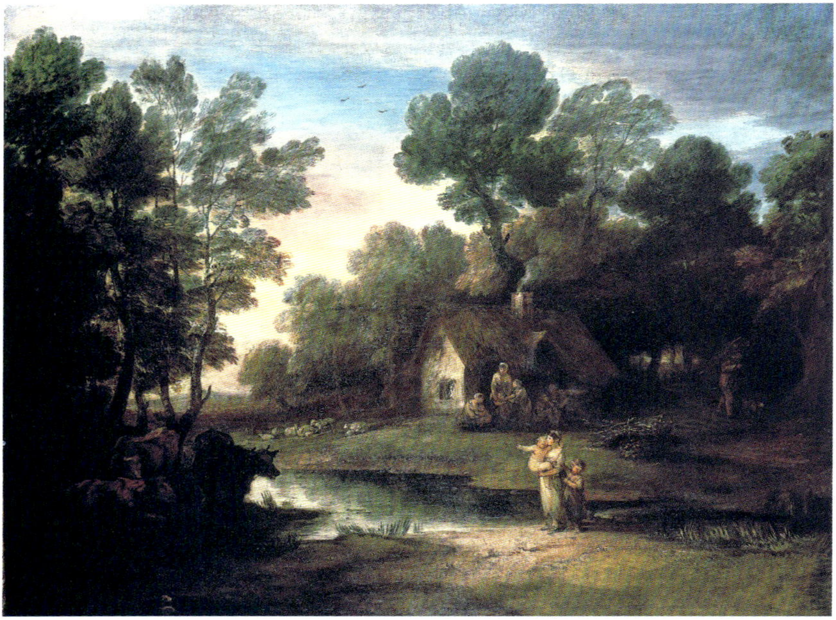

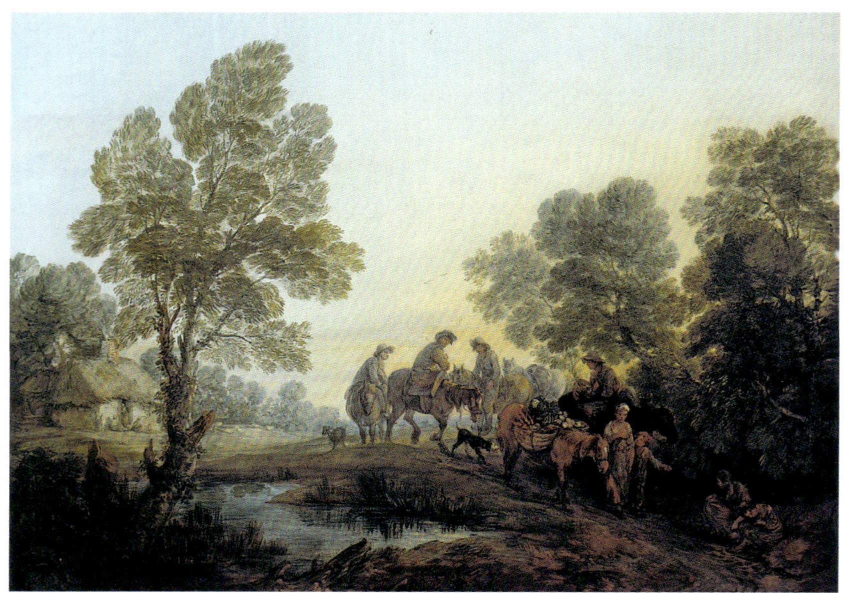

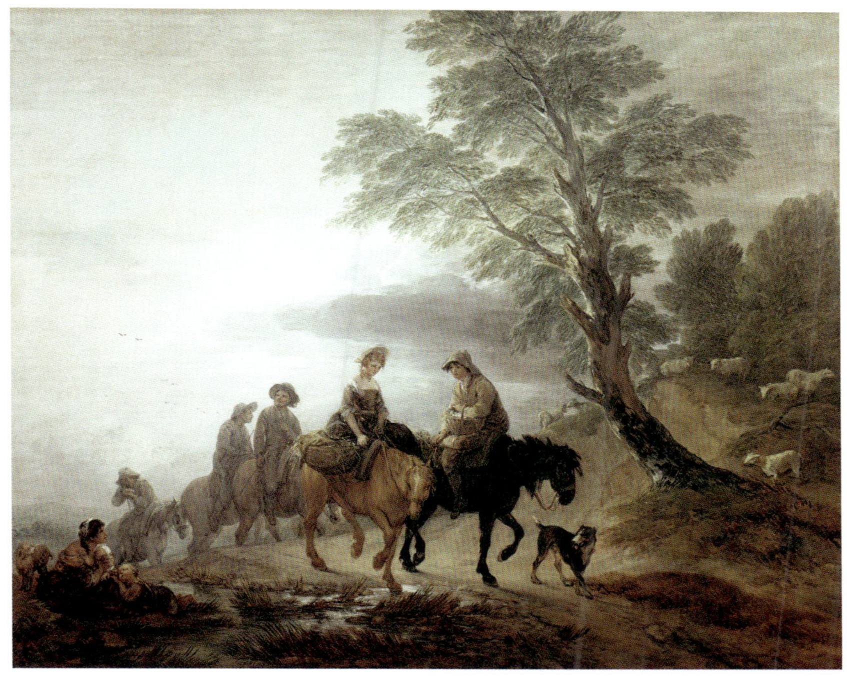

Thomas Gainsborough, Peasants and Colliers Going to Market; Early Morning, um 1773, Öl auf Leinwand, 121,8 × 147,2 cm, Privatsammlung Taf. 15

Thomas Gainsborough, Waldlandschaft mit Hütte am See, vor 1782, Öl auf Leinwand, 120,4 × 147,6 cm, Sudbury, Gainsborough's House Society Taf. 13

Thomas Gainsborough, Evening Landscape: Peasants and Mounted Figures, um 1768–1771, Öl auf Leinwand, 122,3 × 150 cm, Kenwood, The Iveagh Bequest Taf. 14

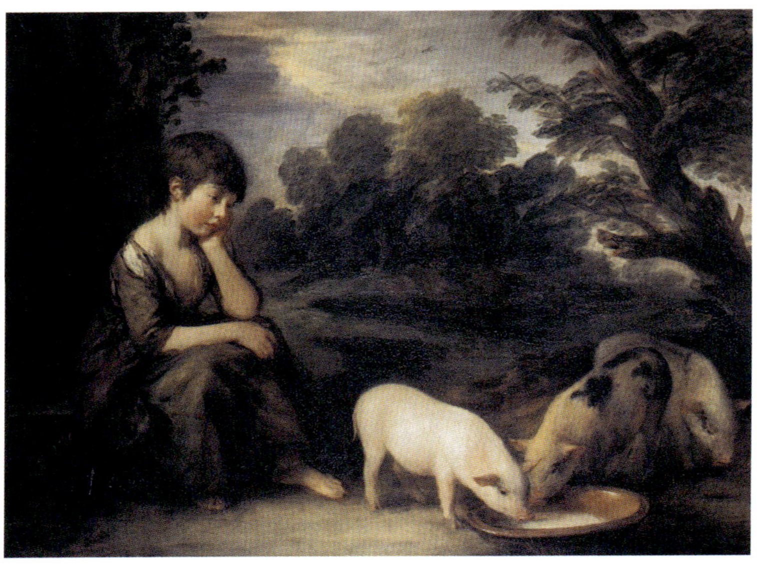

Taf. 16 Thomas Gainsborough, Girl with Pigs, 1782, Öl auf Leinwand, 125,6 × 148,6 cm, Castle Howard Collection

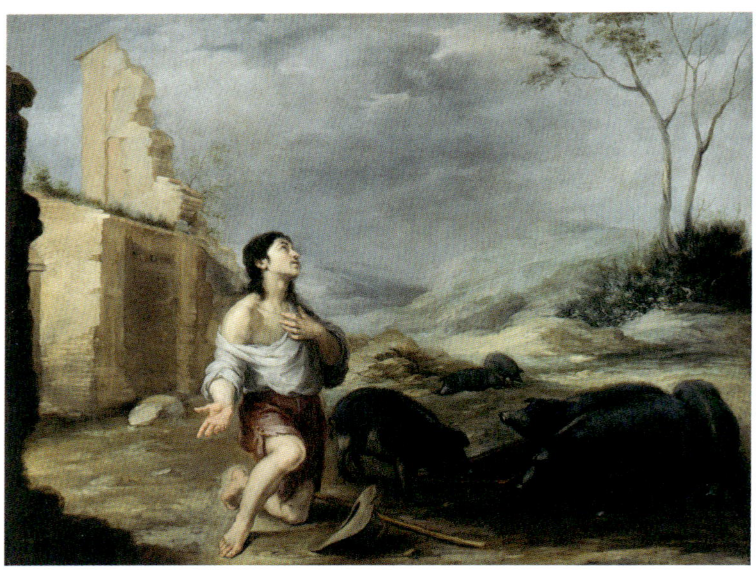

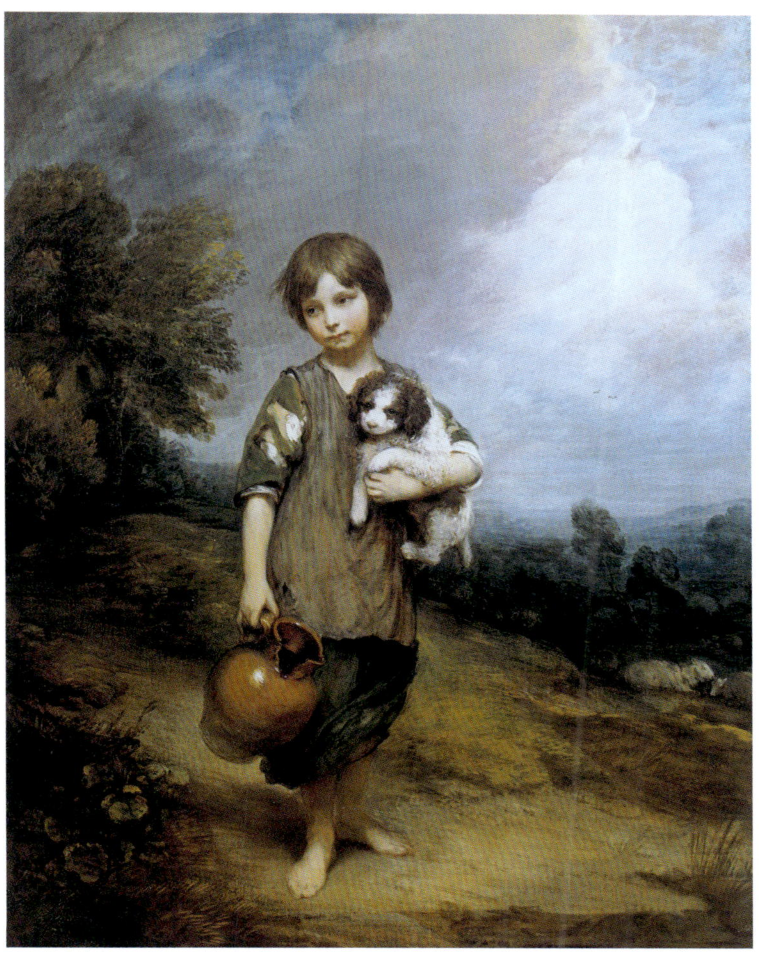

Thomas Gainsborough, Cottage Girl with Dog and Pitcher, 1786, Öl auf Leinwand, 98 × 124 cm, Ipswich Borough Council Museum and Galleries Taf. 18

Bartolomé Esteban Murillo, Der verlorene Sohn als Schweinehirt, um 1660–1670, Öl auf Leinwand, 105 × 135 cm, Dublin, National Gallery of Ireland, Sammlung Sir Alfred Beit Taf. 17

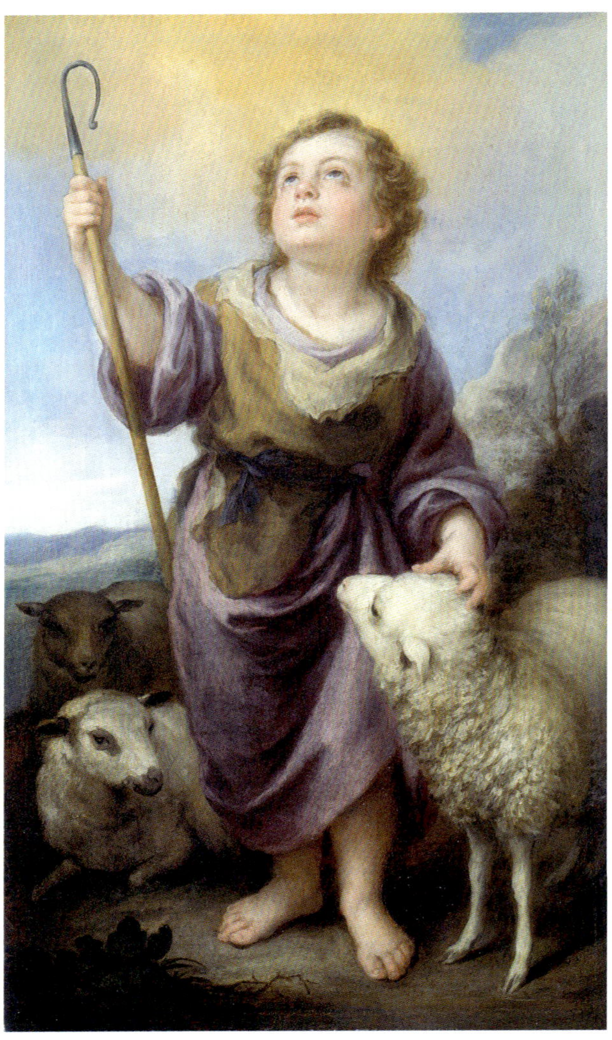

Taf. 19 Bartolomé Esteban Murillo, Der gute Hirte, um 1665–1672, Öl auf Leinwand, 70,8 × 40,8 cm, Frankfurt, Städel Museum

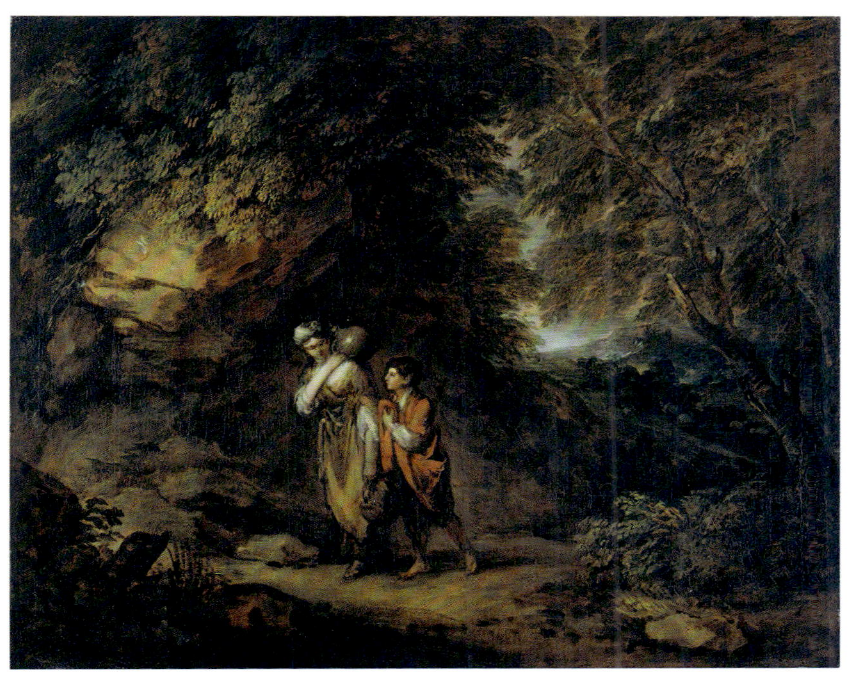

Thomas Gainsborough, Rocky Landscape with Hagar and Ismael, um 1785, Öl auf Leinwand, 78,1 × 94,6 cm, Cardiff, National Museums and Galleries of Wales Taf. 20

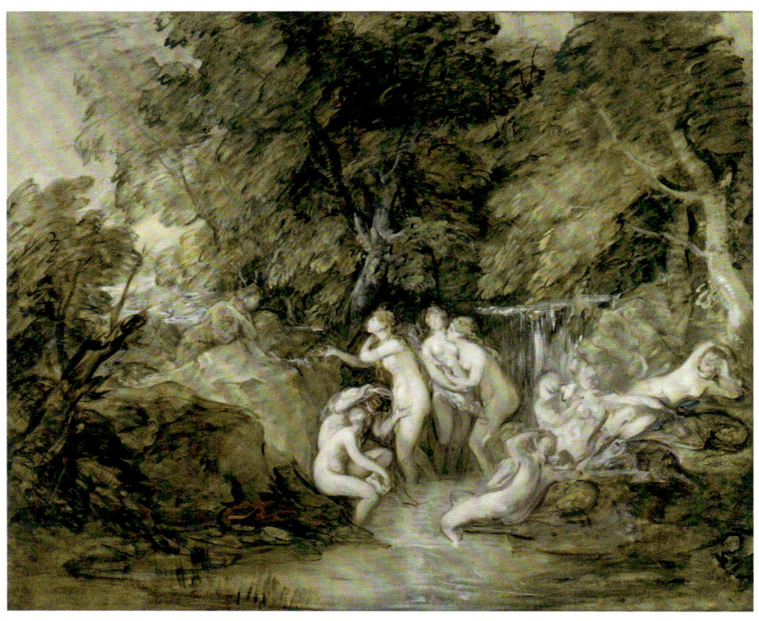

Taf. 21 Thomas Gainsborough, Diana und Aktäon, um 1784–1786, Öl auf Leinwand, 158,1 × 188 cm, Her Majesty Queen Elizabeth II.

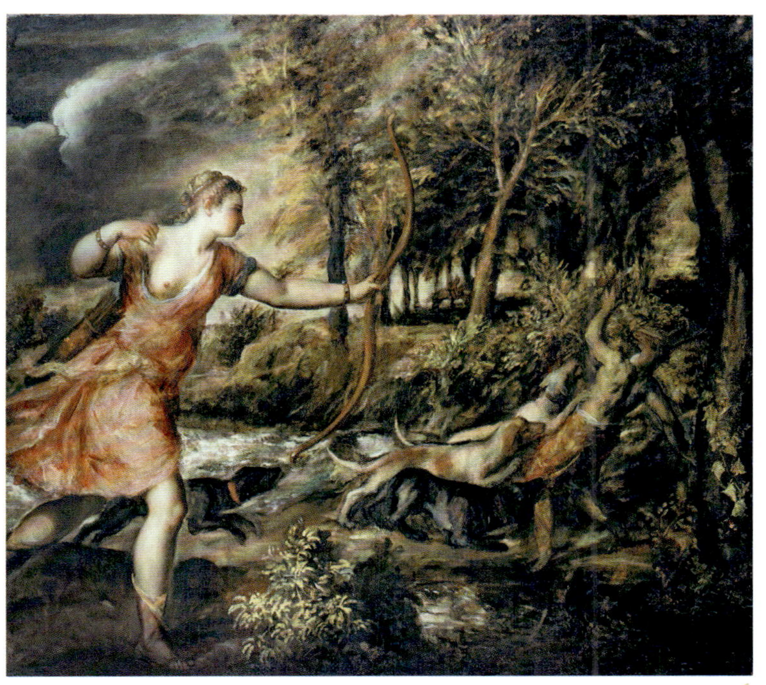

Tizian, Der Tod des Aktäon, 1559, Öl auf Leinwand, 178,4 × 198,1 cm, London, National Gallery Taf. 22

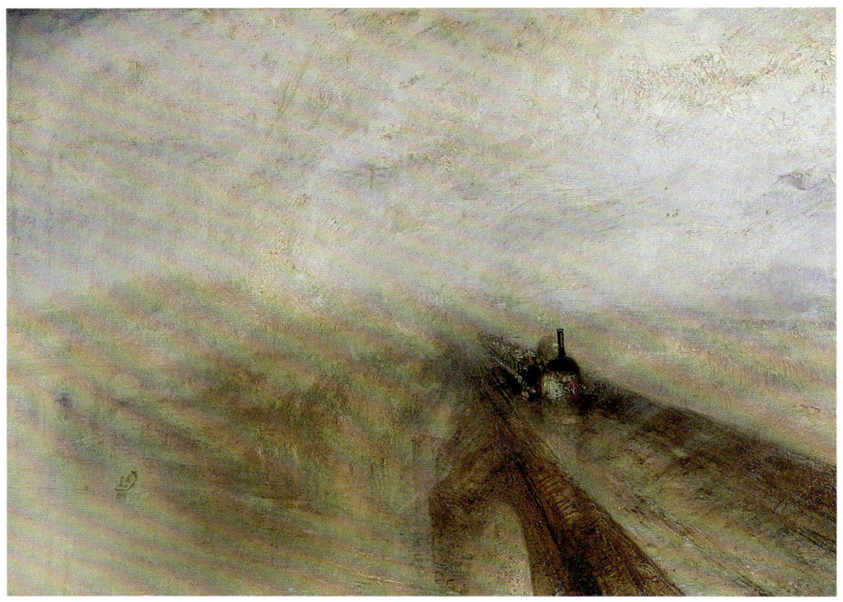

Taf. 23 William Turner, Rain, Steam, and Speed – The Great Western Railway, 1844, Öl auf Leinwand, 91 × 121,8 cm, London, National Gallery

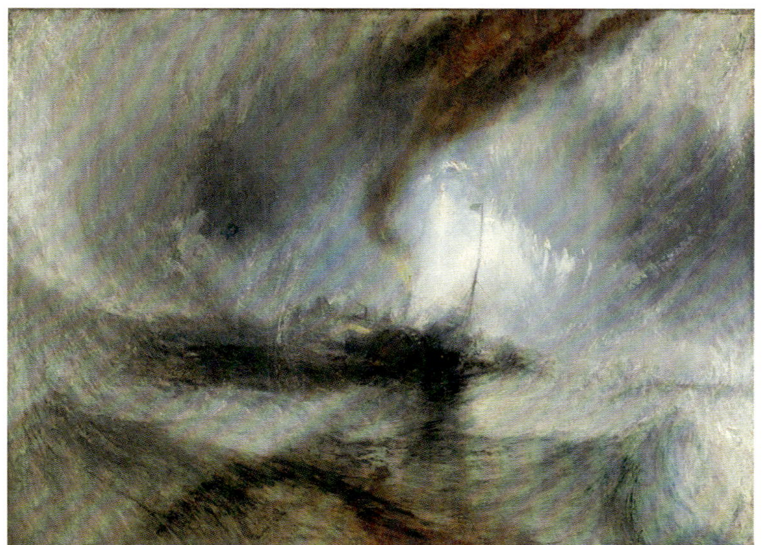

William Turner, Snow Storm – Steam Boat off a Harbour's Mouth making Signals in Shallow Water, and going by the Lead. The Author was in this Storm on the Night the Ariel left Harwich, 1842, Öl auf Leinwand, 91 × 122 cm, London, Tate Britain Taf. 24

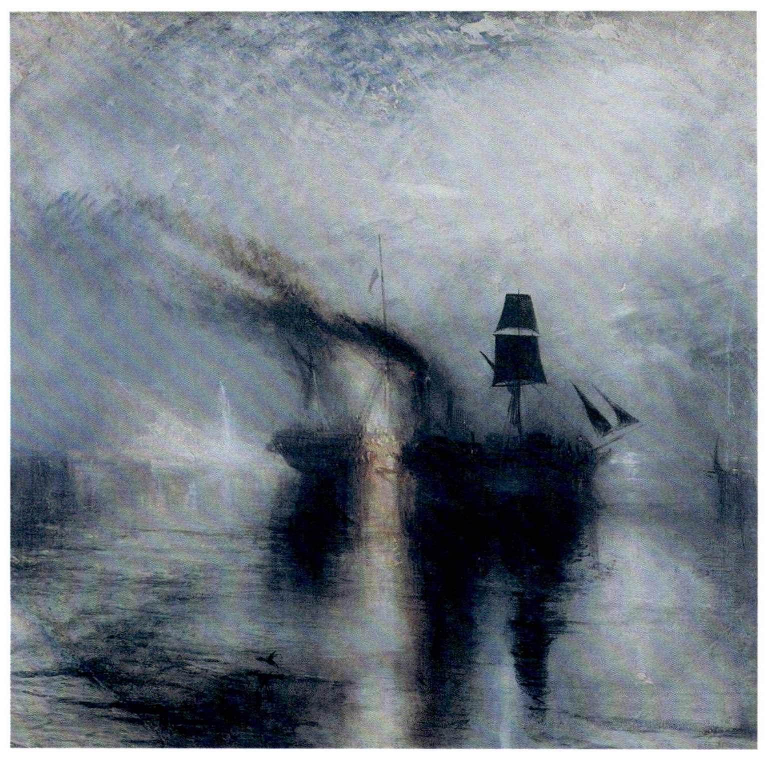

Taf. 25 William Turner, Peace – Burial at Sea, 1842, Öl auf Leinwand, 87 × 86,7 cm, London, Tate Britain

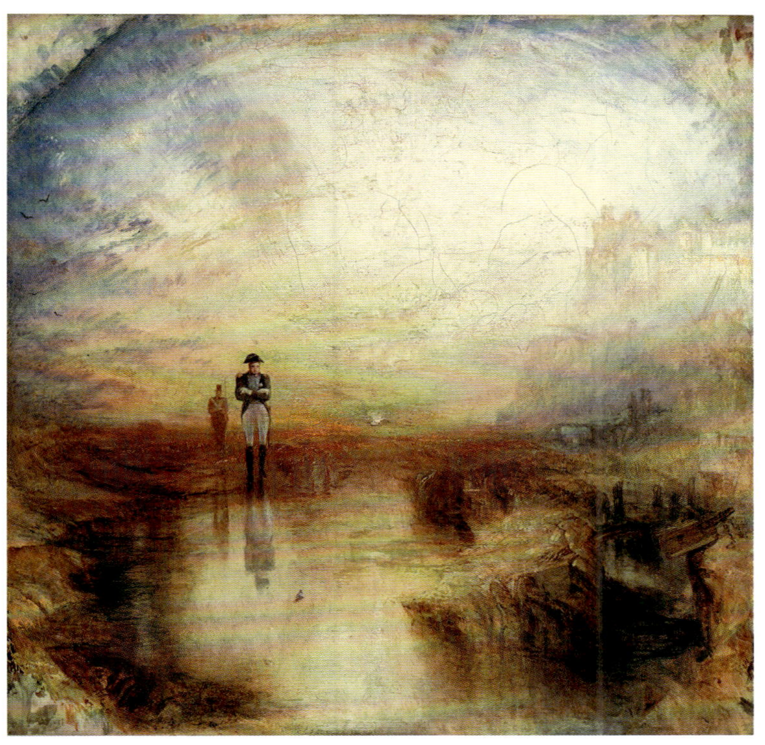

William Turner, War. The Exile and the Rock Limpit, 1842, Öl auf Leinwand, 79,4 × 79,4 cm, London, Tate Britain

Taf. 26

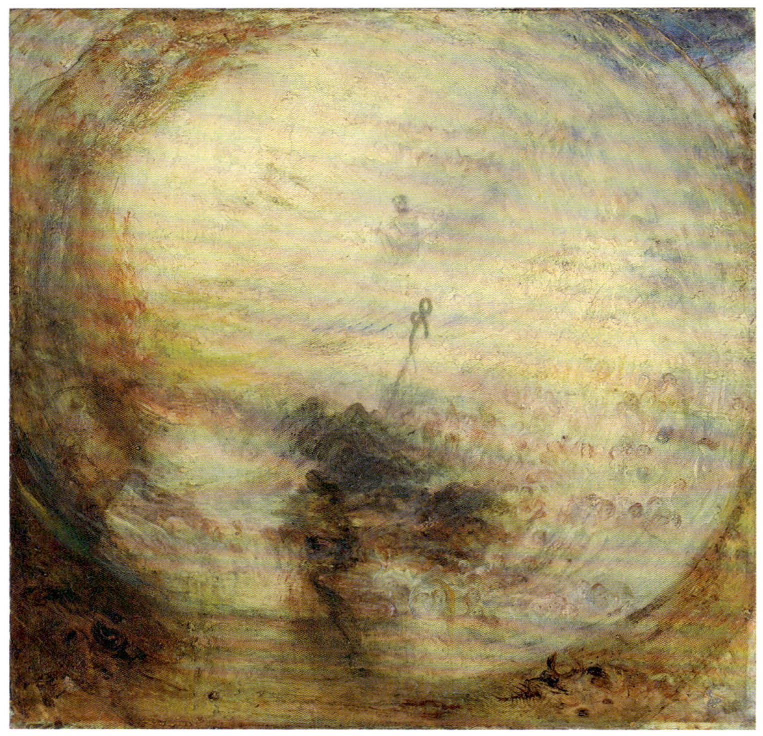

Taf. 27 William Turner, Light and Colour (Goethe's Theory) – The Morning after the Deluge – Moses Writing the Book of Genesis, 1843, Öl auf Leinwand, 78,7 × 78,7 cm, London, Tate Britain

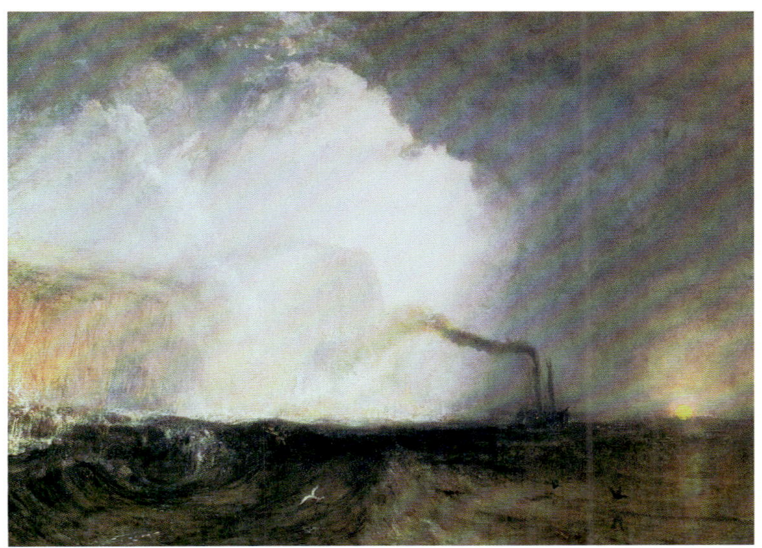

William Turner, Staffa, Fingal's Cave, 1832, Öl auf Leinwand, 90,8 × 121,3 cm, New Haven, Yale Center for British Art, Paul Mellon Collection Taf. 28

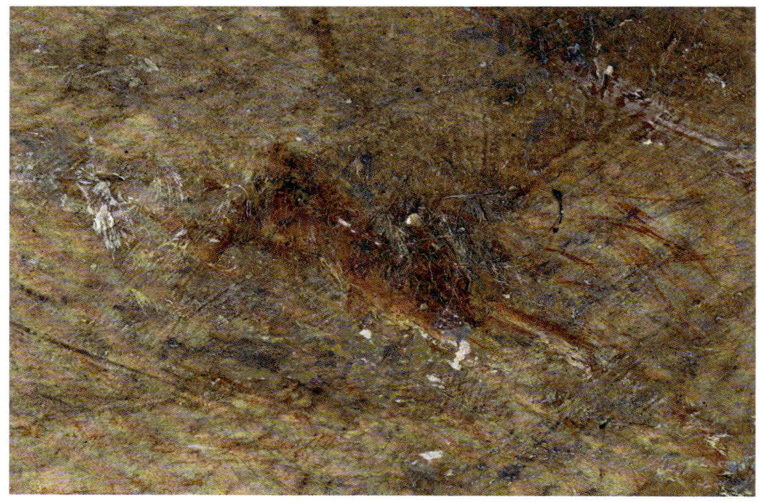

Taf. 29 William Turner, Rain, Steam, and Speed – The Great Western Railway: Ausschnitt mit dem Hasen, 1844, Öl auf Leinwand, 91 × 121,8 cm, London, National Gallery

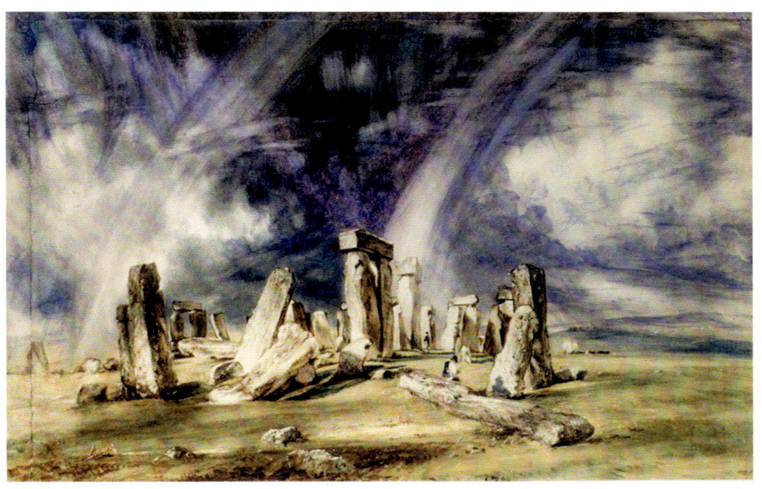

John Constable, Stonehenge, 1835, Aquarell, 38,7 × 59,1 cm, London, Victoria & Albert Museum

Taf. 30

Taf. 31 Barnett Newman, Cathedra, 1951, Öl und Acryl auf Leinwand, 243,2 × 544 cm, Amsterdam, Stedelijk Museum

Mark Rothko, Untitled (Umber, Blue, Umber, Brown), 1962, Öl auf Leinwand, 176,9 × 137,2 cm, Amsterdam, Stedelijk Museum Taf. 32

Taf. 33 Mark Rothko, Untitled (No. 73), 1952, Öl auf Leinwand, 140,5 × 76,9 cm, Atlanta, High Museum of Art

Mark Rothko, Black on Maroon, 1958, Öl auf Leinwand, 266,7 × 381,2 cm, London, Tate Modern

Taf. 34

Taf. 35 Barnett Newman, Who Is Afraid of Red, Yellow, and Blue III, 1967/68, Öl auf Leinwand, 245 × 544 cm, Amsterdam, Stedelijk Museum

Gainsboroughs «fancy pictures»

Dass Gainsboroughs Bildern aller ikonographischen Verweigerung zum Trotz subkutan durchaus Verweise eingeschrieben sein können, ist abschließend an einer Reihe von sogenannten «fancy pictures» zu belegen.[129] Allerdings kann man dies auch bei dem gerade behandelten Gemälde vermuten. Denn eine Mutter mit zwei Kindern, von denen eines an die Brust gelegt ist, kann ikonographisch auch für die Tugend der Caritas stehen. Damit wären die Verhältnisse auf den Kopf gestellt: Diejenigen, die Nächstenliebe ausüben sollten, verweigern sich. Und diejenige, die der Caritas bedürftig wäre, verkörpert sie.[130] Gainsborough hat derartige Verkehrungen geliebt – und damit indirekt an der Sprache der klassischen Kunst Kritik geübt.

«Fancy pictures» sind eine Art Mittelding zwischen Landschaft, Porträt und erzählender Historie. Auf uns durchaus fremde Weise arbeiten sie mit der Erzeugung von überstarkem Sentiment – was dem Zeitgeist besonders entgegenkam. Sie waren ideal geeignet, eine neue Bildersprache zu entwerfen, die auf den Anteil des Betrachters an der Sinnstiftung angewiesen ist, zugleich aber auf spielerische und nicht selten ironische Weise Sinnhinweise gibt, ohne dass diese gänzlich zwingend wären.

Beginnen wir mit dem berühmten «Girl with Pigs» (Taf. 16), das Reynolds vom Fleck weg für erstaunliche 100 Guineas gekauft hat.[131] Gainsborough schrieb ihm daraufhin – und dies macht gleich deutlich, wie er mit verstecktem Witz arbeitet: «I may truly say I have brought my pigs to a fine market».[132] Hinter der Bemerkung verbirgt sich ein Spiel mit einem Idiom:

«To bring one's pigs to a fine market» bedeutet eigentlich, dass ein Geschäft fehlgeschlagen ist. Indem Gainsborough «truly», wahrhaftig, dazusetzt, betont er zwar, dass man den Satz hier wörtlich nehmen kann, unterschwellig wirkt die Bedeutung des Idioms allerdings nach, so dass die Formulierung ein zweischneidiges Kompliment für Reynolds darstellt. Gainsborough war ein großer Wortspieler, was seine immer behauptete, vor allem von ihm selbst propagierte Unbildung durchaus in Frage stellt.

Die Überlieferung, die erneut auf Gainsboroughs ersten Biographen Philip Thicknesse zurückgeht, will es, dass die Schweinchen auf dem Bild, denen das kleine, etwas zerlumpte Mädchen melancholisch versunken am Futtertrog zuschaut, von Gainsborough nach Modell gemalt worden seien. Der Künstler habe die kleinen Tierchen frei in seinem Atelier herumlaufen lassen, um sie studieren zu können; sie seien wie wild herumgesaust.[133] Auch diese Geschichte wird bis heute für bare Münze genommen. Dabei handelt es sich mit reichlicher Sicherheit um eine der vielen von Thicknesse in die Welt gesetzten Anekdoten, die nichts anderes als Gainsboroughs absolute Verpflichtung auf unmittelbare Naturwiedergabe ein weiteres Mal berufen sollen.

Zugleich aber soll Gainsboroughs Unkonventionalität betont werden. Damit wird allerdings auch etwas für die Genese des Bildes Wichtiges verdeckt. Denn das Bildformular stammt aus ganz anderen Traditionen. Es stellt eine Anspielung auf die Geschichte vom verlorenen Sohn beim Schweinehüten dar. Das Beispiel von Murillo (Taf. 17), den Gainsborough besonders geschätzt hat, macht die Beobachtung unhintergehbar.[134] Auch dort geht es um einen Moment des Innehaltens, um den Wendepunkt der Geschichte. Hatte der verlorene Sohn zunächst das väterliche Erbe in Saus und Braus und bei den Huren verprasst, so dass er sich schließlich mittellos von dort vertrieben, zum Schweinehüten verdammt sah, so bedenkt er nun sein Leben. Er geht in sich und macht sich auf zurück ins Vaterhaus, um Vergebung und Gnade zu erbitten. Das Gleichnis vom verlorenen Sohn nach Lukas 15 liefert den Inbegriff eines christlichen Bekehrungsvorgangs und der von Gott gewährten Vergebung der Sünden. Nun aber bei Gainsborough statt des verlorenen Sohnes ein kleines Mädchen, niedlich anzuschauen und wohl kaum von den Huren kommend. Der Reiz der Anspielung besteht darin, dass bei erkannter Herkunft des Motivs die Diskrepanz ins Auge springt und zu spielerischer Reflexion Anlass gibt. Gainsborough, der Spieler, nutzt das nahsichtige «fancy picture»-Motiv einige Jahre später für das, was man seine «Cottage Door»-Bilder genannt hat, und hebt durch die Einbettung der Schweinetrog-Szene in einen größeren landschaftlichen Zusammenhang die Möglichkeit einer Allusion an das christliche Vorbild auf.[135] So simpel dies erscheint, es ist von einiger intellektueller Raffinesse. Wir werden nicht nur auf die Kontextabhängigkeit von Kunst hingewiesen, sondern vor allem mit der Ambivalenz von bedeutungsmäßiger Projektion konfrontiert.

Das gilt auch für das nächste Beispiel, das «Cottage Girl with Dog and Pitcher» (Taf. 18) von 1785.[136] Bei dem Mädchen soll es sich um dasselbe Modell wie im Falle der «Pigs» handeln. Ein kleines Mädchen, wieder melancholisch vor sich hin sinnend, steht frontal zum Betrachter, im Arm ein Hündchen, in der rechten Hand einen großen braunen, tönernen Krug, der am Hals einen Ausbruch zeigt. Er ist in ähnlich schlechtem Zustand wie die Kleidung des Mädchens. Das Cottage, von dem es kommt, verbirgt sich links unter Bäumen, rechts öffnet sich der Blick in die Landschaft. Worüber sinnt das Mädchen nach? Man muss das fragen, denn sein Zustand ist das Thema des Bildes. Wieder kann man nur projizieren. Und es kann nicht ausbleiben, dass man an das geläufige Bildformular vom zerbrochenen Krug denkt. Am bekanntesten ist sicherlich Jean Baptiste Greuzes Fassung des Themas von 1773, die ähnlich frontal angeordnet ist.[137] Und, kein Zweifel, bei Greuze geht es – wie bei seinen Bildern vom Mädchen mit dem zerbrochenen Spiegel oder den zerbrochenen Eiern – um die verlorene Unschuld, in niederländisch-emblematischer Tradition des 17. Jahrhunderts. Auch Diderot lässt in seinen Beschreibungen der Greuze'schen Bilder keinen Zweifel an dieser Deutung.[138] Bei Greuze ist die Kleidung des jungen Mädchens mit dem Krug jedoch derangiert, das Raffen seines Gewandes vor der Scham und sein nachsinnender Blick machen deutlich, was es angerichtet hat. Bei Gainsborough dagegen ist die Projektion dieser Inhalte auf das Bild nur mit einiger Gewalt möglich, zumal das Mädchen sehr viel jünger ist. Hier scheint der Krug durchaus noch in Benutzung zu sein. Es ist ein Spiel mit dem Changieren von Unschuld und Schuld, das den Rezipienten auf Trab halten soll. Er wird feststellen, dass sich vor dem Mädchen die Wasserstelle befindet, von der es Wasser holen soll. Doch sein trauriges Innehalten setzt auch unser Nachsinnen in Gang, und schließlich werden wir die durchaus angelegte Anspielung verdrängen. Letztlich handelt es sich um einen ironischen Umgang mit der Kunst und ihren Zeichen auf der Basis der Erkenntnisse einer Rezeptionsästhetik.

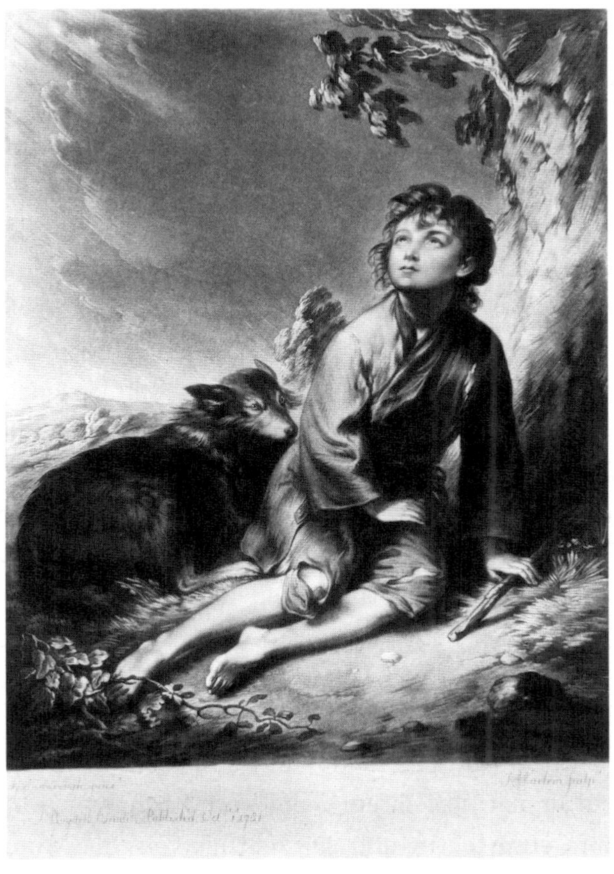

Richard Earlom nach Gainsborough, A Shepherd, 1781, Mezzotinto, 40,4 × 27,8 cm, Sudbury, Gainsborough's House Society Abb. 7

Zwei Beispiele seien noch eher im Vorübergehen erwähnt, während zum Schluss ein etwas komplizierterer Fall angesprochen werden soll, dem dann noch Gainsboroughs einzige, höchst irritierende Historie folgen soll. Das erste Beispiel ist nur im Nachstich erhalten, das Original, das auf der

Ausstellung der Akademie ein großer Erfolg war, ist verbrannt (Abb. 7).[139] Man hat immer gesehen, dass der Darstellungstypus sich an Murillo orientiert, mit dem sich Gainsborough, einer allgemeinen englischen Vorliebe folgend, in den 1770er Jahren intensiv beschäftigt hat. Besonders Murillos Darstellungen von Bettlerkindern kamen dem Bedürfnis der Zeit nach Sentiment entgegen. Doch Gainsboroughs Allusion geht über die Typenangleichung hinaus. Murillos auch in Kopien verbreiteter «Guter Hirte» (Taf. 19) hat den Blick himmelwärts gerichtet und wird vom göttlichen Strahl erleuchtet.[140] Gainsborough, der das Bild zudem kopiert hat, hat ihn auf seinen Schafhirten übertragen, aber eben nicht gänzlich und eindeutig, das Vorbild stellt bloß eine denkbare Folie dar. Blick und Licht legen die Angleichung nahe, der Austausch des Schafes durch den Hund und die Tatsache, dass jeder weitere Verweis fehlt, stellen sie wieder in Frage. Ähnlich liegt der Fall bei der nicht ohne Grund von der Forschung als «Hagar und Ismael» (Taf. 20) bezeichneten späten Darstellung.[141] Hagar, die von Abraham auf Geheiß seines Weibes Sara zusammen mit ihrem Sohn vertrieben, von Abraham aber mit Getränkekrug und Wegzehrung versehen wurde, irrt durchs Land und wird schließlich in der Wüste von einem Engel vor dem Verdursten gerettet. Bei Gainsborough scheinen sich Mutter und Sohn auszutauschen, doch worüber? Keine Quelle, kein Engel ist zu sehen. Also auch hier herrscht keine Eindeutigkeit, nur die Möglichkeit, die Eröffnung einer Bedeutungsdimension ist gegeben.

Als Gainsborough 1788 auf dem Sterbebett lag, schrieb er Reynolds einen anrührenden Brief und bat ihn um die Gunst, in sein Haus zu kommen, um sein letztes, von ihm besonders

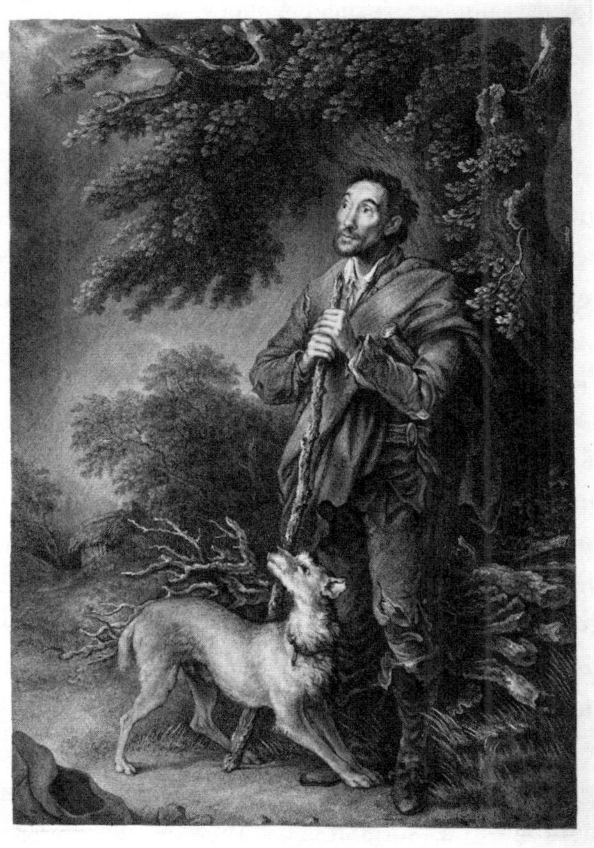

Peter Simon nach Thomas Gainsborough, The Woodman, 1790, Stipplemanier, 64,3 × 43,2 cm, Sudbury, Gainsborough's House Abb. 8

geschätztes, noch auf der Staffelei stehendes Bild zu betrachten. Das nur als Stich erhaltene Gemälde (Abb. 8) trug den Titel «The Woodman», «Der Holzsammler», und orientierte sich an William Cowpers langem, sechs Bücher umfassenden Gedicht «The Task» von 1785.[142] Sosehr dieses Gedicht eine

Naturfeier ist und ein zurückgezogenes Leben auf dem Lande propagiert und damit Gainsborough höchst sympathisch sein musste, denn auch er träumte vom «rural retirement», so sehr ist es auch von sozialkritischen Tönen geprägt. Dass es sich bei Pathos und Sentiment nicht um Äußerlichkeiten handelt, hat Cowper deutlich benannt, und Gainsborough hätte es unterschrieben. Im 1. Buch von «The Task» heißt es: «... my raptures are not conjured up / To serve occasions of poetic Pomp. / But genuine ...». Was sich übersetzen ließe: «Meine Begeisterung ist nicht heraufbeschworen, / Um Anlässen von poetischem Pomp zu dienen, / Sondern sie ist echt [man könnte auch sagen: natürlich].»[143]

Zum Schluss dieses Kapitels sei ein Blick auf Gainsboroughs einzige wirkliche Historie mit der Darstellung von Diana und Aktäon (Taf. 21) von um 1785 geworfen.[144] Das Bild leistet es auf einigermaßen raffinierte Weise, in einer Historie den Historienbild-Charakter in Frage zu stellen, um dann aus der Historie ein Naturbild werden zu lassen. Das Gemälde gilt der Forschung als unvollendet, so als hätte Gainsborough die ihm fremde Thematik aufgegeben. Es gibt allerdings kein Bild Gainsboroughs, das sorgfältiger vorbereitet wurde. Es existieren gleich drei die komplette Komposition umfassende Gouachen, die das Thema jeweils leicht variieren.[145] Die Variationen betreffen die Fixierung des genauen Moments der Geschichte. Diana, die Göttin der Jagd, hat sich mit ihren auf Keuschheit verpflichteten Gefährtinnen erhitzt von der Jagd in eine Grotte zum Bade begeben. Ohne es zu wollen, ist der Jäger Aktäon auf die nackten Badenden gestoßen, die verschreckt ihre Blöße zu bedecken suchen, während Diana mit dem Wasser der Grotte Aktäon bespritzt. Damit bewirkt sie seine Verwandlung in einen Hirsch, über den seine eigenen Jagdhunde herfallen, um ihn zu zerfleischen. Geschildert wird dies in Ovids «Metamorphosen», Gainsborough dürfte die Übersetzung von John Dryden und Joseph Addison benutzt haben.[146] Die drei berühmtesten Darstellungen des Mythos, auf jeweils riesigen Bildern, stammen von Tizian, wobei die dritte die Verwandlung des Aktäon zeigt. Und alle drei befanden sich bereits zu Gainsboroughs Zeiten in England.[147]

Offenbar ist im Zusammenhang mit Gainsborough bisher nicht aufgefallen, dass auch Tizians dritte Szene (Taf. 22) als unvollendet gilt. Nun weist Gainsboroughs Darstellung zahlreiche Pentimenti auf, er hat sich offenbar schwergetan, eine endgültige Formulierung zu finden. Erklärt wird dies üblicherweise allein damit, dass ihm die Historienmalerei eben fremd gewesen sei.[148] Ich möchte annehmen, dass es sich bei Tizian wie bei Gainsborough anders verhält. Was beide darzustellen scheinen, ist die Verwandlung von Farbmaterie in Gegenständlichkeit. Beide Bilder sind primär in ockertoniger Grisaille gemalt. Ocker wird aus Erde hergestellt, und insofern kann hier auch der biblische Schöpfungsmythos auf die Kunst Anwendung finden. Was könnte Ovids Thematik der Metamorphose angemessener sein? Das Zentrum des Bildes ist bei Gainsborough ausgeführt, zu den Rändern hin jedoch löst sich die gegenständliche Fixierung auf. Aktäon, dem schon das Geweih sprießt, ist nur angedeutet, wie auch einige der Gefährtinnen der Diana. Diese ist in der Mythologie nicht nur Jägerin, sondern auch die Verkörperung der Natur. Wir werden mithin der Verwandlung von Natur in Kunst ansichtig. Das definiert Kunst geradezu, jedenfalls in der Tizian'schen Tradition, der sich auch Gainsborough zugehörig fühlt. Und noch

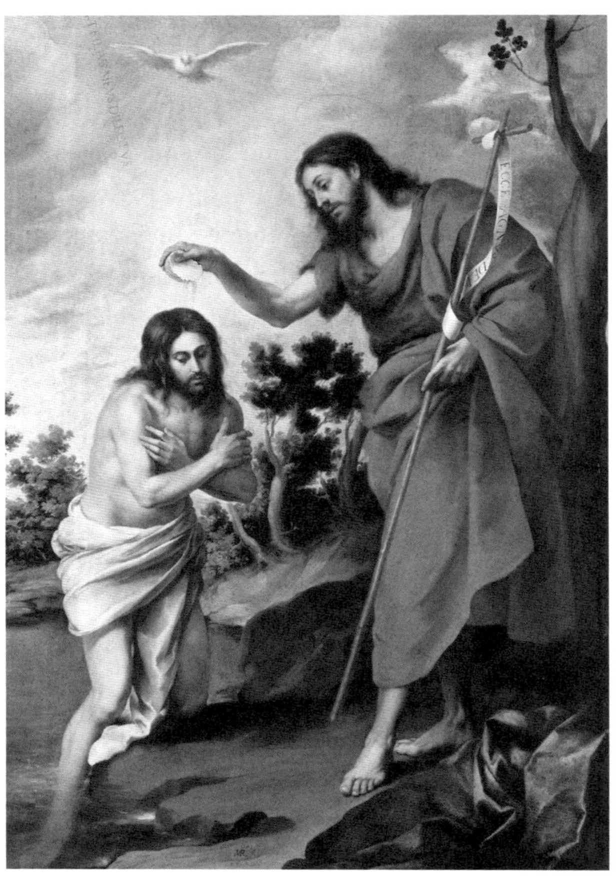

Abb. 9 Bartolomé Esteban Murillo, Die Taufe Christi, um 1655, Öl auf Leinwand, 233,2 × 160,1 cm, Staatliche Museen zu Berlin, Gemäldegalerie

ein Letztes: Auffällig ist, dass Aktäon das gespritzte Wasser der Diana geradezu demütig empfängt, leicht vorgebeugt mit gekreuzten Armen, und Diana das Wasser nicht zornblitzend spritzt, sondern gnädig spendet. Das lässt uns das verwendete Formular, die zugrunde liegende Figuration erkennen: die

Taufe Christi, so wie Murillo, Gainsboroughs großes Vorbild, sie dargestellt hat (Abb. 9).[149] Damit erweist sich die Szene im Sinne des mittelalterlichen «Ovid moralisée» als typologischer Verweis auf die christliche Vorstellung von Verwandlung.

Wir können all dies wieder nur vermuten. Offenbar sollen wir es hier aber tun und damit erkennen, dass Gainsborough, der sich den akademischen Anforderungen der Historie zeitlebens verweigert hat, als Künstler in der Lage ist, Historie zu transzendieren. Er braucht die Gattungszugehörigkeit nicht, um tieferen Sinn evozieren zu können. Weder der zugrunde liegende Mythos noch das eingeschriebene christliche Formular sind entscheidend: Gainsborough geht es um die Rückführung überlieferter Traditionen auf einen generativen Naturbegriff, der auch die Kunst hervorbringt. Insofern haben die Anekdoten «recht», wenn sie Gainsborough als gänzlich der Natur verpflichtet zeigen.

4. Kapitel

William Turners «Rain, Steam, and Speed»

Turner und das Problem der Historienmalerei

Der vollständige Titel von Turners 1844 in der Royal Academy ausgestelltem Bild lautet: «Rain, Steam, and Speed – the Great Western Railway» (Taf. 23).[1] Schon das ist aussagekräftig: Thema ist die Darstellung von Regen, Dampf und Geschwindigkeit, demonstriert an der Great-Western-Eisenbahn. Das gilt es festzuhalten, zumal ein Gutteil der umfangreichen Forschung zu dem Bild es gern vergisst. Der Titel betont, dass es nicht – oder zumindest nicht in erster Linie – um Dokumentation, sondern um Sinneserfahrung geht. Allerdings lässt Turner, bei allem wirklich ausgeprägten Interesse an den Naturwissenschaften, bei der Verbildlichung von Sinneserfahrungen die Imagination gegenüber der Observation dominieren. Er will, auch das sei schon hier bemerkt, nicht Naturphänomene bloß wiedergeben, sondern die hinter den Phänomenen wirksam werdenden Kräfte veranschaulichen, und zwar mit künstlerischen Mitteln, die diese Kräfte selbst zum Vorschein bringen können. Insofern müssen wir uns auch mit Fragen der künstlerischen Technik und der Rolle der Naturwissenschaft beschäftigen.

Bilder mit zeitgenössischen Themen werfen noch bis weit ins 19. Jahrhundert hinein ein Gattungsproblem auf. Das war Turner wohl bewusst. 1775 geboren, war er bereits 1799 außerordentliches Mitglied der Royal Academy und schon 1802 Vollmitglied, 1807 wurde er ebenda Professor für Perspektive und hielt zwischen 1811 und 1825 Vorlesungen zu seinem Spezialgebiet ab. Er hatte – das gilt es angesichts seines scheinbar alle akademischen Regeln auf den Kopf stellenden späteren Werkes zu betonen – als Architekturzeichner mit komplexen, perspektivisch perfekt ausgeführten Entwürfen begonnen. Seine Erfolge waren unmittelbar. Ab 1807 gab er eine graphische Serie mit dem an Claude Lorrain angelehnten Titel «Liber Studiorum» in Einzellieferungen heraus, die zeigen sollte, dass er in allen Gattungen zu Hause sei, derer sich die Landschaft bedienen kann: Historischem, Pastoralem, Marinen, architektonischen Landschaften (Abb. 10).[2] Er versah die einzelnen Blätter mit etwas kryptischen Großbuchstaben, die die Gattungszugehörigkeit und wohl auch die Gattungshöhe bezeichnen sollten. «P» steht mit reichlicher Sicherheit für pastorale Landschaften, «E. P.» wohl für «elevated pastoral», gehobene Pastorallandschaften in der Tradition Claude Lorrains mit historischer oder mythologischer Staffage. Wenn Turners Antipode Constable dessen «Liber» durchaus bösartig als «liber stupidorum» bezeichnet,[3] scheint er gerade auf diese Klassifizierungsversessenheit Turners hinzuweisen, die seiner, Constables, Auffassung von Landschaft völlig widerspricht und auf Turners Unsicherheit bei der Benennung der eigenen Produkte hinweist. Diese Unsicherheit bestand auch gegenüber seinen Gemälden, und auch hier versuchte Turner, die Klassifizierung und Rezeption in seinem Sinne zu steuern.

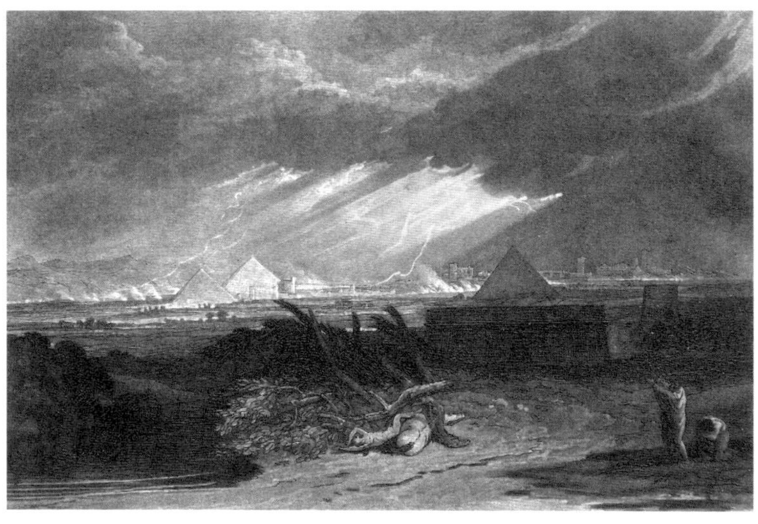

Abb. 10 William Turner, Die fünfte Plage von Ägypten, 1808, aus: Liber Studiorum, 3. Teil, Taf. 16, Radierung und Mezzotinto, 18,1 × 25,3 cm

Auf zwei Weisen wollte er zeitgenössische Themen, die traditionell niedrig eingestuft wurden, nobilitieren. Schon 1811 hatte er in einem Brief geschrieben, er liebe Allusionen als Spur des Verstehens. So konnte er im Modernen klassische Anspielungen verstecken.[4] Wer sie freilegt, kann den tieferen Sinn begreifen und erkennen, dass das Moderne auf diese Weise transzendiert wird. Dabei befriedigt den Rezipienten besonders, dass der Bildsinn durch seine Eigenleistung hervorgebracht wird. Diese Vorstellung entstammt zwar der Rezeptionsästhetik des 18. Jahrhunderts, heißt es doch bereits 1759 in Alexander Gerards «Essay on Taste», der Betrachter liebe bloße Anspielungen und genieße es, wenn ein Werk «leaves the full meaning to be guessed at» – wenn es «die vollständige Bedeutung zu erraten übrig lässt».[5] Und bei Reynolds,

Turners großem akademischen Vorbild, heißt es im 14. Diskurs von 1788, Roger de Piles folgend, «the imagination supplies the rest».[6] Doch Turner geht einen Schritt weiter, denn er lässt die Allusion bewusst im Ungewissen. Ästhetisch ist dies mit William Gilpins 1791 geprägtem Begriff der «indistinctness», der Unbestimmtheit, besonders im Zusammenhang mit erhabenen Sujets zu rechtfertigen.[7] Und dies gilt auch für die Darstellungsweise, den skizzenhaften Modus, der Turner immer vorgeworfen wurde.

Die Allusion ist die eine Form der Nobilitierung von Zeitgenössischem, die andere erfolgt ebenfalls indirekt, und zwar in Form von Turners Ausstellungspolitik. Seine Einlieferungen zur Jahresausstellung der Akademie waren jeweils sorgfältig aufeinander abgestimmt. Um nur die programmatischen Ausstellungen des Spätwerkes zu erwähnen: 1838 und 1839 stellte Turner, wie um die Gegenüberstellung grundsätzlich zu betonen, zunächst Bilder mit den Titeln «Modern Italy – the Pifferari» und «Ancient Italy – Ovid Banished from Rome» aus, dann «Ancient Rome – Agrippina Landing with the Ashes of Germanicus» und «Modern Rome – Campo Vaccino».[8] Hirten und ein für seine Flötenmusik bekannter Pifferaro ganz links im zuletzt genannten Bild stellen den Zusammenhang mit dem vorjährigen Exponat her. Ein Archäologe klettert auf eine Leiter, um eine Säule zu untersuchen. Doch der Maler, der in der Bildmitte antike Fragmente zeichnet, ist eine Anspielung auf Claude Lorrains «Campo Vaccino», wo ein Maler ebenfalls im Freien malt, was bis ins 18. Jahrhundert hinein gänzlich ungewöhnlich war. Die graphische Reproduktion hat als Illustration zu Joachim von Sandrarts «Teutscher Academie» von 1675 gedient.[9]

1842 stellte Turner neben Venedigbildern «Snow Storm – Steam Boat» (Taf. 24) aus, mit einem Dampfschiff in dramatischem Sturm, wie die Eisenbahn in «Rain, Steam, and Speed» ein Produkt moderner industrieller Fertigung.[10] Ferner zeigte er wieder ein Bilderpaar: «Peace – Burial at Sea» (Taf. 25), die Seebestattung des Künstlers David Wilkie bei Gibraltar nach dessen Rückkehr aus dem Heiligen Land, und «War. The Exile and the Rock Limpit» (Taf. 26) mit dem isolierten Napoleon auf St. Helena, wo er starb – das Gemälde ist eine Anspielung auf die Rückführung von Napoleons sterblichen Überresten 1840 nach Paris zur feierlichen Beisetzung im Invalidendom.[11] Die Gegenüberstellung von Frieden und Krieg ist auch eine von extrem unterschiedlichen Farbpaletten: schwarz-blau, kühl herabgestimmt bei Wilkie, aggressiv blutrot bei Napoleon, der schier in Blut watet. Dabei historisiert Turner einerseits beide Protagonisten und den Umgang mit ihnen in der Gegenwart und schlägt ihre Darstellung so der Historienmalerei zu, andererseits aber gesellt er auf für ihn typische Weise, die uns bei «Rain, Steam, and Speed» wiederbegegnen wird, den Gegenständen ironische, gar komische Verweise bei. Bei «Peace» ist es eine Ente im Vordergrund, die aus dem Wasser hochfliegt – wenn man unbedingt will, kann man sie als Verweis auf Wilkies sich erhebende Seele lesen, eher aber doch als Signatur Turners, denn der Name für eine Stockente lautet auf Englisch «mallord», was Turners zweiter Vorname war: Joseph Mallord William Turner. Entsprechend findet sich vor Napoleon im flachen Wasser winzig klein ein Einsiedlerkrebs als Hinweis auf Napoleons Abgeschiedenheit auf St. Helena.

Doch die Anspielungen gehen weiter. Dem Bild scheint ein Verweis auf Turners paranoiden, eifersüchtigen Konkurrenten

Benjamin Robert Haydon eingeschrieben zu sein, der sich auf Napoleon-Bilder spezialisiert hatte und dessen Ego wie dasjenige Napoleons keine Grenzen kannte. Am berühmtesten ist seine Darstellung des grübelnden Napoleon bei Sonnenuntergang von 1829.[12] Der Blick aufs weite Meer mit allem Pathos dieser Welt bei Haydon wird bei Turner durch einen trüben Tümpel ersetzt. Was aber bewirkt ein derartiges Irritationsmoment für ein Turner'sches Bild? Hebt es den Ernst auf? Stellt es Thematisches grundsätzlich in Frage? Und tritt an dessen Stelle eine malerische Demonstration im doppelten Sinne, zum einen eine Entwertung des Thematischen als Problem der Gegenwart, als Relativierung alles Geschichtlichen, das seine Exemplarität verloren hat, und zum anderen als Reflexion über den Status der Kunst in der Gegenwart, bei der die gänzliche Subjektivität an die Stelle tradierter Kunstnormen tritt?

Im Jahr vor «Rain, Steam, and Speed», 1843, stellte Turner erneut, wie auch in der Folgezeit, eine bewusste Antithese aus, wieder ein kalttoniges gegenüber einem warmtonigen Gemälde: «Shade and Darkness – The Evening of the Deluge» und «Light and Colour (Goethe's Theory) – The Morning after the Deluge – Moses Writing the Book of Genesis» (Taf. 27).[13] Sicher sind die Bilder antithetisch angelegt, von Licht und Finsternis ist die Rede, von Abend und neuem Morgen. Aber wie wir auch aus Turners Anmerkungen zu Charles Eastlakes Übersetzung der Goethe'schen «Farbenlehre» von 1840 schließen können, entwickeln sich die Farben für Turner nicht, wie für Goethe, gleichermaßen von den beiden Polen Weiß und Schwarz, Plus und Minus aus. Vielmehr entstehen sie für Turner allein aus dem Licht, aus der Sonne und ihrer Kraft;

allerdings ist der positiven Energie immer auch Negatives beigemischt.[14] Damit erweist sich Turner einerseits als Anhänger der Newton'schen Theorie der Farbbrechung, nach der sich alle Farben aus dem Weiß des Lichts durch Brechung im Prisma in unterschiedlichem Brechungswinkel bilden. Andererseits bindet Turner das Farbproblem an die Farbvorstellungen und vor allem die materielle Farbproduktion der Gegenwart. Wenn in «Light and Colour» im Zentrum des Vortex Moses den Text der Genesis schreibt, nicht ohne die Warnung der ehernen Schlange vor sich zu haben, dann dürfte es sich zugleich um einen für Turner typischen *pun* handeln: eine Anspielung auf Moses Harris, der wohl 1776 das einschlägige Traktat zur Chromatik geschrieben hat, «The Natural System of Colours».[15] Harris ist ein Anhänger der Überzeugung, aus den drei Grundfarben Rot, Gelb, Blau könnten durch Subtraktion alle anderen Farben gemischt werden, einer Lehre, von der heute noch der Dreifarbendruck lebt. Turners Palette fußt auf dieser Grundüberzeugung – zu den beiden Nichtfarben Weiß und Schwarz treten die drei Grundfarben und ihre Mischungen, wobei Turner bei seiner Lasurtechnik feinste Übergänge gerade durch die Reduzierung von Pigmenten erzielte.

In unserem Zusammenhang ist es auch bezeichnend, dass Turner fast durchgehend eine weiße Grundierung wählt, darüber zumeist opake Farben aufträgt, um dann zur tonalen Abstimmung farbige Lasuren zu verwenden. Nicht selten allerdings, so auch bei «Rain, Steam, and Speed», legt er über die weiße Grundierung im Himmel ein dunkleres Blau, um dann mit den Lasuren, bei denen das Blau mehr oder weniger deutlich durchscheint, entweder einen leichten atmosphärischen

Schleier darüberzulegen oder durch opakes Weiß-Grau festere Wolken zu bilden, die an einigen Stellen aufreißen, um das Blau des Himmels durchzulassen. Da Turner die Farben stark mit Öl durchsetzte, trockneten sie nur langsam und blieben für den weiteren Malprozess feucht, so dass er weitere Farben bzw. Lasuren in die feuchte Farbe eintragen konnte, die sich mit dieser mischten. Zugleich entstand auf diese Weise ein verwischter Farbkörper, der Übergänge verschleift und Formen nicht wirklich fixiert. Das erklärt das skizzenhafte Erscheinungsbild der Gemälde von Turner, das in vielen Fällen ein Äquivalent zu extremer Bewegung, zum Transitorischen oder zu transformatorischen Vorgängen darstellt. Materie ist in stetem Wandel begriffen und damit auch Anzeichen für die sie treibenden Kräfte.[16]

Die Verweiskraft von «Rain, Steam, and Speed»

«Rain, Steam, and Speed» (s. Taf. 23) wurde 1844 zusammen mit «Van Tromp Going about to Please his Masters» ausgestellt, einer anekdotischen Geschichte aus dem holländischen 17. Jahrhundert über Admiral Tromp, der sich im englisch-holländischen Krieg 1666 über Befehle hinwegsetzte.[17] Derartige Themen gaben Turner die Möglichkeit, hollandisierende Seestücke zu malen. Begleitet wird das Bild von einem zweiten holländischen Seestück mit dem bezeichnenden Titel «Fishing Boats Bringing a Disabled Ship into the Port Ruysdael». Natürlich hat es einen Hafen Ruysdael nie gegeben, es handelt sich um Turners Hommage an den holländischen Marinemaler Jakob van Ruisdael.[18] Beide Bilder zeigen aufgewühlte See, doch während beim Van-Tromp-Bild der Himmel aufreißt und Sonnenlicht über die Szene gießt, bleibt es beim zweiten düster, der Ausgang der Rettungsaktion ist ungewiss. Eine Ostende-Szene, die Turner ebenfalls in die Ausstellung gab, siedelt das Geschehen in der Gegenwart an, eine Venedig-Darstellung, als fünftes Bild, verklärt die Gegenwart. So waren in der Ausstellung unterschiedliche Dimensionen von Vergangenem und Gegenwärtigem versammelt, die nicht nur Turners Vielfalt dokumentieren, sondern die Frage an die Betrachtenden richten, ob nicht Gegenwärtiges das gleiche Bildrecht wie Vergangenes besitzt. Das ist ein durchaus historistischer Gedanke, der auch die vorgeführte Gattungsdifferenzierung in Frage stellt, zumal angesichts der alle Bilder durchwaltenden Malweise, die in ihrem skizzenhaften Modus die Dominanz des Thematischen aufhebt. Turner integriert in den Kanon der Kunst Unkanonisches, am ausgeprägtesten sicher im Falle von «Rain, Steam, and Speed». Das Bild ist nicht leicht zu lesen, es ermöglicht eine Reihe von Allusionen. Was seine Genese und Bedeutung betrifft, so hat sich manches im Laufe der Zeit daran angeschlossen, von dem schwer zu sagen ist, ob es wirklich Bestandteil des Bildes ist oder nur von außen herangetragen wurde.

Der historische Zusammenhang des Gezeigten ist eindeutig. So verwischt der Eindruck durch Regen, Dampf und Geschwindigkeit auch ist, die Lokalität lässt sich bestimmen, die Bahnlinie identifizieren, die Lokomotive einer bestimmten Klasse zuordnen, die Brücke benennen. In mehrfacher Hinsicht verewigt Turner eine Großtat der Ingenieurskunst. Die Eisenbahngeschichte in England hatte gerade erst begonnen. Der erste Zug war 1825 zwischen Stockton und Darlington im

Kohlerevier als reines Gütertransportmittel gefahren. Die erste etwas größere Strecke entstand 1830 zwischen Liverpool und Manchester. Die Great Western Railway wurde als Unternehmen 1833 gegründet und erhielt 1835 die Konzession für den Bau der Strecke London – Bristol. Chefingenieur war der junge Isambard Kingdom Brunel, der Bau der Strecke begann parallel an ihren beiden Enden. Die erste Strecke, die fertiggestellt wurde, führte von London Paddington nach Toplow bei Maidenhead an der Themse. Die Hauptwerkstatt wurde 1837 auf halber Strecke in Swindon eingerichtet. Leiter wurde dort der Ingenieur Daniel Gooch, der für den Entwurf der Lokomotiven zuständig war. Ab 1840 entwickelte er die sogenannte Firefly Class, deren Prototyp die «Hirondelle» als Schnellzuglokomotive war und die sich danach ausdifferenzierte. Insgesamt wurden 62 Lokomotiven dieser Klasse zwischen 1840 und 1842 gebaut und je nach Typ unterschiedlich benannt. Die beiden häufigsten Typen waren Greyhound seit 1841 und Argus ab 1842 (Abb. 11), wobei Argus, das Erfolgsmodell, doppelt so oft hergestellt wurde wie Greyhound. Die Umsetzung von Goochs Entwürfen besorgten Maschinenbaufirmen in Manchester oder Leeds. Die Streckenplanung und ihre technische Durchführung lag in den Händen von Isambard Brunel, mit wagemutigen Entwürfen für Tunnel, Geländedurchschnitte und Brücken. Der Tunnel bei Box und die Maidenhead-Brücke in London galten als Brunels Meisterwerke.[19]

Die Maidenhead-Brücke ist auf Turners Gemälde eindeutig dargestellt, so wenig Daten das Bild auch liefert. Die Brücke bestand aus zwei je 130 Fuß umspannenden flachen elliptischen Bögen aus Backstein, von denen Turner nur einen zeigt. Als der Bau 1839 vollendet war, stellten die Bögen die

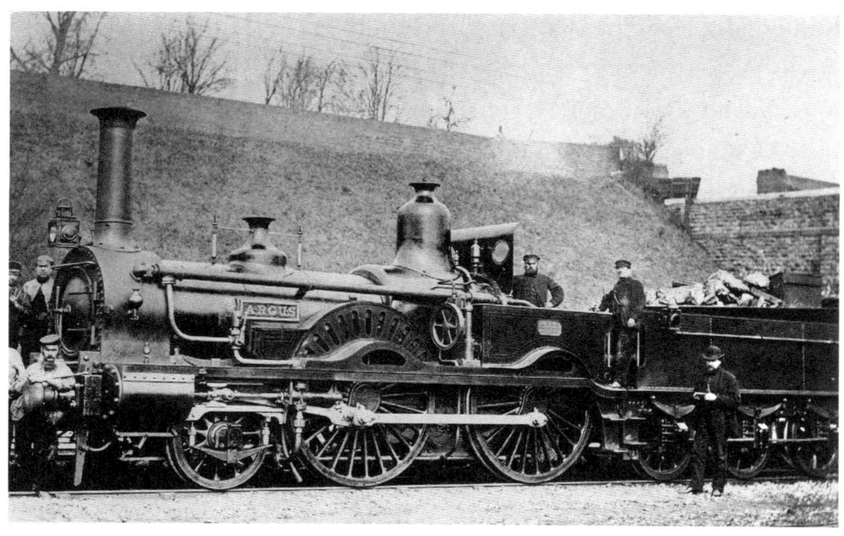

Abb. 11 Argus, Firefly Class, ab 1842 hergestellt

größte bis dahin gewagte Spannweite in Ziegelstein dar. Man sagte ihren baldigen Kollaps voraus. Doch die Brücke hielt nicht nur der ersten und allen folgenden Überfahrten stand, sondern auch den dramatischen Stürmen des der Vollendung folgenden Jahres. Nichts von derart aufwühlenden Vorstellungen bewahrt die Darstellung der Brücke von John Cooke Bourne aus dem Jahr 1846 auf, ein unschuldiges Dokument des Aussehens der Brücke aus der Ferne mit einem winzigen Zug, der sie überquert. Dass Turner mit seinem Bild etwas ganz anderes wollte, ist überdeutlich. Und dass seine Absicht durchaus erkannt wurde, zeigt sich besonders drastisch in den durchaus kritisch-ironisch gemeinten Bemerkungen des Literaten und Kritikers William Makepeace Thackeray, der in der Juni-Nummer von «Fraser's Magazine» 1844 zu Turners

Bild schrieb: «He has made a picture with real rain, behind which is real sunshine, and you expect a rainbow every minute. Meanwhile there comes a train down upon you, really moving at the rate of fifty miles an hour, and which the reader had best make haste to see, lest it should dash out of the picture, and be away up Charing Cross through the wall opposite. All these wonders performed with means not less wonderful than the effects are.»[20] Entsprechendes hat man im Übrigen auch vor Menzels Bild der «Berlin-Potsdamer Eisenbahn» empfunden, auch da sah man den Zug aus dem Bild herausschießen.[21]

Thackeray ist auch mit der Geschwindigkeit des von Turner dargestellten Zuges vertraut. In der Tat lag die Durchschnittsgeschwindigkeit der neuen Modelle bei 50 Meilen pro Stunde, was genau 80 Stundenkilometern entspricht. Zu Recht wird im Zusammenhang mit der rasenden Geschwindigkeit der Eisenbahnen immer wieder Heinrich Heines Kommentar zitiert, der in Paris angesichts der raumtötenden und Entfernung fressenden Eisenbahn den Eindruck hatte, «vor meiner Tür brandet die Nordsee».[22] In Turners Darstellung, wo der Regen Schleier über das Bild wirft und die Dinge in ihrem Umriss auflöst, sind dennoch Details eingeschrieben, die der Irritation über die neue, verunsichernde Erfahrung Ausdruck geben. Die gesamte Landschaft ist durch «indistinctness» geprägt, allein der Zug und seine schnurgerade Strecke konkretisieren sich nach vorne hin. In der Ferne scheint sich die Spur undefinierbar bis ins Unendliche zu erstrecken. Das ist bildstrategisch geschickt und unausweichlich veranschaulicht, denn der durch den Verlauf der Bahntrasse markierte Fluchtpunkt ist exakt in der Bildmitte zu verorten. Bei aller Auflösung der Form durch das Atmosphärische kommt der Fluchtpunkt subkutan zur Wirkung und gibt dem Bild Ordnung.

Genauere Betrachtung lässt jenseits der Bahntrasse drei Dinge sichtbar werden. Links, eher der alten Straßenbrücke von 1772 zugeordnet, ist auf dem Fluss ein Ruderboot zu erkennen. Nicht weit davon am Ufer sieht man eine Reihe von kleinen menschlichen Figuren, zum Teil mit erhobenen Armen, sie sind voller Erstaunen und vielleicht auch erschrocken dem rasenden Zug auf der Brücke zugewandt. Rechts der Trasse ganz am Bildrand wird schließlich ein Pflug mit zwei vorgespannten Pferden von einem Bauern über das Feld geführt. Die Vermutung liegt nahe, dass Turner demonstrieren wollte, dass das Zeitalter des Pfluges und auch des Ruderbootes vorbei war. Denn gerade auf Flüssen setzte sich mit großer Geschwindigkeit das *steam boat* durch (Abb. 12).[23] Pferdekraft und Menschenkraft wurden durch die Dampfmaschine abgelöst. Zudem war das Dampfboot im Gegensatz zum windabhängigen und kreuzenden Segelboot in der Lage, die günstigste Spur zu halten. Es konnte das Wasser durchschneiden wie der Zug die Landschaft. Alle Dampfschiffe und auch die Züge waren in dieser Zeit pechschwarz, und in ihrem ungestümen Vorwärtsdrängen eignete ihnen etwas Aggressives. Die Zeitgenossen konnten dies positiv oder negativ sehen oder auch als unvermeidlich akzeptieren. Es spricht vieles dafür, dass Turner letzterer Position zuneigte. Über Jahre stellte er Dampfboote dar, wirklich reihenweise in seiner graphischen Folge «Rivers of France» von 1833–1835. Die Dampfschiffe beherrschen in dieser Serie die Flüsse. In seinen Gemälden dagegen ist Turner lange vorsichtig – über Jahre verbergen sich die Dampfschiffe mit ihren kerzengeraden schwarzen

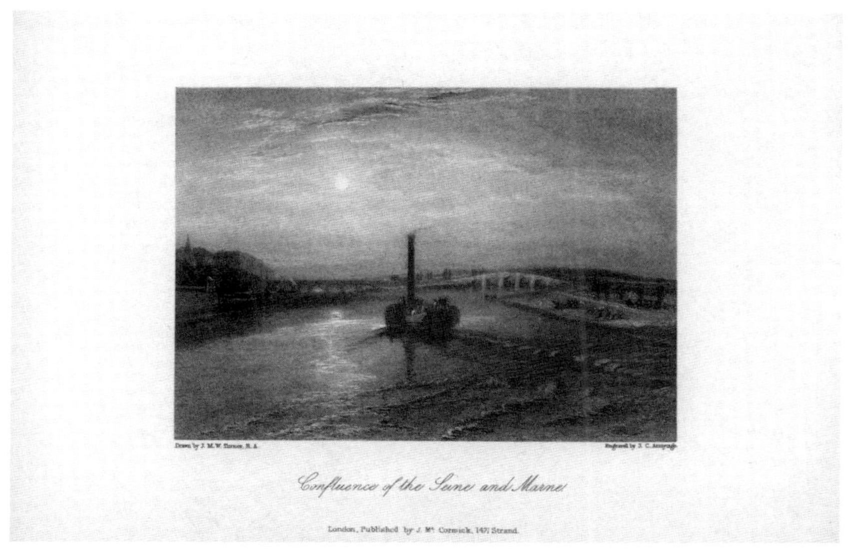

William Turner, Confluence of the Seine and Marne, 1837, aus: Rivers of France, Stahlstich Abb. 12

Schornsteinen hinter Segelbooten, bildbeherrschend werden sie ein erstes Mal in Turners Staffa-Bild von 1832 (Taf. 28).[24]

Die wegen ihrer Fingalshöhle und ihrer eindrucksvollen Basaltreihen berühmte Hebrideninsel Staffa, die seit Joseph Banks' Reise von 1772 schrittweise touristisch erschlossen wurde, war bis in die 1820er Jahre nur unter Gefahren per Ruderboot zu erreichen. Danach gab es geregelte Dampfschiffreisen mit fester Route. Der sächsische König langte mit seinem Leibarzt Carl Gustav Carus just im Jahr 1844 auf Staffa an.[25] Turner war 1831 dort gewesen, um Material für die Illustrationen der poetischen Werke des ihm vertrauten Sir Walter Scott zu sammeln. Das Titelblatt zeigt den Blick vom Inneren der Fingalshöhle zum Ausgang in einer Vignettenform (Abb. 13).

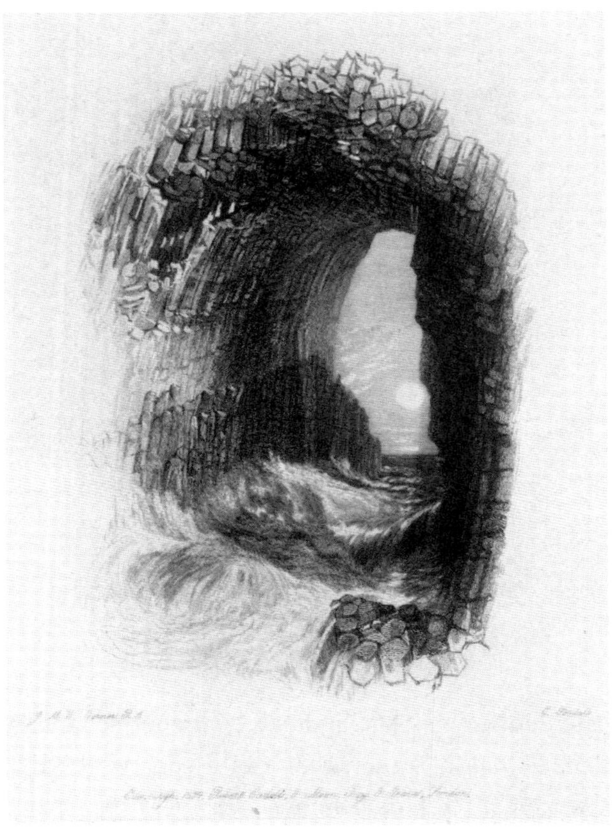

Abb. 13 Edward Goodall nach William Turner, Fingal's Cave, Staffa, Titelblatt für Walter Scotts Poetical Works, 1834, Kupferstich, 12,3 × 8 cm

Die an sich schnurgeraden Basaltsäulen, oft mit Orgelpfeifen verglichen, geraten bei Turner in einen Strudel, geradezu in einen Vortex, den der Künstler oft verwendet, um die absoluten Kräfte der Natur zu veranschaulichen. Die ambivalente Erfahrung der Naturkräfte wurde zu Turners zentralem Thema besonders im Spätwerk. Die Dampfkraft schien beherrschbar, doch gab es Zugunfälle und Dampfkessel-Explosionen, auch bei der Great Western Railway – so 1841 auf der Strecke Bristol – London bei Reading mit mehreren Toten.[26] Der Fortschritt musste erkauft werden, unter anderem durch Naturopfer.

Das gefiel nicht jedem. Unter den «Miscellaneous Sonnets» von William Wordsworth findet sich unter Nummer 45 das Sonett «On the Projected Kendal and Windermere Railway», verfasst am 12. Oktober 1844, und dort heißt es schon im ersten Satz: «Ist denn kein Winkel des englischen Grund und Bodens mehr sicher vor einem unbesonnenen Anschlag?» Und etwas später: «Vereitle die Drohung, heitere Szenerie, vom Orrest Head [einem Berg im Lake District], dem entzückten Blick des rastenden Wanderers gegeben». Und dann zum Schluss: «... wenn die menschlichen Herzen tot sind, sprecht, / flüchtige Winde, ihr Ströme mit einer starken und festen Stimme, protestiert gegen das Falsche.»[27] Man kann Wordsworth verstehen, und spät hat man ihn erhört, denn heute ist der Lake District der größte Nationalpark Englands und gehört zum Unesco-Welterbe. 1844 war die Bahn nicht aufzuhalten, sie durchschnitt den Park schnurgerade von Süden nach Norden, und Wordsworth bekam, ebenfalls in Gedichtform, eine drastische Antwort auf sein kulturpessimistisches Gedicht: Sein Anspruch sei elitär und stockkonservativ. Die Bahn mit ihren günstigen Routen und Preisen ermögliche auch den weniger Wohlhabenden den Zugang zu diesem Erholungspark, der sonst mehrere Tagesreisen von der Hauptstadt entfernt sei. Die Eisenbahn sei ein demokratisches Instrument.[28] Und so kämpfen noch heute Naturschutz und Tourismus miteinander.

Ein gegenständliches Detail von Turners Bild ist noch nicht erwähnt worden: der vor der heranstürmenden Lokomotive in gestrecktem Galopp fliehende Hase (Taf. 29), schwer zu erkennen, aber doch eindeutig vorhanden. Was mag er bedeuten? Die Kultur entfaltet sich nur auf Kosten der Natur, die Industrie zerstört die Natur? Ganz abwegig ist das nicht, denn auch Turner realisierte, dass die überhandnehmenden Dampfboote und Eisenbahnen die Luft verpesteten, den Himmel verdunkelten und Dreck erzeugten, bei allem Vorteil, den sie boten. Aber ebenso wahrscheinlich ist es, dass Turner einen seiner nicht seltenen *puns* angebracht hat. Nehmen wir an, die Lokomotive sei aus der Serie der Greyhounds, dann jagt hier ein Greyhound einen Hasen, schließlich handelt es sich dabei um einen englischen Nationalsport, wobei zumindest gelegentlich der Hase die Chance hat zu entkommen (Abb. 14). Von einem Hasen nimmt man an, dass er bis zu 80 Stundenkilometer schnell sein kann, was zu diesem Zeitpunkt, wie erwähnt, exakt dem Tempo der Schnellzüge entsprach. Schon wenige Jahre später erreichten die Züge mehr als 100 Stundenkilometer, der Hase hätte keine Chance mehr gehabt. Im Übrigen lässt Turner auf zwei seiner Bilder wirkliche Greyhounds Hasen jagen.

Und doch ist, wie ich andernorts ausgeführt habe, auch eine weitere Deutung denkbar. Der Hase könnte auch eine Paraphrase auf Turners Antipoden Constable und dessen 1836 in der Akademie ausgestelltes Aquarell «Stonehenge» (Taf. 30) sein.[29] Dort, in einer wilden Wetterdemonstration, die Turner kaum hätte überbieten können, mit einem doppelten Regenbogen und abziehenden dräuenden Wolken über Stonehenge, flüchtet links ein Hase aus dem Bild, und rechts im Hintergrund scheint winzig klein ein Zug sich seinen Weg zu bahnen. Nördlich von Stonehenge kann es sich dabei nur um die zu diesem Zeitpunkt

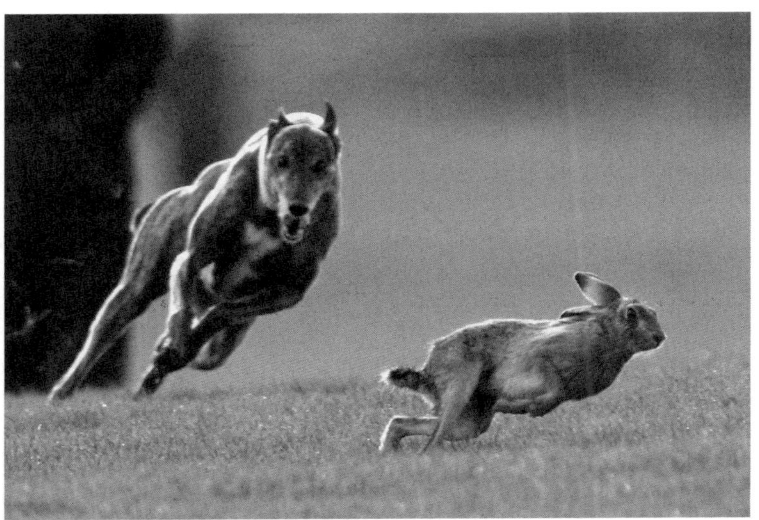

Greyhound jagt einen Hasen Abb. 14

erst geplante Great-Western-Strecke von Bristol nach London handeln. Doch Stonehenge hebt alle Zeitvorstellungen auf. Constable schreibt zur Begleitung seines Aquarells im Katalog der Akademieausstellung: «Das mysteriöse Monument von Stonehenge, fern steht es auf kahler, grenzenloser Heide, so unverbunden mit den Ereignissen der Vergangenheit wie mit den Bräuchen der Gegenwart, es führt dich zurück über alle historischen Nachrichten hinaus in die Dunkelheit einer vollständig unbekannten Zeit.»[30] Diese Beschwörung der ewigen Natur, die alle Geschichte aufhebt, konnte von Turner nur gekontert werden durch ein neuzeitliches Geschichtsdenken, das sich der Gegenwart nicht entzieht.

Was aber, wenn wir annehmen, nicht eine Greyhound-Lokomotive, sondern eine vom Typ Argus sei vorgeführt?

Welche Assoziationen würde das auslösen? Vertraut war Turner mit dem antiken Argus-Mythos durchaus. 1840 hat er in der British Institution sein Gemälde «Merkur und Argus» noch einmal ausgestellt, nachdem er es 1836 bereits in der Royal Academy gezeigt hatte, 1841 wurde es nachgestochen.[31] Der scharf sehende, hundertäugige Riese Argus wird von Juno dazu bestimmt, die aus Eifersucht in eine weiße Kuh verwandelte Io zu bewachen, der ihr Gemahl nachgestellt hatte. Von Merkur jedoch wird er eingeschläfert und getötet, worauf Juno dem Toten die hundert Augen entnimmt und dem Gefieder des Pfauen einpflanzt, wie in Rubens' berühmter Darstellung zu sehen, in der Juno von Iris assistiert wird, der Verkörperung des Regenbogens. Rubens nutzt die Darstellung als Farbdemonstration im Gefolge des ihm vertrauten Farbtheoretikers Aguilonius, der ebenfalls die drei aristotelischen Grundfarben Rot, Gelb und Blau zur Mischung aller Farben propagierte. Kein Wunder also, dass Rubens' Regenbogen über Juno und Iris nur aus drei Farben besteht: Rot, Gelb und Violett.[32] Turner dürfte sich, wenn ihm diese Zusammenhänge denn vertraut gewesen sind, bestätigt gefühlt haben. Ist das zu viel assoziiert? Nicht unbedingt, denn Turner sieht das Bild als einen Wirkungskörper, der uns auf den Weg schickt, wohin, ist tendenziell offen. Mit Vorliebe eröffnet er bei zeitgenössischen Themen mythologische oder literarische Assoziationsräume – schon um damit dem Zeitgenössischen überzeitliche Würde beizugesellen.

Ein Beispiel für diese Form der Nobilitierung, das ich an anderer Stelle ausführlich untersucht habe, ist «Snow Storm – Steam Boat – Off a Harbour's Mouth making Signals in Shallow Water, and going by the Lead [dem Senkblei]. The Author was in this Storm on the Night the Ariel left Harwich» von 1842 (s. Taf. 24).[33] Der ewig lange Titel legt Wert darauf, die Authentizität der Darstellung zu beschwören, bei der auf den ersten Blick im Getümmel der Elemente wenig zu erkennen ist. Die Forschung ist insofern irritiert, als ein Schiff «Ariel» in diesen Jahren den Hafen von Harwich nicht verlassen hat. Untergegangen dagegen ist ein Dampfboot mit Namen Fairy, und zwar am 12. November 1840. So fragt sich die Forschung, warum Turner den Namenswechsel vorgenommen habe. Auch ist ihr bewusst, dass Turner, der berichtet, er habe die Besatzung der «Ariel» überredet, ihn an den Mast des Schiffes zu binden, um den Sturm mit seinen ganzen Sinnen aufnehmen zu können, damit einen verbreiteten anekdotischen Topos aufgreift. Dieser rekurriert letztlich auf Odysseus, der sich an den Mast seines Schiffes binden ließ, um nicht dem Gesang der Sirenen zu verfallen.[34] Gleich mehrere Seebild-Spezialisten haben die Geschichte für sich in Anspruch genommen, um die Authentizität ihrer Darstellungen zu bezeugen: Claude Joseph Vernet, Ludolf Backhuysen und Baron Théodore Gudin, alle drei waren für ihre dramatischen Seebilder bzw. Schiffsuntergänge berühmt.[35]

Doch wichtiger ist der indirekte Verweis auf den Ariel in Shakespeares *fairy tale* «Der Sturm». Dort wird der Luftgeist Ariel von Prospero gefragt, ob er den ihm aufgetragenen Sturm entfacht habe. Ariel antwortet, als wolle er Turners Bild beschreiben: «Ich enterte das Schiff … Auf dem Verdeck, in jeglicher Kajüte / Flammt' ich Entsetzen … und brannt' an vielen Stellen; auf dem Mast, / An Stang und Bugspriet flammt' ich abgesondert …».[36] Von schweflichtem Gekrach ist die Rede, vom Erbeben der Wogen, von Sturmgetöse, von Blitz und

Donner. Der Feuerschein auf Turners Schiff und die aufsteigende Leuchtrakete, das Stampfen des Dampfbootes, das tosende Meer und der Vortex, der alles zu verschlingen droht: All dies ist zu verstehen als eine zeitgemäße Antwort auf Shakespeare, der jedoch das Naturchaos selbst bereits vollständig eingefangen hatte.

Auch an «Rain, Steam, and Speed» haben sich Anekdoten angeschlossen, die die Authentizität der Erfahrung von rasender Schnelligkeit bei wildem Wetter bezeugen sollen. Anekdoten sind nicht selten in ein Bild gefasste Erinnerungen, deren Wahrheitsgehalt relativ ist, die aber doch etwas Erfahrenes bezeugen sollen. Sie tendieren dazu, im Laufe der Zeit durch beständige Wiederholung zu Glaubenswahrheiten verdichtet zu werden. So berichtet Lady Simon in einem ausführlichen Text, den sie Turners Exegeten John Ruskin geschickt hat, von einer Eisenbahnreise, die sie im Juni 1843 unter dramatischen Wetterverhältnissen, sturmumtost, mit der Great Western Railway von der Station Bean Bridge über Bristol nach London unternommen habe.[37] In ihrem Abteil hätten zwei ältere Herren gesessen, wobei der Herr ihr gegenüber «the most wonderful eyes, I had ever seen», besessen habe.[38] Kurz hinter Bristol habe er bei starkem Sturm und Regen das Fenster aufgerissen, er sei zwar durchnässt worden, habe aber begeistert vom Sturm der Elemente und einem mit großer Geschwindigkeit entgegenkommenden Zug gesprochen. Sie habe es ihm gleich nachgetan. Danach habe der Herr für zehn Minuten die Augen geschlossen, offenbar um das Erfahrene zu verinnerlichen. Im Jahr darauf sei sie in der Ausstellung der Royal Academy gewesen, habe Turners «Rain, Steam, and Speed» gesehen und sogleich gewusst, dass das Bild direkt auf das gemeinsame Erlebnis in der dramatischen Nacht im Zug zurückgehe und dass der Herr mit den schönen eindringlichen Augen ihr gegenüber Turner gewesen sei.

Ein Teil der Forschung hat Zweifel an der Authentizität des Berichts geäußert; Turners Bild gebe weder eine Nacht- noch eine wirkliche Sturmszene wieder, auch die Lokalisierung sei falsch. Andere schenken Lady Simon mehr Glauben und verweisen auf die künstlerische Freiheit Turners. Eine allerneueste, man muss wohl sagen, eisenbahngeschichtliche Untersuchung von 2018 hat über ein ausführliches Fahrplanstudium, die Verfolgung der Streckengeschichte, die Kenntnisnahme von Wetterkalendern und anderen Aufzeichnungen Lady Simons Bericht Punkt für Punkt bestätigt und geht deswegen von dessen gänzlicher Authentizität aus.[39] Nur: Ob Turner an Bord des Zuges war, wird noch nicht einmal als Frage aufgeworfen, es ist im Übrigen mehr als unwahrscheinlich, denn wir haben kein Zeugnis von einer entsprechenden Reise Turners, wo wir doch sonst über seine Reisen gut unterrichtet sind.

Fazit: Die Geschichte besteht aus *fact and fiction*. Sie ist im Zusammenhang mit «Rain, Steam, and Speed» gut erfunden und will die Überzeugungskraft dieses Bildes auf den Punkt bringen. Die erdichtete Anekdote soll die tiefere, vor dem Gegenstand erfahrene Wahrheit in ein Bild fassen. Das ist durchaus in Turners Sinn.

Zudem ist dem Bild noch eine Anspielung auf eine Illustration zu Miltons «Paradise Lost» von John Martin eingeschrieben.[40] Dort ist am Ende einer schnurgeraden, auf uns zuführenden Brückenflucht der Ort Satans markiert (Abb. 15). So lässt sich, auch für den Betrachter, über das Für und Wider

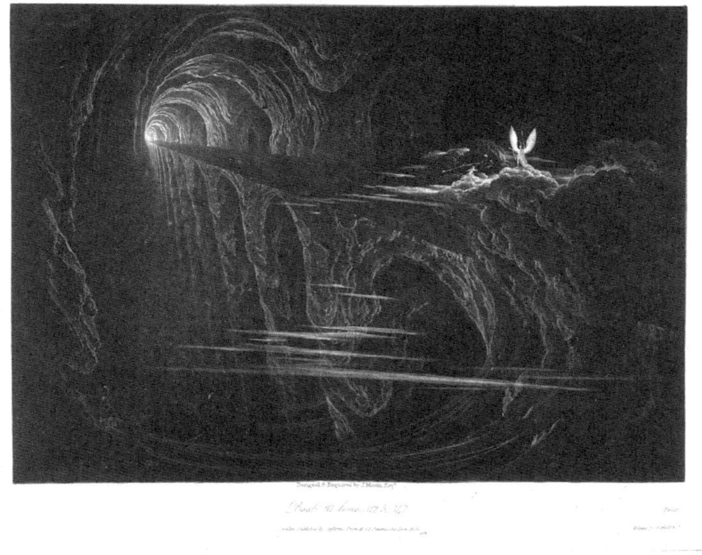

Abb. 15 John Martin, Bridge over Chaos, Illustration zu John Miltons Paradise Lost, Buch 10, Zeile 312–320, 1824–1826, Mezzotinto

des Fortschritts streiten, zumal John Martin wiederum auf Hieronymus Boschs «Aufstieg ins Paradies» in der Accademia in Venedig rekurriert, allerdings die Bedeutung dieses Bildes in ihr Gegenteil verkehrt: Aus dem Aufstieg ins Paradies wird ein Abstieg in die Hölle. Turner lässt offen, welche Richtung er einschlagen will.

5. Kapitel

Außenseiteranekdoten – Adolph Menzel und Friedrich II.

Menzels Illustrationen zu Kuglers «Geschichte Friedrichs des Großen»

Auf Veranlassung von Franz Kugler erhielt Adolph Menzel 1839 von dem Leipziger Verleger Johann Jakob Weber den Auftrag, Entwürfe für 400 Holzstiche zu Kuglers «Geschichte Friedrichs des Großen» zu liefern. Weber plante ein populäres Volksbuch nach dem Modell von P. M. Laurent de l'Ardèches «Histoire de l'Empereur Napoléon» von 1838/39, worin sich 500 Holzstich-Illustrationen des Schlachtenmalers Horace Vernet fanden. Das Buch war in Paris ein großer buchhändlerischer Erfolg, so dass Weber noch 1839 eine deutsche Ausgabe veranlasste. Weber hatte bei Julius Eduard Hitzig angefragt, wen dieser als Autor für eine Geschichte Friedrichs II. empfehlen könne. Darauf hatte Hitzig sich an Johann David Erdmann Preuß gewandt, hatte der doch zwischen 1832 und 1834 eine vierbändige Biographie Friedrichs vorgelegt, quellengesättigt und detailliert.[1] Doch Preuß lehnte ab, er sah sich zu einer populären Fassung des Stoffes nicht in der Lage und empfahl nun seinerseits als geschickten Schreiber Franz Kugler, den Schwiegersohn von Hitzig. Das war ein Glücksgriff, denn Kugler und Menzel verstanden sich, und Kugler bot Menzel durch seine Darstellungsweise genügend Möglichkeiten, einschlägige Illustrationen zum Leben Friedrichs zu liefern. Kugler schrieb seinen Text in Windeseile, er begann im Februar 1839 und hatte im Juni bereits die ersten beiden Teile des vierteilig angelegten Werkes absolviert; im August war das gesamte Werk vollendet.[2]

Menzel, der sich sehr sorgfältig vorbereitete, ausführliches Quellenstudium in Text und Bild betrieb, lag also von Beginn an der vollständige Text vor. Er verhandelte, jung, wie er war, sehr selbstbewusst mit dem Verleger und bestand vor allem darauf, dass die Auswahl der Szenen zur Illustration bei ihm lag. Eine erste Lieferung des Werkes von 32 Seiten erschien Ende Februar 1840. Menzel zeichnete direkt auf den Holzblock. Seine Entwürfe wurden anfangs an französische Stecher geschickt, denn eine deutsche Holzstich-Tradition war schier inexistent. Doch Menzel war mit den Ergebnissen der Franzosen wenig zufrieden, die mit den Entwürfen nach Gutdünken umgingen und ihren erlernten Verfahren folgten. Menzel bestand auf Wortwörtlichkeit in der Umsetzung und begann, nachdem ihm auch englische Holzstecher nicht genügten, sich deutsche Stecher heranzuziehen – wobei er mit großer Strenge verfuhr.

Ursprünglich war geplant gewesen, das Werk bis zum 100-jährigen Thronjubiläum Friedrichs 1840 fertigzustellen – das erwies sich schnell als illusorisch. Kugler wie Menzel sahen sich einem liberalen Friedrich-Bild verpflichtet, und beide hatten einige Hoffnung auf den Thronwechsel im Jahr 1840 vom restaurativen Friedrich Wilhelm III. zu Friedrich Wilhelm IV. gesetzt, sahen sich jedoch schnell enttäuscht.

Indem sie Friedrich II. zum dem Volk verpflichteten Aufklärer und gerechten Herrscher werden ließen, versuchten sie indirekt, an die gegenwärtigen politischen Verhältnisse zu appellieren. Auch aufgrund von Menzels ungemein sorgfältigen Detailstudien in Archiven und Sammlungen wurde das Werk erst 1842 fertig.

Es fragt sich, wie Kugler den Text in einem halben Jahr fertigstellen konnte, sieht man von seiner besonderen Schreibbegabung ab. Bei aller Lebendigkeit seiner Feder – das Werk ist eine Kompilation, und das war auch durchaus so gedacht. Für die historischen Details hielt Kugler sich an Preuß' großes Werk, Preuß hatte sich zudem bereit erklärt, Kuglers Arbeit auf historische Richtigkeit hin zu überprüfen. Das Preuß'sche Werk lieferte so das Gerippe von Kuglers Darstellung, für das Fleisch, die Lebendigkeit und den Reiz der Lektüre jedoch sowie den geeigneten Stoff für Menzel waren die «Anekdoten von König Friedrich dem Zweiten von Preußen» zuständig, die Friedrich Nicolai zwischen 1788 und 1792, also sehr bald nach Friedrichs Tod 1786, in sechs Heften herausgegeben hatte.[3] Nicolai legte genau Rechenschaft ab über sein Tun. Er suchte die Authentizität jeder einzelnen Anekdote zu verifizieren, soweit das möglich war, und legte seine Quellen offen. Vor allem aber stützte er sich auf Berichte aus Friedrichs unmittelbarem Umkreis, wobei er das Glück hatte, mit einer Reihe von Mitgliedern dieses Kreises vertraut zu sein. Er fragte verschiedene Quellen zu ein und derselben Anekdote ab, und insbesondere unternahm er es, ihm zweifelhaft erscheinende Geschichten durch strenge historische Forschung zu falsifizieren. Dabei scheute er keine Mühe, was sich im Aufbau der Hefte niederschlug.

Nach einer Vorrede oder einem Vorbericht, die am ausführlichsten am Beginn des ersten und am Beginn des vierten Heftes ausfallen, das einen zweiten Teil der Anekdoten einläutet, folgen jeweils die eigentlichen Anekdoten. Danach findet sich eine eigene Abteilung unter der Überschrift «Zweifel und Berichtigungen über schon gedruckte Anekdoten zu König Friedrich II.».[4] Im zweiten Heft ist diese Abteilung länger als der eigentliche Anekdotenteil, im fünften genauso lang, sonst etwas kürzer. Eingeschrieben in die Vorreden, aber auch in die Zweifel-Abteilungen sind Reflexionen über Sinn und Zweck der Anekdoten. Aus heutiger Sicht mag man über Nicolais Pochen auf den Wahrheitsgehalt der jeweiligen Anekdote irritiert sein. Sind Anekdoten nicht gut erfundene und einprägsame Ausschmückungen von Eigenheiten einer Person, in ein Bild gefasste, auf ein Bonmot zusteuernde typische Charakterschilderungen, die gerade nicht oder zumindest nicht unbedingt verifiziert werden können? Sind sie nicht nur Flechtwerk am Stamme des Historischen, literarischer Ornatus? Ja und nein.

Es gilt, den Begriff des Historischen am Ende des 18. Jahrhunderts etwas genauer zu fassen. Über Jahrhunderte waren geschichtliche Darstellungen den Haupt- und Staatsaktionen gewidmet, durchaus unter Nutzung rhetorischer Figuren, bildhaft ausgeschmückt. Sie dienten jedoch nicht oder zumindest nicht in erster Linie dem Versuch, die individuellen Antriebe des Helden zu untersuchen, sein Psychogramm zu schreiben, und sie wollten schon gar nicht sein Wesen grundsätzlich von seinem Tun in Erfüllung einer historischen Aufgabe scheiden. Geschichtsschreibung war bis zum 18. Jahrhundert Eloge. Jetzt aber, im 18. Jahrhundert, zerfällt sie in zwei Teile, einen offiziellen und einen privaten, und sie können durchaus in Spannung zueinander stehen, die sichtbar werdenden Widersprüche müssen nicht aufgelöst werden. Für das «vie privée» ist die Sammlung von Anekdoten zu einer individuellen Person zuständig. Ein solches «vie privée» zu Friedrich dem Großen stammt, so nimmt man zumindest an, aus der Feder Voltaires – es hat Nicolai schier in den Wahnsinn getrieben.[5] Denn das meiste von dem, was dort erzählt wird, hielt er für böswillige Fälschung, um den historischen Rang Friedrichs zu unterminieren. Damit ist bereits auf das grundsätzliche Problem dieser Art von Geschichtsschreibung hingewiesen. Der Ermessensspielraum bei der Deutung charakteristischer Äußerungen oder Handlungen ist relativ groß. Notwendig steht, das war Nicolai durchaus bewusst, damit auch der Charakter des Charakterstudienschreibers selbst in Frage: «Wie sehr ist historische Kritik nöthig! Wie sehr ist es nöthig, den Charakter und die Wahrheitsliebe eines Geschichtsschreibers zu erforschen, selbst wenn er als Augenzeuge erzählt!»[6] Das galt nach Nicolais Überzeugung in besonderem Maße für Voltaire. Man könne über die Schwächen einer Person hinweggehen oder sie herausstreichen.

Die Geschichtsschreibung zu Haupt- und Staatsaktionen entwickelt ein Geflecht von Bezügen, in dem die betroffene Person nur ein Baustein ist. Die Betrachtung ihres Handelns erfolgt von verschiedenen Seiten und ist in den größeren Zusammenhängen durch vieles bedingt. Das «vie privée» dagegen lässt die Person nur in ihrem Tun im Kleinsten, scheinbar Unwichtigsten sichtbar werden. Auch dies wusste Nicolai: «Die Anekdoten werden, wie schon dieses erste Heft zeigt, mehrentheils aus dem häuslichen Leben des Königs genommen sein, und seinen persönlichen Charakter betreffen. Jeder billige Leser wird einsehen, daß es mehrerer Rücksicht bedarf, das, was öffentliche Geschäfte betrifft, bekannt zu machen; gesetzt, daß man es auch noch so richtig wüßte.»[7] Dies Letztere soll den Memoiren der handelnden Personen des politischen Geschehens vorbehalten bleiben.

So befinden wir uns noch in der Phase, wo aus Geschichten Geschichte werden soll. Und aus dieser gewissen Unsicherheit resultiert Nicolais Bedürfnis, dem Wahrheitsgehalt jeder Anekdote nachzuspüren. Dabei dürfte ihm nicht wirklich klar gewesen sein, dass sein Entwurf des Charakterbildes von Friedrich nur eine, in diesem Fall seine, Vorstellung einzulösen versuchte, die natürlich nicht wertfrei war. Für ihn und seine Anekdoten bleibt Friedrich ein Held, eine außergewöhnliche Persönlichkeit, deren Handeln letztlich in allem, und sei es auf den ersten Blick auch grob, sonderbar oder eigensinnig gewesen, Resultat eines überragenden Charakters war. Auch Menzel feiert die Originalität und Einzigartigkeit Friedrichs, doch bettet er sie ein in die Vorstellung von einem tragischen Charakter, den Schicksalsverfallenheit auszeichnete. Mag ihn die einzelne Anekdote auch noch so gut dastehen lassen, das Leben Friedrichs als Ganzes ist aus Menzels Sicht das eines großen Scheiterns. Der König sah sich sieben Jahre lang zur Kriegsführung verpflichtet, und als er zurückkehrte, vermeintlich als Sieger, sah er, dass er Unzählige geopfert und das Land verheert hatte. Er selbst kam zurück als gebrochener Greis. Im Gegensatz zu Kugler, der immer nur kurz von Verlusten, Tod und Verwüstung spricht, um dann doch zur letztlich uneingeschränkten Verehrung des großen Schlachtenlenkers überzugehen, bleibt Menzel bei Tod und Verderben und spart den Sieger aus.

Warum diese Differenz? Weil Menzel seine Existenz im Charakter von Friedrich gespiegelt sah. Beide waren Außenseiter der Gesellschaft. Friedrich wurde von seinem Vater gedemütigt, gequält, mit körperlicher Gewalt vermeintlich abgehärtet. Seine musischen und wohl auch homosexuellen Neigungen sollten aus ihm herausgeprügelt werden. Menzel war zwergenwüchsig mit einem zu großen Kopf und wurde vor allem in jungen Jahren von epileptischen Anfällen heimgesucht. Mit sechzehn Jahren war er durch den frühen Tod des Vaters für die Ernährung der Familie, Mutter und zwei Geschwister, zuständig. Beide, Friedrich wie Menzel, waren früh dazu gezwungen, nur in gänzlicher Pflichterfüllung ihr Heil zu suchen. Beide blieben ohne erfüllten Kontakt zum anderen Geschlecht. Beide wurden im Laufe der Zeit abweisend und grob und waren gleichzeitig bei Gelegenheit fürsorglich und großzügig. Beide entwickelten zunehmend skurrile Züge, eingerichtet in ihre weitgehende Einsamkeit, sieht man von Familie und wenigen engen Freunden ab. In beiden Fällen war die Schwester die wichtigste Bezugsperson. Beide wurden sich schließlich ihrer Bedeutung bewusst, aber damit nicht glücklicher. Das Lebensresümee lautete jeweils ähnlich. Menzel rechnete mit seinen eigenen Bildern ab. Zum «Flötenkonzert» meinte er, Friedrich stehe «da wie ein Kommis, der sonntags Muttern was vorflötet». «Manchmal reut's mich, daß ich's gemalt habe: enfin bestand die Hälfte meines Lebens aus Reue.»[8] Und Friedrich wurde aufgrund der Einsicht, dass am Ende des Siebenjährigen Krieges die Verhältnisse der Völker sich nicht grundsätzlich geändert hatten, nur allerorts Opfer zu beklagen waren, zusehends misanthropisch. Ist es ein Wunder, dass sich an beide schon zu Lebzeiten eine Fülle von Anekdoten angeschlossen hat?

Menzels Transformation der bei Nicolai und Kugler berichteten Anekdoten

Schaut man sich die bei Kugler geschilderten Anekdoten zu Friedrich II. an und vergleicht sie mit den entsprechenden Anekdoten bei Nicolai, so stellt man fest, dass Ersterer seitenweise von Letzterem abgeschrieben hat, und zwar so gut wie wörtlich. Sofern Menzel die von Kugler berichteten Anekdoten in seinen Darstellungen übernommen hat – wobei er durchaus nicht jedes «Angebot» von Kugler aufgegriffen hat –, ist jeweils zu fragen, was er daraus gemacht hat. Schon vorab ist zu sagen, dass Menzel so gut wie nie bloß illustriert, sondern eigentlich immer interpretiert. Und da Anekdoten dem zu entwerfenden Charakterbild des Protagonisten dienen, versucht Menzel, ein eigenständiges Bild Friedrichs zu prägen – nicht ohne seine eigene Lebenserfahrung einfließen zu lassen, selbst wenn das heißt, dass die Bedeutung deutlich anders gewichtet wird als bei Kugler.

Es sei zunächst ein Beispiel vom Beginn der Zusammenarbeit von Kugler und Menzel genannt, das einem Kapitel aus Friedrichs freudloser und vom gewalttätigen Vater überschatteter Jugend gewidmet ist. Vor allem geht es um den in Friedrichs missglückten Fluchtversuch involvierten Lieutenant von Katte, seinen vertrauten Freund, sowie die darauf erfolgende Bestrafung Friedrichs und Kattes Hinrichtung. Man stellt schnell fest, dass es Kugler darum zu tun ist, Katte als Friedrichs Verführer darzustellen, der den in seinen Prinzipien noch schwankenden Kronprinzen ins Verderben geführt habe. Schon die Schilderung von Kattes Äußerem durch Kugler macht deutlich, dass dieser ihn zwar als charmant und leichtsinnig, aber letztlich doch als von erkennbar schlechtem Charakter erweisen will: «Katte wußte ebenfalls durch feine Bildung und Anmut des Gesprächs einzunehmen, obgleich sein Äußeres wenig anziehend war und die zusammengewachsenen dunkeln Augenbrauen seiner Physiognomie einen unheilverkündenden Ausdruck gaben. Dabei war er von verderbten Sitten und diente eifrig, den Kronprinzen in seinen Ausschweifungen zu bestärken.»[9] Doch was macht Menzel aus dem Äußeren von Katte in einer Illustration zwei Seiten vor Kuglers Beschreibung? Er stellt ihn als schönen Knaben mit frontal wiedergegebenem Kopf dar, um deutlich zu machen, dass seine Augenbrauen mitnichten zusammengewachsen waren, er vielmehr ein reines, unschuldiges Gesicht besaß.

Als Friedrich sich nach zahllosen Misshandlungen durch den Vater zur Flucht nach England entschloss, sollte Katte eine entscheidende Rolle als vorauseilender Quartiermeister spielen. Kugler teilt mit, Katte sei «inzwischen auf keine Weise für seine Sicherheit besorgt gewesen», sondern habe es sich gut gehen lassen und leichtfertig seine eigene Verhaftung aufs Spiel gesetzt.[10] Selbst wenn Kugler berichtet, dass Katte sich später bei Verhör und Verurteilung standhaft verhalten habe, obwohl der König ihn in eigener Machtvollkommenheit und entgegen dem Urteilsspruch des Kriegsgerichts zum Tode verurteilt und dies auch seinem Sohn angedroht habe, so hält er dieses Verhalten für nicht mehr als angemessen.[11] Unter den Augen des Kronprinzen sollte das Todesurteil an Katte vollzogen werden, und so ist es auch erfolgt. Menzels Illustrationen zeigen Katte bis in den Tod – der bezeichnenderweise nicht dargestellt wird – als schlanken, schönen, dem Kronprinzen bis zuletzt ergebenen jungen Mann. Schlecht schneidet bei Menzel allein der tyrannische Vater ab. Als Friedrich schließlich nach Fürsprache von verschiedenen Seiten der Verurteilung zum Tode entgeht, unter anderem weil er zum rechten Glauben des Protestantismus zurückgefunden habe, wird Katte von Kugler noch nachträglich die Schuld an Friedrichs vermeintlicher Glaubensverwirrung gegeben: «Denn der Prinz hatte sich, besonders durch Katte verleitet …, jener Prädestinationslehre ergeben, welche bekanntlich durch die Calvinisten mit einer trostlosen Strenge vertreten wurde, welche die einzelnen Menschen als von Ewigkeit bis zur Seligkeit oder zur Verdammnis bestimmt darstellte und welche somit in der Sünde keine Schuld des menschlichen Herzens anerkennen konnte.»[12] Durch diese verblüffende Beweisführung soll mit Katte als Verführer Friedrichs frivoles Leben erklärt werden. Menzel dürfte an dieser Stelle ein erstes Mal begriffen haben, dass er, gelinde gesagt, auch im Folgenden nicht immer einer Meinung mit Kugler sein würde.

Wir hatten schon darauf hingewiesen, dass Kugler eher den Schlachtenlenker und siegreichen Feldherrn darstellt, während Menzel, gelegentlich in direkter Frontstellung zum Text, eher das Elend des Krieges hervorkehrt. Doch auch in anderen Fällen hängt Menzel die Gewichte anders. Als Friedrich nach Ende des Siebenjährigen Krieges am 30. März 1763 nach Berlin zurückkehrte, wollte die Bevölkerung ihm, dem Sieger, einen begeisterten Empfang bereiten. Besonders Friedrichs Vertrauter, der Marquis d'Argens, machte sich stark dafür, doch Friedrich war dagegen und wollte eher unbemerkt und ohne feierlichen Einzug zurückkehren. Der Marquis unternahm alles, um ihn umzustimmen – vergeblich. Friedrich

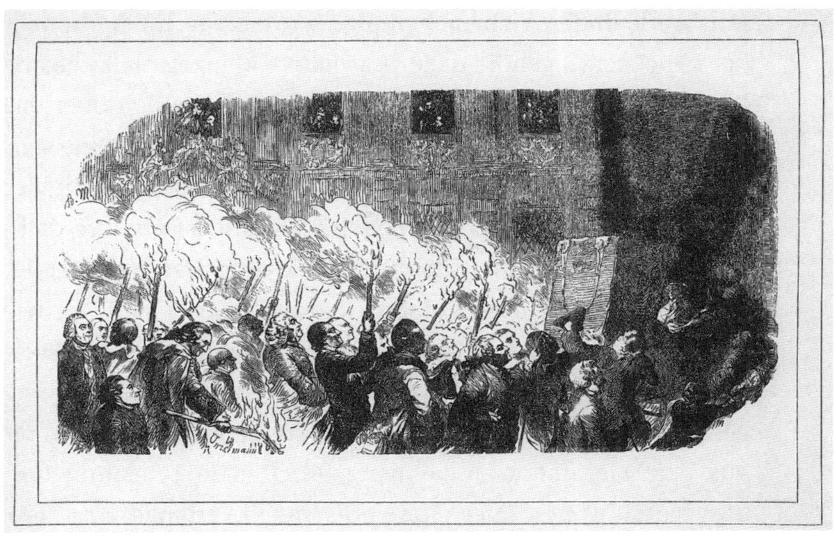

Abb. 16: Adolph Menzel, Illustration zum 37. Kapitel von: Franz Kugler, Geschichte Friedrichs des Großen, 1840–1842, Holzstich, 8,7 × 16,6 cm

erschien um acht Uhr abends, es war schon dunkel, in einer Kutsche. Womit er jedoch nicht gerechnet hatte und was ihn verstimmte, war, dass die Bevölkerung Stunde um Stunde gewartet hatte und ihn nun mit einem Fackelzug und heftigem Hurra empfing. Kugler hat hierfür noch nicht einmal eine halbe Seite übrig, er berichtet noch, der König habe in der Stadt bewusst einen Umweg genommen, um möglichst unbemerkt zum Schloss zu gelangen. Anders Nicolai, er widmet der Rückkehr viereinhalb Seiten, berichtet im Detail von den umständlichen Bemühungen des Marquis und kommt auch später auf das Ereignis zurück.[13]

Und Menzel? Für ihn wird die Rückkehr des Königs zu einer Hauptszene der ganzen «Geschichte» (Abb. 16). In Kuglers Werk finden sich nur wenige ganzseitige Illustrationen, die «Rückkehr» gehört dazu und liefert Menzels ganz eigene Interpretation der Ereignisse. Er geht dabei deutlich über das rein Faktische hinaus, unter anderem angeregt durch eine sehr genaue Lektüre von Nicolai, besonders der Passagen, die der Rückkehrszene folgen. Menzels Illustration ist eine Verdichtung seiner grundsätzlichen Einschätzung der Kriegsereignisse und vor allem der Person Friedrichs, der er sich hier wie in kaum einer anderen Illustration des «Kugler» als wesensverwandt begreift. Das breite Querformat der Darstellung musste gedreht auf die Seite gestellt werden und fällt schon von daher aus dem Gesamtzusammenhang der Bild-Text-Relation heraus, womit es besondere Aufmerksamkeit verlangt.

Friedrich kommt, in seiner Kutsche kaum sichtbar, von rechts ins Bild und markiert schon damit eine gegenläufige Bewegung: Ein Auftritt mit Aplomb hätte, unserer Leserichtung entsprechend, von links zu erfolgen. Die Fackeln der Bürger erleuchten den König nur ganz am Rande, er verbleibt weitgehend im Dunkeln, das den rechten Bildstreifen ausfüllt. Dreiviertel des Bildes wird durch die in Richtung der Kutsche schauende Menschenmenge in einem Fackelmeer eingenommen. Seltsamerweise hat die Forschung nicht realisiert, dass sich Porträts darunter befinden, die für die Aussage des Stiches entscheidend sind. Ganz links und somit Friedrich gegenüber erscheint offensichtlich Prinz Heinrich, die physiognomische Ähnlichkeit zu seinem Bruder ist nicht zu übersehen. Doch was macht er hier? Er scheint am Jubel nicht beteiligt zu sein. Zwischen den Brüdern bestand eine gewisse Konkurrenz, Heinrich war unzufrieden mit seiner Rolle und trachtete zeitweise nach der Erlangung der polnischen Krone, was Friedrich zu verhindern wusste. Bei aller Großzügigkeit – Friedrich schenkte ihm Rheinsberg und ließ ihn das Palais des Prinzen Heinrich, das heutige Hauptgebäude der Humboldt-Universität, errichten –, Friedrich suchte seinen Bruder kleinzuhalten. Dieser kritisierte im Gegenzug Friedrichs Kriegsführung in strategischer Hinsicht, auch mit Blick auf die außenpolitischen Zusammenhänge. Ja, er fasste seine Bedenken unter dem Pseudonym Maréchal Gessler 1753 gar schriftlich zusammen. Hinzu kam sehr Persönliches: Heinrich war homosexuell wie offenbar auch sein Bruder, beide mussten Vernunftheiraten eingehen und distanzierten sich sofort von ihren jeweiligen Ehefrauen. Es scheint sogar Eifersüchteleien gegeben zu haben, denn beider Objekt der Begierde war Heinrichs Kammerjunker, «der schöne Marwitz». So wird Heinrich der Rückkehr seines Bruders nicht nur mit Begeisterung entgegengesehen haben.[14]

Wichtiger für das Verständnis von Menzels Einschätzung der Ereignisse und Verhältnisse ist jedoch die vom unteren Rand stark angeschnittene, uns nächste Figur. Es handelt sich um den klein gewachsenen, buckligen Philosophen Moses Mendelssohn, auch er scheint mitnichten zu jubeln, sondern schaut skeptisch. Menzel hat sein Porträt nach dem geläufigen Profilbildnis von Daniel Chodowiecki gestaltet.[15] Friedrichs Verhältnis zu den Berliner Juden und zur jüdischen Emanzipation war, vorsichtig gesagt, zwiespältig. Moses Mendelssohn, Freund Nicolais und Lessings, gilt als der Wegbereiter der Haskala, der von Berlin ausgehenden jüdischen Aufklärung. Er forderte für die Juden Gleichberechtigung, bürgerliche Rechte und Toleranz. Doch aller Anerkennung seiner Publikationstätigkeit zum Trotz verhinderte Friedrich persönlich Mendelssohns Wahl in die Akademie der Wissenschaften, obwohl der Philosoph ganz im Sinne des Königs eine strikte Trennung von Religion und Staat propagierte. Mendelssohn hatte jedoch einen Gönner und Förderer an Friedrichs Hof, und zwar Friedrichs besonderen Vertrauten, den Marquis d'Argens. Dieser war der Verfasser der vom Toleranzgedanken getragenen sechsbändigen «Lettres juives» von 1736–1740, die Nicolai auf Deutsch herausbrachte.[16] Der Marquis diskutierte gern mit Moses Mendelssohn, wobei er zu seiner Verwunderung erfuhr, dass dieser nicht den Schutzjudenstatus besaß und jederzeit ausgewiesen werden konnte. Nach dem Siebenjährigen Krieg überredete der Marquis Mendelssohn, bei Friedrich einen Antrag auf ein Schutzprivilegium, das ihm bürgerliche Rechte gewähren würde, zu stellen. Nach langem Sträuben ließ Mendelssohn sich überreden. Der erste Antrag wurde nicht behandelt, man sagte, er sei verloren gegangen. Mendelssohn ließ sich schließlich auf einen zweiten Antrag ein, der Erfolg hatte. Doch als er einen Folgeantrag für seine Familie stellte, wurde dieser abgelehnt, und erst unter Friedrich Wilhelm II. wurde das umfassendere Privileg erteilt. So musste Moses Mendelssohn, wie Prinz Heinrich, wenn auch aus anderen Gründen, dem Einzug Friedrichs mit Reserve entgegensehen.[17]

Auch die dritte Person am linken Rand, neben oder eher über Mendelssohn, ist zu identifizieren. Es handelt sich um den genannten Marquis d'Argens, der Mendelssohn in Schutz nahm. Doch womit ist der Marquis auf Menzels Blatt beschäftigt? Ganz offensichtlich ist er dabei, als Einziger seine Fackel zu löschen. Der Holzstecher Unzelmann hat sich den Spaß gemacht, unter der gesenkten Fackel des Marquis seine Signatur anzubringen. Das ist durchaus originell und dürfte Menzel gefallen haben. Denn der Marquis, bei aller Verehrung für Friedrich und Friedrichs Verehrung für ihn, seinen liebsten Gesprächspartner, war auch überempfindlich und ein wenig wehleidig. Als Friedrich sich weigerte, einer wirklichen *pompa introitus* beizuwohnen, und alles Werben des Marquis nichts fruchtete, war dieser beleidigt und verkündete aller Welt, wenn Friedrich erst wieder da wäre, würde er ihm entschieden die Meinung sagen. So können wir das Löschen der Fackel als Meinungsäußerung lesen.[18]

Doch all dies ist eher anekdotisch im konventionellen Sinn und enthüllt in verhüllter Form Befindlichkeiten, bei Prinz Heinrich, bei Moses Mendelssohn und beim Marquis d'Argens. Das aber würde noch nicht erklären, warum Menzel gerade dieser Szene einen solchen Wert beigemessen hat. Es dürfte so sein, dass er sich selbst sowohl mit Friedrich II. wie mit Moses Mendelssohn identifiziert hat: Der eine ganz links im Bild, der andere ganz rechts und der Künstler in der Mitte davor. Drei Außenseiter der Gesellschaft, isoliert, gehandicapt, die zeitlebens gegen Widerstände kämpften und dies für den eigentlichen Sinn des Lebens hielten. Mochten die anderen jubeln, sie gehörten nicht dazu.

Über die Anekdote und ihre Funktion, Charakterbilder zu entwerfen, wurde es für Menzel möglich, auch etwas vom eigenen Wesen zu offenbaren, so sehr er sich persönliche Gefühle im Leben verboten hat. Letztlich wird auf diesem Wege notwendigerweise auch sein absolutes Objektivitätsstreben durchsichtig und kann es nur auf dem Umweg über die Anekdote werden. Vergleicht man eine längere Passage von Nicolai und Kugler, zu der es zwei Illustrationen von Menzel gibt, stellt man zudem Kuglers Nutzung von Nicolai in Rechnung und schaut sodann auf Menzels Illustrationen, dann erkennt man, worauf Menzel Wert gelegt hat, wie er von einem künstlerischen Gesichtspunkt aus die Dinge zuspitzt und in unverwechselbare Bilder fasst. Nach der Schlacht bei Leuthen 1757, die für Friedrich und sein Heer aussichtslos erschien und in einen verblüffenden vollständigen Sieg mündete, bei dem sich besonders Prinz Moritz von Dessau hervortat, ritt Friedrich in tiefer Nacht mit relativ wenig Begleitung den flüchtenden Österreichern nach. Sein Ziel war es, die strategisch wichtige Brücke über das Schweidnitzer Wasser zu besetzen. Nicolai berichtet dies in aller Ausführlichkeit,[19] offensichtlich um durch genaue Ortsangaben und die Schilderung von Truppenbewegungen der folgenden Anekdote mehr Wahrscheinlichkeit zu geben. Die Anekdote selbst soll auch dadurch an Glaubwürdigkeit gewinnen, dass eine lange Passage in wörtlicher Rede gehalten ist. Kugler hingegen rafft sowohl die längere Hinführung als auch die Erzählung der Anekdote, die Passage in wörtlicher Rede entfällt vollständig.[20] Die Geschichte wird als Anekdote kaum noch erkennbar.

Ohne die Lektüre von Nicolais Text hätte Menzel die Szene wohl nicht illustriert. Im Dunkel der Nacht, das das Finden des Weges schwer macht, kommt Friedrichs Zug an einem Wirtshaus vorbei, in dem noch Licht brennt. Der König wünscht eine Laterne, der Wirt, der die Laterne nicht verlieren will, bietet an, Friedrich und sein Gefolge zu führen. Auf dem Weg unterhält sich der König leutselig mit dem Wirt, der sich an Friedrichs Steigbügel festhält. Man nähert sich Lissa – Nicolai präzisiert, man habe sich etwa 300 Schritt vor dem Ort befunden[21] –, als man unter Beschuss gerät. Die Lampe wird gelöscht, der Trupp spritzt auseinander, die österreichischen Schützen flüchten. Nimmt man dies als gegeben, so musste Friedrich und den Seinen klar sein, dass es sich bei den Österreichern um einen Vorposten handelte und dass Lissa somit von Österreichern besetzt war. Das nimmt der folgenden berühmten Anekdote ein wenig an Stoßkraft, denn sie lebt vom Überraschungsmoment und Friedrichs schlagfertiger Reaktion: Friedrich betritt das Schloss von Lissa, erkennt vermeintlich erst jetzt die Besetzung durch die Österreicher und äußert den sprichwörtlich gewordenen Satz: «Bon soir, Messieurs! Gewiß werden Sie mich hier nicht vermuten. Kann man hier auch noch mit unterkommen?»[22] Auf diese Weise vermittelt er den Österreichern, er stünde mit seinem ganzen Heer und nicht nur mit einem kleinen Trupp vorm Tor des Schlosses. So nimmt er den Österreichern die einmalige Chance, ihren großen Gegner gefangen zu setzen.

Beim Einmarsch Friedrichs in Lissa ist Nicolai wieder ausführlicher als Kugler, aber beide berichten, dass die Preußen auch dort von den Österreichern beschossen wurden. Wenn sich bei beiden der Satz findet: «Alles schrie und kommandierte durcheinander»,[23] wird deutlich, dass Kugler einerseits Nicolai immer wieder wörtlich ausschreibt, andererseits aber um des flüssigen Fortgangs der Erzählung willen den Text rafft. In der Passage, als Friedrich schließlich das Schloss betritt, berichtet Kugler nüchtern, die österreichischen Soldaten hätten ihn nach seinem berühmten Satz zu ihren Vorgesetzen geführt.[24] Nicolai ist zwar ein wenig ausführlicher, aber auch bei ihm wird dem König die Treppe hinauf geleuchtet.[25]

Was macht Menzel nun aus diesen beiden Szenen? Die nächtliche Szene mit dem Wirt wird zu einer bloßen Vignette, die aber von einer verblüffenden Überzeugungskraft ist. Wie man überhaupt sagen muss, dass Menzel in den nächtlichen Szenen besonders brilliert. Dabei nutzt er das Medium des Holzstiches perfekt. Denn der Holzstich hebt ja nicht wie der Holzschnitt Stege aus dem Holz heraus, die, um eine Form bezeichnen zu können, links und rechts des Steges einen gewissen Platz für den Aushub brauchen. Der Holzstich drückt vielmehr, wie der Name sagt, mit der Spitze des Stichels ins Hartholz feine Linien, die auch engst beieinander liegen können. Bei nächtlichen Szenen ist es so möglich, feinste Schwarz-Weiß-Nuancen zu erzielen, Dunkelheitsabstufungen, die dann, wenn an wenigen Stellen Licht eingelassen wird, erstaunliche Effekte bewirken können. Auf Menzels Vignette ist, was besonders reizvoll ist, das Dunkel zuerst nur schwer zu durchdringen. Dann erkennt man den Zug des Gefolges von links nach rechts, schließlich den Wirt mit seiner Laterne vor dem angeleuchteten Pferd Friedrichs an der Spitze des Zuges, wobei Friedrich selbst nur schwer auszumachen ist. Unten rechts in Zugrichtung hat Menzel mit seinem Monogramm signiert. Was entsteht, ist ein atmosphärischer Eindruck, der den Fortgang der Geschichte trägt, entstanden aus einem Nichts.

Auch bei der folgenden Lissa-Szene (Abb. 17) nutzt Menzel auf besondere Weise die technischen Möglichkeiten des Holzstiches. Friedrich tritt selbstbewusst über die Schwelle des Schlosses, aus dem Dunkel ins Licht. Je zwei Österreicher rahmen ihn und leuchten ihm verblüfft mit Fackel und Kerze ins Gesicht. Hinter Friedrich, nur ganz schwach im Dunkel zu erkennen, zeigt sich einer seiner Begleiter. Die Nacht als schwarze Wand lässt den König wie eine plötzliche Erscheinung wirken und die Verblüffung der Österreicher anschaulich werden. Die-

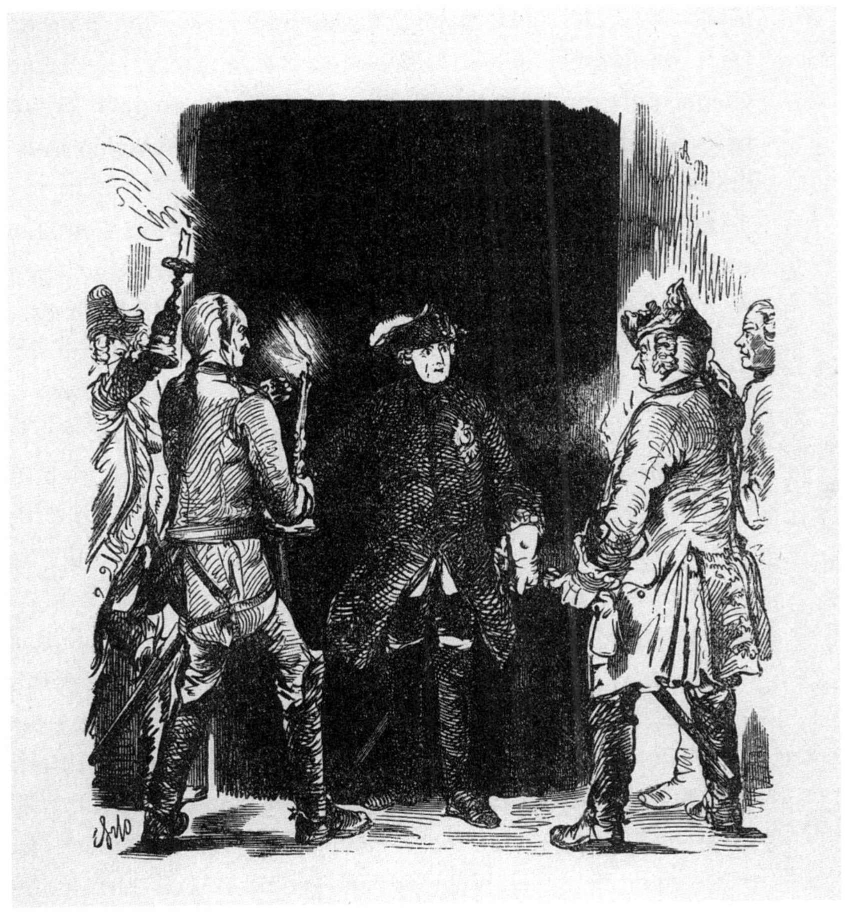

Abb. 17: Adolph Menzel, Illustration zum 28. Kapitel von: Franz Kugler, Geschichte Friedrichs des Großen, 1840–1842, Holzstich, 9,6 × 8,4 cm

ser Moment von Verblüffung und Überrumpelung muss sich für Menzel als Möglichkeit festgesetzt haben, Historie besonders zu verlebendigen. Zudem muss er begriffen haben, dass mit dieser Anekdote der schon bei Leuthen va banque spielende Friedrich einschlägig charakterisiert werden konnte. Denn im Rahmen seiner Friedrich-Gemälde griff er die Szene wieder auf, um dem durch das plötzliche Erscheinen Friedrichs bei den Österreichern ausgelösten Chaos bildlichen Ausdruck zu verleihen.

Eine kleine Ölskizze auf Papier von 1856 hat das Gemälde vorbereitet, das vom Herzog von Ratibor in Auftrag gegeben worden war.[26] Als es 1858 in Untermalung und farbiger Fassung abgeschlossen war, nahm es der Herzog in Begleitung seiner Gattin in Augenschein. Da es dieser als «zu wüst» erschien, wurde der Auftrag zurückgezogen.[27] Die Herzogin hatte eine eher höfische Szene erwartet, bei der Friedrich in einer der Etikette folgenden Form den österreichischen Offizieren vorgestellt wurde. Mit einer derartigen Auffassung von gehobener Historie war bei Menzel nicht mehr wirklich zu rechnen. Verärgert beließ der Künstler nach der Absage das Gemälde in seinem vorläufigen Stadium. Später war er froh darüber, denn er sah den eher noch skizzenhaften Modus als dem Thema angemessen. Das Bild wäre, so wird er zitiert, «wohl nicht besser geworden, hätte er es weiter ausgeführt, er habe sich auch später nicht dazu entschließen können. Es passe eigentlich auch nicht zu dem Thema.»[28] Die Darstellung müsse im Sinne der Szene «wie eine flüchtige Vision wirken».[29] Damit schlug Menzel sich endgültig auf die Seite derer, für die Historie nicht mehr eine exemplarische Erzählung als zusammenfassende ideale Verdichtung des Telos der Geschichte war und sein konnte, sondern die evokative Erscheinung eines charakteristischen Moments aus der Geschichte eines Individuums – sprich eines anekdotischen Motivs. Auf dem Gemälde hat Friedrich bereits die Schwelle hinter sich gelassen und betritt gerade die Stufe zum Treppenpodest. Er lüftet seinen Dreispitz, tut seinen berühmten Ausspruch und löst vollständige Verwirrung und Unordnung unter den österreichischen Soldaten aus, die ohnedies schon in chaotischer Fülle das Treppenhaus bevölkern. Offenbar konnte das Schloss die Menge Unterschlupf Suchender nicht wirklich fassen.

Chaos als Bildthema ist zu Menzels Zeit schon ungewöhnlich genug, auch noch bei flackerndem Licht, das mal die Gesichter grell erleuchtet, mal die Dinge im Dunkel verschwinden lässt. Das ist in der Tat jenseits von allem in der klassischen Historie Möglichen, noch dazu ist es vorgetragen in einem malerischen, die Formen auflösenden Modus. Sucht man in der Geschichte nach Vergleichbarem, so ist man auf Tizian oder Rembrandt verwiesen – kein Wunder, dass sie zu den Vorbildern von Menzel gehörten.

Gerade bei Bildern, die durch die Fülle der Details schier zu bersten scheinen, wie sie besonders Menzels Spätwerk auszeichnen, pflegte der Künstler der Bildfläche eine rigide Ordnungsstruktur einzuschreiben, um das Gezeigte formal bändigen zu können.[30] Hier ist es eine Mittelsenkrechte, die durch den rechten Rand von Treppensockel und -säule gebildet wird und die dann weiter an der Körpersilhouette des zentralen Laternenträgers entlang verläuft. Dadurch wird die rechte Bildhälfte dem österreichischen Durcheinander zugeschlagen, während die linke vom eindringenden Friedrich dominiert wird. In diesem Raster vollzieht sich die anekdotische Vielfalt.

Dass Menzel sich die Freiheit nimmt, überlieferte Anekdoten auch grundsätzlich zu verändern, wenn ihm die Änderung dem Charakter des Gezeigten eher zu entsprechen scheint, sei zum Abschluss dieses Kapitels an einer späten,

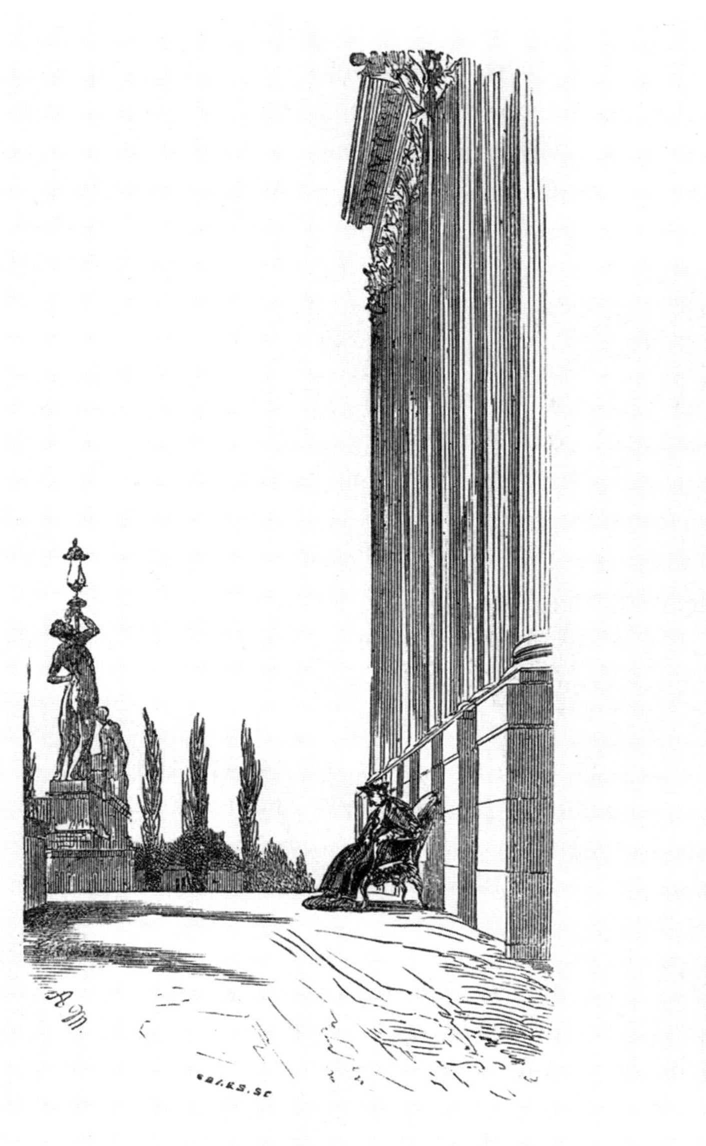

Abb. 18 Adolph Menzel, Illustration zum 44. Kapitel von: Franz Kugler, Geschichte Friedrichs des Großen, 1840–1842, Holzstich, 12,2 × 6 cm

durchaus kanonisch gewordenen Illustration zu Kuglers «Geschichte» gezeigt, so bescheiden die Illustration sich auch ausnimmt (Abb. 18). Sie gibt den von Krankheit und Alter geschwächten Friedrich in der ersten wärmenden Aprilsonne wieder, wie er in Decken gewickelt auf der sogenannten Grünen Treppe des Potsdamer Schlosses sitzt. Nicolai und Kugler kleiden das Geschehen, das eigentlich gar keines ist, beinahe gleichlautend in eine Anekdote. Bei ihnen sitzt Friedrich vor dem Potsdamer Schloss, in dem er den Winter verbracht hat, er wird an der Treppe von zwei Grenadieren als Schildwache begleitet. Sie stehen Gewehr bei Fuß wie Salzsäulen, ohne sich zu rühren, was Friedrich veranlasst zu bemerken: «Geht ihr nur immer auf und nieder. Ihr könnt nicht so lange stehen, als ich so hier sitzen kann».[31] Menzel dagegen lässt die Grenadiere fort, womit sich auch Friedrichs fürsorgliche Bemerkung erübrigt, die den immer um das Wohl der Seinen besorgten König charakterisieren soll. Ohne die Grenadiere ist Menzels Illustration dem einsamen, um seinen nahen Tod wissenden Friedrich gewidmet. Der große Friedrich erscheint klein und gebrechlich, hinterfangen von den in Verkürzung gegebenen riesigen Säulen der Schlossfront. Die Lampenträgerfiguren sind wie in der Bewegung erstarrt, der kleine Flachbau mit dem spitzen Dach in der Flucht, der von drei Pappeln gerahmt wird, wirkt wie ein Tumulus, als warte sein Grab auf den König. An die Säulen, die sich himmelwärts erstrecken, ragt Friedrich nicht mehr heran. Er ist im Irdischen befangen, die Schatten werden länger, in Kürze werden sie ihn erreicht haben. Man ahnt, wie Menzel sich in Friedrichs Gedanken- und Gefühlswelt vertieft hat. Dies ist das eigentliche Schlussblatt von Friedrichs Geschichte, eine Anekdote ohne Anekdotisches.

Anekdoten zu Menzel

Auf eine ausführliche Behandlung der auf Menzel gemünzten Anekdoten sei hier zugunsten eines bloßen Resümees verzichtet. Wie im Falle Friedrichs existieren bis heute immer wieder aufgelegte Sammlungen von Anekdoten, die auf Menzels im Alter immer ausgeprägtere, zum Teil skurrile Charakterzüge abheben, aber immer auch von Bewunderung getragen sind.[32] Sie kreisen etwa um seine sprichwörtliche Unpünktlichkeit, die dazu führte, dass etwa bei Einladungen an den Hof ein Geheimer Rat des Königs abgestellt wurde, um ihn auf Trab zu bringen. In Akademiesitzungen schlief Menzel ein oder war an ganz anderem interessiert, das er sofort in einem seiner kleinen Skizzenbücher festhielt. Auch zu privaten Einladungen erschien er häufig erst zum Nachtisch, er hatte sich von seiner Arbeit nicht trennen können. Hatte etwas seine Aufmerksamkeit erregt, so vergaß er alles, nur noch daran interessiert, das Gesehene oder Erfahrene in einer schnellen Zeichnung festzuhalten. Besucher in seinem Atelier ließ er am Absatz der Ateliertreppe stundenlang warten oder wimmelte sie gleich ganz ab, durchaus in erstaunlich grober Form. Ebenso sprichwörtlich wurde sein Verhalten in den wenigen, dafür aber regelmäßig von ihm frequentierten Lokalen. Er wollte grundsätzlich an seinem Tisch nicht gestört werden und verhinderte mit allen Mitteln, dass sich jemand zu ihm setzte. Auch in der Beurteilung der Arbeiten von Künstlerkollegen konnte er von größter Grobheit sein, wenn er künstlerische Einwände hatte. Er stilisierte sich zum Griesgram, nur um es immer mehr zu werden.

Viele Anekdoten kreisen um seine Misogynie, seine Weigerung, künstlerisch auf Frauenschönheit einzugehen, die zu der Bemerkung geführt haben soll: «Na, siehst du dir denn ein weibliches Krokodil mit anderen Augen an als ein männliches?»[33] Ob er es wollte oder nicht, hinter seinem vermeintlichen Objektivitätsanspruch verbarg sich offenbar eine Furcht, vom weiblichen «Krokodil» gefressen zu werden. In seine Kunst ließ Menzel sich nicht dreinreden, verbat sich jede Bevormundung und scherte sich nicht um politische Rücksichtnahme. So stellte er etwa in Paris aus, trotz Bismarcks Verbot. Er lehnte ihm nicht passende Aufträge ab oder ließ seine Kunden jahrelang warten. Tote, Sterbende, Verunglückte oder Ohnmächtige habe er ungerührt gezeichnet und dies auch angehenden Künstlern abverlangt. Ehrfurcht vor höheren Rängen konnte man ihm nicht nachsagen. Seine Modelle hat er in einer gewünschten Pose bis zur Erschöpfung verharren lassen. Er sei auf Tische und Bänke gestiegen, um als Kleinwüchsiger besser sehen und zeichnen zu können, usw., usw.

In all diesen Anekdoten verschränken sich zwei Dinge: Zum einen scheint es für Menzel zeit seines Lebens um Selbstbehauptung gegangen zu sein – der Außenseiter wehrt sich. Zum anderen konnte er sich auf seine Rolle als unangepasster Künstler zurückziehen, für den andere Regeln galten als für den Normalsterblichen, er besaß so etwas wie Narrenfreiheit. Das hatte durchaus auch tragische Züge – der klassische Hofnarr war nicht selten ein missgestalteter Zwerg, dessen besondere Rolle zwar darin bestand, dass er als Einziger dem Herrscher die Wahrheit sagen konnte, und sei sie noch so unerfreulich; zugleich aber musste er mit der Übernahme dieser

Rolle realisieren, dass er von der Gesellschaft als gleichberechtigtes Individuum ausgeschlossen war.

Verblüffend wenige Menzel-Anekdoten scheinen direkt kunsttheoretischer Natur zu sein, wie das bei den Künstleranekdoten des 18. Jahrhunderts beinahe durchgehend der Fall war. Menzels in den Anekdoten gespiegelte Wirklichkeitsverpflichtung mag hierher gehören, das Zeichnen oder Malen seines verkrumpelten Fußes oder die Hingabe auch an Hässliches, Schreckendes oder gar Abstoßendes. Doch mehr noch dienen derartige Anekdoten der Feier seiner künstlerischen Besessenheit. Eine Ausnahme stellt vielleicht die folgende Anekdote dar, die auf den ersten Blick eher als Beleg für Menzels Frauenfeindlichkeit gelten kann.

Eine ebenso reiche wie junge und schöne Bankiersfrau wollte sich von Menzel malen lassen. Wie sie ihm nun Modell saß, warf er plötzlich den Pinsel fort und äußerte höchst verdrießlich: «‹Es tut mir leid, meine Gnädige, aber ich kann ihr Gesicht nicht malen!› Auf die erstaunte Frage: ‹Warum nicht?› die prompte Antwort: ‹Weil nichts drin ist!› Damit verschwand er.»[34] Die Anekdote soll von Elisabeth Milner, verwitwete Menzel, der Ehefrau von Menzels früh verstorbenem Bruder Richard stammen – die Menzel sehr geschätzt hat, was die Ambivalenz seiner Misogynie nur deutlich macht. Dennoch: Die Bemerkung zu dem leeren Gesicht ist nicht ohne eine bezeichnende kunsttheoretische Herkunft zu denken. Der Erfinder des *blot*, Alexander Cozens, hat eine Reihe von kleinen kunsttheoretischen Traktaten geschrieben, die in seiner «New Method of Assisting the Invention in Drawing Original Compositions of Landscape» von 1785/86 gipfelten. Mittels *blots*, ungegenständlichen, auf der Papierfläche verteilten Tuschstrukturen, suchte er Anregungen für Landschaftskompositionen zu bekommen.[35] Er begriff, dass unterschiedliche Strukturen auf dem Papier unterschiedliche Ausdruckscharaktere hervorbringen, und suchte den jeweiligen Ausdruck einer Strukturierung auch sprachlich zu fassen. Die genannte Untersuchung ist nicht ohne Konsequenzen für sein Traktat «Principles of Beauty relative to the Human Head» von 1778 geblieben.[36] Diese Schönheitsprinzipien demonstrierte er in einer neunzehnteiligen Kopfreihe, von gänzlicher Ausdrucksleere bis zu starker Ausdruckshaltigkeit durch individuelle Züge – nicht durch Leidenschaftsäußerungen, die das Gesicht verzerren. Das erste, ausdrucksleere Gesicht stellt so etwas wie einen idealen griechischen Schönheitstypus dar, Cozens nennt es «terra inanima», seelenlos und sinnlos, ohne Wirkung. Für den Physiognomiker Lavater waren Cozens' erste Köpfe gänzlich monoton.[37] Gesichter ohne Züge, die nicht auf gelebtes Leben verweisen, dürften auch für Menzel uninteressant gewesen sein. Damit bezeichnet die Anekdote eine zentrale Dimension von Menzels Wirklichkeitsauffassung: Schönheit war für ihn Lebenswahrheit, und insofern – auch dazu gibt es Anekdoten – war der «Punch», die englische Satirezeitschrift, für ihn wichtiger als jedes noch so schöne klassische Werk.[38] Auch Friedrich II. hat um Normalität gekämpft, doch die Zeiten haben sie ihm nicht gestattet. So musste sie ihren Ort in den Anekdoten finden.

6. Kapitel

Mark Rothkos Bilder als Anekdoten

Der Abstrakte Expressionismus im Amsterdamer Stedelijk Museum

Bevor das verblüffende Faktum, dass Mark Rothko beständig den Anekdotenbegriff bemüht, genauer erörtert werden soll, sei eine Anekdote aus dem Amsterdamer Stedelijk Museum referiert. Während das Rijksmuseum in Amsterdam schrittweise von einem Bildermuseum zu einem kulturhistorischen Museum geworden ist, das nicht nur mit Silberzeug, besonders geformten Blumenvasen und Kacheln unterhält, sondern auch riesige Schlachtenschinken zeigt, die wir lieber im Historischen Museum der Stadt gesehen hätten, hat das Stedelijk Museum gegen allen Zeitgeist zu einer geradezu rigiden kunsthistorischen Ordnung gefunden. In einer Fülle kleiner Kojen werden die Ismen und Richtungen des 20. Jahrhunderts abgehandelt, in erstaunlich einleuchtender Form. Einleuchtend vor allem durch Reduktion auf jeweils wenige exemplarische Belege.

Die Koje des amerikanischen Abstrakten Expressionismus weist einen Pollock, einen Newman, einen Rothko, einen Philip Guston auf, das ist so gut wie alles.[1] Mit der Auswahl sind auch die Jahrzehnte markiert, in denen der Abstrakte Expressionismus seine Hochphase hatte. Jackson Pollocks «The

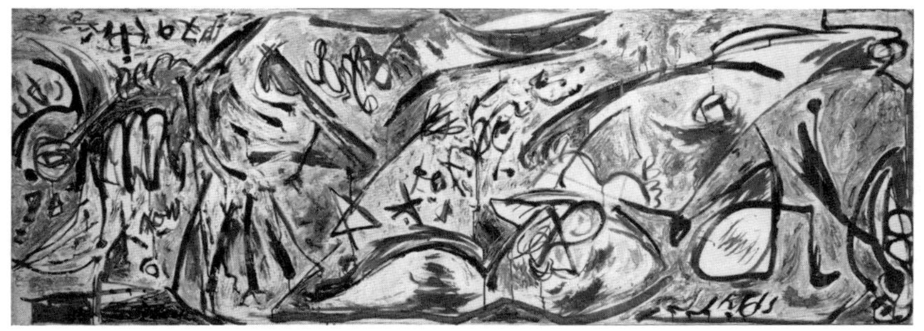

Jackson Pollock, The Water Bull, 1946, Öl auf Leinwand, 76,5 × 213 cm, Amsterdam, Stedelijk Museum Abb. 19

Water Bull» (Abb. 19) ist 1946 datiert. Darauf zu rekurrieren ist eine kluge Wahl, denn «Water Bull» stammt aus der Accabonac-Creek-Serie, ist zwar ungegenständlich, aber noch figurativ und entstand im Jahr, bevor Pollock mit den Drippings begann. Das Stedelijk Museum besitzt durchaus eines der Drippings von 1948. Wenn es für die Koje bewusst die Vorstufe wählt, dann um dreierlei zu verdeutlichen, das für die weitere Entwicklung des Abstrakten Expressionismus vor allem bei Newman und Rothko vorbildhaft wurde. Zum einen zählt das Format, das riesige Bild ist sehr viel breiter als hoch. Die Breite übersteigt das menschliche Maß insofern, als wir keinen Stand vor dem Bild finden können und die Orientierung verlieren. Dies ist allerdings nicht nur das Resultat des Formats, vielmehr auch dadurch bewirkt, dass, zum zweiten, keine Bildordnung auszumachen ist. Weder Zentrierung noch Korrespondenzen verweisen auf eine klassische Kompositionsform. Und zum dritten macht der Bildtitel «The Water Bull» aufmerksam auf den aggressiven Einsatz von Formen, Linien und ungefilterten Farben. Das Bild strotzt vor Kraft.

Format, Verunsicherung durch fehlende kompositorische Ordnung und ein gegenständlicher Titel für etwas Ungegenständliches als Hinweis auf eine Ausdrucksdimension des Bildes, zugleich als eine bewusste Art seiner Mythisierung, sind in der Folge zentral für Barnett Newman und Mark Rothko gewesen. Allerdings muss man auch sagen, dass Rothko schon 1943 ein Bild mit «The Syrian Bull» betitelt und Newman ohnedies für alle im Abstrakten Expressionismus zentralen Verfahren der Bildanlage und -rezeption die Priorität für sich beansprucht hat. Das führte schon in den fünfziger Jahren, als die Gruppe der Abstrakten Expressionisten erfolgreich wurde, dazu, dass sie untereinander heillos zerstritten waren: Rothko, Clyfford Still, Ad Reinhardt warfen sich wechselseitig geistigen Diebstahl, Plagiierung oder Korrumpierung durch den Erfolg vor.[2] Dabei mögen, das gilt es nachdrücklich zu betonen, die Vorbedingungen ihrer Produktion zum Teil eng miteinander verwandt sein – das Ziel jedoch ist jeweils ein anderes. Am Verhältnis der Kunst von Newman und Rothko zueinander wird das zu zeigen sein.

Im Stedelijk Museum ist auch die Wahl des Newman-Bildes klug. Obwohl das Museum Newmans vielleicht berühmtestes Bild, «Who's afraid of Red, Yellow and Blue III» von 1966/67, besitzt, hat es in der Koje «Cathedra» (Taf. 31) von 1951 ausgestellt, ebenfalls ein extrem breites Bild, das bereits die Grundbedingungen von Newmans Bildanforderungen demonstriert. Angeleitet von den Beobachtungen, die Max Imdahl zu «Who's afraid of Red, Yellow and Blue III» angestellt hat,[3] lässt sich auch für «Cathedra» feststellen, dass die Newman'schen «Zips», die schmalen senkrechten Streifen, so angebracht sind, dass wir die vorherrschenden Blaufelder nicht als durch die Bildfläche in der Ausdehnung bestimmt und damit eingeschränkt und domestiziert erfahren, vielmehr in ihrer Eigenständigkeit begreifen können. Zudem sind die Zips durch ihre Anbringung und ihre leicht unterschiedliche Breite auf subtile Weise geeignet, unsere Wahrnehmung zu irritieren. Misst man nach, so sind die großen Blaufelder, die von dem breiteren und dem schmalen Zip eingefasst sind, absolut identische Quadrate, gefolgt von einem schmaleren Streifen Blau jenseits des schmalen Zips. Doch wir können dies nicht im Sehen erfahren. Wir nehmen das rechte Quadrat geradezu als Längsrechteck wahr, als größer als das linke Quadrat. Der breitere weiße Zip zwingt das linke Quadrat optisch in die Quadratform, während er das rechte Quadrat nach außen zu drängen scheint. Der extrem schmale rechte Zip scheint zu schwach, um das rechte Quadrat als Quadrat bestimmen zu können. Bezogen auf die Bildfläche in ihrer Erstreckung sind die Zips ordnungslos angebracht, folgen keinerlei kompositorischen Prinzipien, sind somit wie das Blau freigesetzt (auch im Wortsinn). Das Verhältnis der Zips zum Blau, so ausgeprägt es ist, ist unabhängig vom Bildträger, oder richtiger, die Zips demonstrieren auf der Fläche ihre Unabhängigkeit vom Bildträger.

Newman hat die Titelgebung für seine Bilder als eine Art Anleitung für den Betrachter begriffen. Wenn er seinem Gemälde den Titel «Cathedra» gibt, dann scheint es nicht abwegig, darin einen Verweis auf den Lehrcharakter der jüdischen Religion zu sehen, bei der die Ausdeutung der mit Moses beginnenden Gebote, die Mitzwa, entscheidend ist, nicht der Glaube an sich.[4] Newman, der wie Rothko jüdischen Traditionen entstammte, dürfte die Verpflichtung gegenüber den Geboten auf die Kunst übertragen haben und die Gebote der

Kunst, die er mit Nachdruck vertrat, vor allem in Bezug auf die richtige Rezeption der Werke als ursprünglich und unhintergehbar begriffen haben wie die Gebote der Mitzwa. Das, was die Tradition insbesondere der europäischen Kunst mit ihren klassischen Regeln über Jahrhunderte verschüttet hatte, galt es für Newman wieder freizulegen. So macht es Sinn, dass im Stedelijk Museum Pollocks und Newmans Bilder einander gegenüber hängen. Das zweite Bild ist die Weiterentwicklung des ersten.

Neben Pollocks Gemälde hängt im Stedelijk Mark Rothkos «Untitled (Umber, Blue, Umber, Brown)» von 1962 (Taf. 32), dem bei meinem letzten Besuch 2019 mein eigentliches Interesse galt. Ich stellte mich so vor das Gemälde, wie es Rothko und Newman gleichermaßen fordern: Abstand nicht mehr als 45 Zentimeter, den Blick, ohne ihn zu wenden, konzentriert auf das Zentrum gerichtet. Was insofern genau aufging, als Rothko wie Newman eine tiefe Hängung ihrer Bilder forderten, so dass der Kopf des Betrachters in der Höhe des Bildzentrums erscheint. Der konzentrierte Blick ins Zentrum des großen blauen Feldes ließ mich die Webstruktur der Leinwand sehen, auch die minimale Differenz des Farbtones zwischen den Hügeln und Tälern des Gewebes wahrnehmen. An den Rändern des Sehfeldes konnte ich ahnen, dass die Dunkelheit des Blaus leicht abnahm. In der Nähe der Ränder kam unter der dunkleren Farbe, auf die ich mir zuerst keinen Reim machen konnte, ein reineres Blau zum Vorschein, das am Ende leicht ausfranste.

So weit war ich gekommen, als eine Museumswärterin erschien und mich ermahnte, doch größeren Abstand vom Bild zu nehmen. Ich versuchte ihr zu erklären, dass der Künstler den geringen Abstand gefordert habe. «Wozu das?», war die Gegenfrage. Nun, erst solle man konzentrierten Blicks in der Nahsicht die strukturelle Wirklichkeit des Bildes wahrnehmen. «Ja, und?» Das, versuchte ich verständlich zu machen, könne das menschliche Auge nur eine Zeitlang, dann würde es ermüden, der Blick würde leicht verschwimmen, und das Pulsieren des Blutes in unserem Auge würde den Gegenstand vor uns für unsere Empfindung in leichte Schwingungen versetzen, wir würden eine Art Lebendigkeit des Bildes erfahren können. Ob sie mich nicht noch eine Weile vor dem Bild stehen lassen könnte, ich würde auch die Hände hinter meinem Rücken verschränken. Sie zögerte einen Moment: «Na gut, ich mache jetzt meine Runde, lasse mir etwas Zeit, und wenn ich wiederkomme, müssen Sie mit Ihrer Erfahrung fertig sein.» Dann schob sie noch hinterher: «Heute Abend werde ich das auch ausprobieren!» Glückliches Amsterdam, in Berlin wäre ich des Saales verwiesen worden. Nach gut zehn Minuten kam sie zurück, ich war gerade so weit, das Pulsieren zu erfahren. Den physiologischen Parcours hatte ich absolviert, aber an den Übergang zur Transzendenz, den Rothko und auch Newman als endgültiges Ergebnis des Vorgangs der Bildrezeption erwarten, war unter diesen Umständen nicht zu denken. Doch dazu später.

Die Kunstgeschichte hat die Aufgabe, wenn sie derartige Wirkungen eines Werkes erfahren hat, zu untersuchen, wie sie zustande kommen, und zwar indem sie den Werkprozess, die Art des Farbauftrags und der Pinselfaktur nachvollzieht. Rothko scheint es darauf angelegt zu haben, dies zu ermöglichen. Wir erkennen sofort den schichtenweisen Farbauftrag, da die Farbschichten sich deutlich sichtbar überschneiden.

Über die Grundierung können wir keine Aussage machen, da die Farbe der Imprimitur, ein rötliches Braun, deckend bis zu den Bildrändern reicht, sie ist so etwas wie die Basis, die Folie des Ganzen. Auf diesen Grund sind drei längsrechteckige Farbfelder aufgetragen, die, da sie unregelmäßig begrenzt sind und auch ausfransen, auf dem Grund zu schweben scheinen. Die drei Felder sind in ihrer Gewichtung deutlich abgestuft. Das obere längsrechteckige Feld ist das schmalste, die Farbbenennung im Titel klassifiziert es als umbrafarben. Umbra ist ein Erdton, der in verschiedenen Varianten Verwendung findet. Rohe Umbra, die Rothko benutzt hat, ist wenig farbsatt, erscheint graubraun und kann, wie hier, auch eine stärkere Tendenz zu Grau haben. Im Gegensatz zu Ocker hat rohe Umbra einen leichten Grünton. Gebrannte Umbra dagegen hat einen sehr viel stärkeren Rotton, raffinierte Umbra gar eine Tendenz zu Violett. Rothko wird gewusst haben, wie Umbra farb- und malereigeschichtlich vor allem eingesetzt wurde: Sie diente zur Abschattierung, auch zur direkten Schattengabe.

Auf das schmale Umbrafeld folgt in geringem Abstand, der das Rotbraun des Grundes als schmalen Streifen freilegt, das große blaue, das Bild bestimmende Hauptfeld im Zentrum. Darunter, der Abstand ist minimal breiter als derjenige, der das obere Umbrafeld vom großen Blau trennt, folgt wieder ein Umbrafeld, größer als das erste, doch ebenfalls sehr viel kleiner als das Blaufeld. So wird man sagen können, dass das hochformatige Bild einen aufrechten Stand demonstriert, ein Oben und ein Unten aufweist. Doch das Blaufeld ist nicht einfach blau. Schaut man genau hin, so stellt man fest, dass die Umbrafelder ein kleines Stück weniger breit sind als das Blaufeld und dass über das Blaufeld in transparentem Farbauftrag ein Umbrafeld gelegt ist, genau in der Breite der beiden begleitenden Umbrafelder; auch oben und unten auf dem Blaufeld ist ein entsprechend breiter Streifen ausgespart. Dieser Streifen legt an allen vier Seiten des Blaus dessen ursprüngliche strahlende Preußischblau-Farbe frei. Da das Blau jedoch in seiner Wirkung so stark ist, minimiert es die Wirkung der transparenten Umbra. Diese stumpft das Blau zwar ab, lässt es jedoch weiter blau sein. Zudem ist zu sagen, dass das obere Umbrafeld dünnflüssiger aufgetragen ist als das untere, was oben den braunen Grund stärker durchscheinen lässt. Diese dünnflüssigere Umbra scheint auch über das Blau zur Abschattierung gelegt worden zu sein. Trotz der Schwebeerfahrung, die die drei Felder über dem braunen Grund auslösen, lastet so die Figuration unten etwas stärker auf, besitzt einen Körper oder folgt in Grenzen der Schwerkraft.

Rothko hat sich mehrfach zur Rolle der Farbe geäußert. Nicht die Farbe als solche war ihm wichtig, vielmehr die Möglichkeit räumlicher Erfahrung durch Farbe: «… denn die Erfahrung der Tiefe ist eine Erfahrung des Durchdringens von Schichten von Dingen, die immer weiter entfernt sind.» «Ich meine, wir drücken auf diese verschiedenen Weisen aus, wie abhängig wir von den Empfindungen sind, dass die Dinge näher oder weiter entfernt sind, wenn es darum geht, ein wirkliches Verhältnis zu ihnen herzustellen.»[5] Schon hier ist mit Nachdruck festzuhalten, dass Rothko – was im Zusammenhang mit gänzlich abstrakten Bildern verwundern mag – ausdrücklich von Dingen spricht, die wahrgenommen werden; andernorts nennt er sie auch «Gegenstände». Wenn Rothko den Betrachter in unmittelbarer Nähe frontal vor dem Bild postiert sehen will, um ihm die doppelte Seherfahrung zu ermöglichen – das Erkennen der Leinwandstruktur und der aufsitzenden Farben, dann das Verschwimmen zu den Rändern hin und folgend das Erfahren des vermeintlichen Pulsierens der Leinwand –, dann soll der Betrachter schon bei der ersten Seherfahrung realisieren, dass er die Ausdehnung des Farbfeldes nicht greifen kann, sie bleibt unbestimmt, potenziell unendlich, während die zweite Seherfahrung im Sinne von Systole und Diastole ein Aus- und Einatmen des Bildes imaginiert, ein Vordringen und Zurückweichen, das die Fläche des Bildes aufhebt. Nun ist Blau besonders geeignet, eine entsprechende Erfahrung zu ermöglichen, zieht es uns doch an und weicht zugleich vor uns zurück. Es löst Sehnsucht aus, wie etwa Goethe bei der Betrachtung der Tiefe des blauen Himmels erfuhr; er hat das Phänomen in seiner «Farbenlehre» beschrieben.[6] Dass Rothko das Blau mit transparenter Umbra abschattiert, es mildert, zugleich verdüstert, verstärkt das Bedürfnis nach Vertiefung.

In der klassischen Farbenlehre bilden die drei Grundfarben Rot, Gelb und Blau die Farbtrias, aus der alle anderen Farben zu mischen sind. Barnett Newman betont mit Nachdruck, dass ihn eine harmonische Zusammenstimmung der Farben nie interessiert habe. Ihm sei es darum gegangen, die Farben aus dem Zwang ihrer ästhetischen Anordnung zu befreien und sie zu sich selbst kommen zu lassen, indem sie im Wortsinn bedingungslos im Bild zur Anschauung kommen.[7] Insofern fragt er: «Who's afraid of red, yellow and blue?», wer hat Angst vor ungezügelten Farben, noch dazu den drei Farben, die alle anderen bestimmen? Tendenziell ist ihm Mark Rothko in dieser Farbauffassung gefolgt. Auch für ihn sind die Farben nicht an Dinge gebunden, nicht dienend, vielmehr sind sie die

Dinge selbst. Nun sind fraglos auch für ihn die drei Grundfarben zentral, doch anders als bei Newman kommen sie in seinen Bildern selten ohne Abtönung aus. Wichtiger allerdings scheint die Frage nach seinen ungewöhnlichen Farben zu sein, dem intensiven Orange, dem in verschiedenen Tonlagen vorkommenden Violett und besonders dem bei anderen Künstlern sehr selten in dieser Form verwendeten Braun. Die Forschung hat sich diese Frage, so ich recht sehe, nicht gestellt. Auch dass die Farben bei Rothko ausfransen, keine klar begrenzten Farbfelder bilden, scheint mir als Phänomen einfach hingenommen worden zu sein. Schließlich hat man auch die Tatsache, dass die Farben in größeren und kleineren Feldern aufeinander aufsitzen, schlicht auf sich beruhen lassen.

Zur Erklärung des Vorkommens dieser Phänomene in der Wirklichkeit der Bilder hätte ich einen, wie mir scheint, nicht so abwegigen Vorschlag zu machen, zumal Rothko noch und noch auf den Wirklichkeitsanspruch seiner Bilddinge, als welche er, um es noch einmal zu sagen, die Farben bzw. die Farbfelder verstand, absoluten Wert gelegt hat. So bitte ich, folgende Versuchsanordnung zu befolgen: Stellen Sie, möglichst im Hochsommer, einen Liegestuhl so, dass er einer relativ hochstehenden Sonne am klaren Himmel gegenübersteht. Setzen Sie sich hinein, wenden Sie Ihren Kopf direkt zur Sonne, und zwar mit geschlossenen Augen. Unter Ihren geschlossenen Lidern werden Sie ein durchgehendes intensives Orange erfahren. Bringen Sie in einiger Entfernung Ihre Hand zwischen Sonne und Auge, so dass die Sonne komplett verdeckt ist. (Wobei zwischen den Ritzen der Finger Lichtreste logischerweise durchdringen werden, der entsprechende Effekt wäre etwa mit einem gehaltenen Holzbrett nicht zu erzielen.) Wenn

Sie dann Ihre Hand sehr langsam den Augen nähern, so erfahren Sie das Orange schrittweise zunehmend abschattiert. Nähern Sie die Hand weiter den Augen, wird das Orange zu einem Violett, dann kommt ein kurzer Moment, wo im bereits ein wenig abschattierten Violett ein mehr oder weniger runder orangefarbener Kreis auftaucht. Wenn Sie diese Erfahrung festzuhalten suchen – was nicht ganz einfach ist –, so stellen Sie fest, dass der orange Kreis nicht fest umrissen ist, sondern an den Rändern ausfranst. Bei weiterer Annäherung der Hand verschwindet der Kreis, das Violett bekommt einen Grauton und schlägt schließlich, letzte Stufe, in welche Farbe um? In der Tat in ein Braun, in den Ton, den Rothko als Grund seines Gemäldes genutzt hat.

Ist es Zufall, dass Sie Rothkos Hauptfarben erzeugen (Taf. 33) und auch eine Reihe von Phänomenen seiner Bilder produzieren konnten wie das Abschattieren, die Überlagerung von Farben, das Ausfransen an den Rändern? Zu der Überzeugung, dass diese oder eine verwandte Erfahrung Rothko zu seinem besonderen Spektrum verhalf, hat mich die Existenz der sehr ungewöhnlichen Farbe Umbra in seinen Gemälden gebracht, noch dazu in ihren Abtönungen. Kaum ein Künstler sonst verwendet sie. Liegt eine entsprechende Erfahrung wie die geschilderte zugrunde, so würde dies auch erklären, warum Rothko mit einem solchen Nachdruck auf dem Dingcharakter, der Wirklichkeitsdimension der Farbfelder bestand: Sie entstammen einer realen Erfahrung. Doch so sehr die Wahrnehmung physiologisch zu beschreiben ist, sie bildet sich, wenn man so will, in uns.

Rothkos Reflektieren über den Dingcharakter seiner Bilder

In seinen schriftlichen Äußerungen kreist Rothko um den Dingcharakter, den Wirklichkeitsanspruch seiner Kunst. Sie sei nicht abstrakt, sondern wirklich. Rothkos frühestes und umfangreichstes Manuskript stammt aller Wahrscheinlichkeit nach von 1940/41. Er plante, daraus ein Buch zu machen, es ist jedoch nicht über einzelne überlieferte Manuskriptteile hinausgekommen, deren Chronologie zudem unklar ist. Aufgrund der jahrelangen Streitereien um Rothkos Nachlass ist der Text bis 2004 unbekannt geblieben, als er von Rothkos Sohn Christopher herausgegeben und eingeleitet wurde.[8] Die Anordnung der Teile stammt von Christopher Rothko, der dem Ganzen eine einigermaßen logische gedankliche Abfolge geben wollte. Sucht man nach einem Kriterium für ein Vorher oder Nachher der Teile, so könnte es meiner Meinung nach das unterschiedliche Maß an Didaktisierung sein. Einige Kapitel sind in einer etwas aufdringlichen Weise didaktisch gefasst, wie etwa das umfangreiche Kapitel «Plastizität», das Christopher Rothko eher in der Mitte des Gesamtmanuskriptes eingefügt hat. Es erinnert in seinem Duktus jedoch an Rothkos frühe Tätigkeit als Kunstlehrer an verschiedenen Colleges, als er versuchte, didaktische Programme für den Unterricht zu entwerfen.

Wie auch immer, das Manuskript ist Ausfluss einer grundsätzlichen Neuorientierung. Bis 1939 hatte Rothko gegenständlich gemalt. In einem um 1945 (das Jahr stellt wiederum einen Einschnitt in Rothkos Kunstauffassung dar) formulierten Text heißt es zum Jahr 1939: «Ich hörte auf zu malen und verbrachte fast ein Jahr damit, sowohl durch Schreiben als auch durch Studium meine Ideen über Mythos und Anekdote, die Grundlage meiner gegenwärtigen Arbeit, zu entwickeln.»[9] Rothkos verblüffende Formulierung, dass Mythos und Anekdote die Grundlage seiner gegenwärtigen Arbeit um 1945 bilden, gilt es besonders zu betonen. Im Manuskript von 1940/41 hat er um den Begriff der Anekdote gerungen. Mehrfach erscheint er gänzlich konventionell verwendet, doch muss man genau und im Kontext lesen, etwa wenn Rothko schreibt: «Normalerweise verdankt sich die Stimmung der Malerei der Wirkung der Anekdote, also des Geschehens, das auf dem betreffenden Bild zu sehen ist.»[10] Dem entspricht eine Formulierung, die er im Zusammenhang mit seiner auch ein wenig schwankenden Reflexion über das Sujet und seine Elemente findet: «Die meisten Leute erkennen als Erstes die Objekte, als Zweites die Beziehung, in der sich diese innerhalb einer Anekdote, Situation oder Aktion befinden, und als Drittes die subjektive Befindlichkeit der Figuren auf dem Bild sowie dessen Grundstimmung. Erst ganz zuletzt erschließt sich dem Betrachter die abstraktere Erfahrung, auf die das Bild anspielt: etwa ob es dem Maler gelingt, ganz ohne Objekte oder Anekdoten eine bestimmte Stimmung zu evozieren.»[11] Der Weg zur Abstraktion ist angedeutet, die Anekdote auf den Platz der bloßen Bilderzählung verwiesen. Doch wenig später heißt es: «Mag sein, dass die Kunst Sujetelemente verwendet, die nicht sofort als Anekdoten oder als vertraute Objekte zu erkennen sind, und dennoch muss sie irgendwie unsere Erfahrung ansprechen. Doch statt uns an Vertrautes zu erinnern, operiert sie einfach auf einer völlig anderen Ebene. Das heißt sie appelliert an unsere abstrakte Erfahrung mit den uns vertrauten

Beziehungen zwischen Raum und Formen. Und sie hat ihre ganz eigenen Anekdoten. Denn jede Beziehung impliziert eine Anekdote, freilich nicht unbedingt im Sinne einer Geschichte, die um menschliches Tun kreist, es kann sich dabei auch durchaus um eine philosophische Erzählung handeln, die uns darüber aufklärt, wie sich die diversen aufeinander bezogenen Elemente einem gemeinsamen Ziel dienstbar machen lassen.»[12] Erst scheint es eindeutig: Auch die abstrakte Kunst hat ihre Anekdoten. Doch dann wird der Gedanke wieder leicht verunklärt: Die Anekdoten stellen eine philosophische Erzählung dar? Letztlich schlägt ein platonischer Idealismus durch. Auf einer höheren Ebene, so sollen wir wohl verstehen, wachsen die Elemente eines abstrakten Bildes zu einer anekdotischen Einheit zusammen.

Rothko formuliert dies, bevor er selbst abstrakt malt. Für eine Zeitlang orientiert er sich am Surrealismus der aus Europa nach New York emigrierten Künstler, etwa an Max Ernst. Er wählt mythologische Bildtitel, um eine Spannung zwischen Bildtitel und weitgehend abstrakter Figuration aufzumachen, die den Betrachter zu einer Transferleistung auffordert. Er soll die Lücke schließen, indem er die Bildelemente im Sinne eines mythologischen Verständnisses liest. Doch als Rothko 1943 zusammen mit Adolph Gottlieb seinen berühmten Brief formuliert, nachdrücklich angeleitet durch Barnett Newman,[13] ist er nicht mehr gänzlich sicher, ob er die Bedeutung der Anekdote so einschränken muss wie in den folgenden Passagen des Manuskripts von 1940/41: «Mit der Renaissance beginnt der Niedergang jener konkreten Allegorie oder Anekdote, die es dem Künstler bis dahin ermöglicht hat, seine Wirklichkeitsdeutung zu verbildlichen.»[14] Und gleich darauf: «Das ist auch der Grund, warum die Anekdoten der alten Griechen stets den Geist des Unendlichen atmen, während es uns fast gänzlich unmöglich ist, eine Anekdote in solche Höhen zu schrauben.» «Jetzt begriffen die Künstler, dass die Wirklichkeitsdeutung der Gegenwart über keinen Mythos verfügte, der es gestattet hätte, zwischenmenschliches Verhalten mit Hilfe einer Anekdote zu verbildlichen. Daher griffen sie bei der Wahl ihrer Sujet-Elemente nicht auf irgendwelche Anekdoten zurück, sondern auf Abstraktionen von den Formen und Wahrnehmungen, die für das Wirklichkeitsverständnis des zeitgenössischen Menschen besonders typisch sind.»[15]

Der Surrealismus lehrte Rothko zwar, dass es sinnvoll ist, zu ursprünglichen, überzeitlichen, psychischen Urerfahrungen zurückzugehen, doch die subjektiven Mystifikationen des Surrealismus, sein spielerisches So-tun-als-ob – als ob es ihm möglich sei, zu den Quellen alles Seins zurückzukehren – konnten Rothko nicht zufriedenstellen. Für ihn ist die Kunst etwas Ernstes, Existentielles, ja, sie hat etwas von der Tragik der Existenz aufzubewahren, wie er sie in der archaischen, auch in der indigenen Kunst findet. 1945 ist er zu gedanklicher Klarheit gelangt, nimmt Abstand von jeder figürlichen Allusion und damit auch vom Surrealismus. In einer persönlichen Stellungnahme formuliert er klipp und klar: «Ich halte mich an die Wirklichkeit der Dinge»,[16] und führt weiter aus, was genau er unter Wirklichkeit verstehen will. Da er den Text dieser Stellungnahme im Katalog der Ausstellung «Painting Prophesy» von 1950 wiederabdruckt,[17] können wir davon ausgehen, dass die hier entwickelte Begrifflichkeit für den Rest seines Lebens Gültigkeit bewahrt hat. Denn 1949 ist Rothko endgültig bei der Farbfeldmalerei angelangt, die für ihn für alle Folgezeit verbindlich blieb. Er schreibt: «Die abstrakten Künstler haben vielen ungesehenen Welten und Zeiten eine materielle Existenz verliehen. Aber ich weise ihr Leugnen der Anekdote zurück, so wie ich auch das Leugnen der materiellen Existenz der gesamten Realität zurückweise. Denn für mich ist Kunst die Anekdote des Geistes und die einzige Möglichkeit, den Zweck seiner Lebendigkeit und seines Stillseins greifbar zu machen.»[18]

Da der Begriff der Anekdote hier eine absolut zentrale Rolle für Rothkos Selbstverständnis gewinnt und damit auch für das Verständnis seiner Kunst durch den Rezipienten, sei noch einmal versucht, Rothkos Vorstellung von der Wirklichkeit der Anekdote zu beschreiben. Wenn für ihn Kunst die Anekdote des Geistes ist, dann ist auch zu klären, was er in diesem Zusammenhang mit «Geist» meint. Sicher, nach seiner ausführlichen Lektüre philosophischer Schriften hat der Begriff für ihn noch eine idealistische Dimension. Doch wichtiger dürfte sein, dass Rothko den Prozess der Bildproduktion und -rezeption insofern als einen geistigen begreift, als es nicht nur darum geht, auf den Dingcharakter des Dargestellten abzuheben, sondern eine Relation der Dinge zu realisieren bzw. zu analysieren, sich dabei aber vom Gefühl tragen und die Dinge sich zu einem Gesamtbild fügen zu lassen. Die Frage wird sein, was dadurch eröffnet wird. Es gibt nicht wenige überlieferte Reaktionen auf Rothkos Bilder, die insbesondere die buntfarbigen als schön, harmonisch, gar als optimistisch empfinden. Rothko war empört darüber, für ihn waren seine Bilder tragisch und zeitlos.[19] Das wiederum hängt mit seinem Mythosbegriff zusammen.

Beide Begriffe, der des Mythos und der der Tragödie, sind

entscheidend von seiner frühen Nietzsche-Lektüre geprägt. Noch Mitte der fünfziger Jahre plante er einen Essay über Nietzsches «Geburt der Tragödie», in der Absicht, seinen Rezipienten seine Vorstellung vom tragischen Charakter seiner Bilder verständlich zu machen.[20] Alle emotionale Kunst, zu der er die seine zählt, ist für ihn vom Tragischen, vom Schmerz, der Enttäuschung und von Todesangst geprägt. Alle mythischen, archaischen Urerfahrungen, die er mit seinen abstrakten Farbfeldbildern evozieren will, sind nach seiner Überzeugung von Grauen und Angst besetzt.[21] Schon ganz am Beginn seines Textes, der auch für andere Abstrakte Expressionisten von Bedeutung gewesen ist, fragt Nietzsche: «Ist Wissenschaftlichkeit [als dem Zeitgeist entsprechend und aller Kunst entgegengesetzt] vielleicht nur eine Flucht und Ausflucht vor dem Pessimismus? Eine feine Notwehr gegen die – Wahrheit?»[22] Die Geburt der griechischen Tragödie sieht Nietzsche in archaischer, vorklassischer Zeit, geprägt vom Unbewussten des Dionysischen. Die Geschichte der Tragödie erfolgt für ihn durchaus entwicklungsgeschichtlich. Das nachfolgende Apollinische der klassischen Epoche ist für ihn in einem ständigen Kampf mit dem dunklen Dionysischen befangen, nur um in hellenistischer Zeit dem tragischen Dionysischen wieder Tribut zollen zu müssen.

Der schöne Schein des Apollinischen gründet nach Nietzsche auf dem «ästhetischen Sokratismus», der dekretiere: «… alles muß verständlich sein, um schön zu sein.»[23] Gegen dieses Verstandesmäßige macht Nietzsche das Instinktmäßige stark, hinter dem sich die eigentliche, tiefere Wahrheit verbirgt, die jedoch unkontrollierbar bleibt. Ihr ist man ausgeliefert, und schon insofern trägt sie tragische Züge. Hinter den

Grenzen der Logik offenbart sich der dionysische Schrecken. Dieses Unkontrollierbare, nur Gefühlte sieht Nietzsche für die Kunst in der Musik aufgehoben, und als Beleg dafür zitiert er Schopenhauer, für den die Musik dies leistet, «weil sie nicht wie jene alle [die anderen Künste], Abbild der Erscheinung, sondern unmittelbares Abbild des Willens selbst sei und also zu allem Physischen der Welt das Metaphysische, zu aller Erscheinung das Ding an sich darstelle».[24] Von hierher dürfte Rothko seinen Dingbegriff bezogen haben, ist für ihn doch auch eine genaue Schopenhauer-Lektüre überliefert.

Nach Nietzsche sagt Musik in der Allgemeinheit bloßer Form aus. Melodien seien Abstraktionen der Wirklichkeit. Und schließlich: Musik in ihrer höchsten Form sei dionysische Weisheit, Ausdruck des Tragischen.[25] Setzt man anstelle von Musik abstrakte Kunst ein, so hat man geradezu Rothkos Programm, denn auch Nietzsche wendet die Erkenntnisse aus der Tradition der griechischen Tragödie auf die gegenwärtigen Verhältnisse an. Für die Musik sieht er in Richard Wagner den zeitgenössischen dionysischen Künstler, und insofern hofft er auf «das allmähliche Erwachen des dionysischen Geistes in unserer gegenwärtigen Welt».[26] Was man aus der Tragödie, aber auch generell aus dem Tragischen ziehen kann, ist metaphysischer Trost.

Es sollte nun verständlich geworden sein, dass Rothko als Resultat seiner Bemühungen die Auffassung seiner Kunst als apollinisch schön geradezu verzweifelt ablehnen musste. Er konnte sie nur für ein vollständiges Missverständnis halten, denn sie würde seine Kunst als ein bloßes Oberflächenphänomen wahrnehmen, als bloße Dekoration. Statt die Oberfläche zu betonen, auf der schöne Farben verteilt sind, arbeitet er auf die Erfahrung von Tiefe hin, die unauslotbar ist. Sie soll den Betrachter auf sich selbst zurückwerfen, auf dass er den eigenen Gefühlen nachspürt, um existentielle Erfahrungen zu machen, die man metaphysisch nennen kann, da sie uns zum Ursprung der Dinge, den Dingen an sich, zurückführen.

Doch für Nietzsche gibt es keine ausschließende Gegenüberstellung von Apollinischem und Dionysischem, sondern eher einen Durchgang vom Apollinischen zum Dionysischen, und dieser Durchgang soll bei Rothko in jedem Werk anschaulich werden. Nietzsche formuliert dies an zwei Stellen, und Rothko konnte sie geradezu als Anleitung für seine Kunst begreifen und sich in seiner Überzeugung bestärkt sehen, dass im Rückgang zu den Ursprüngen der Kunst, in bewusster Archaik, das Mythische inhärent ist. Es gerinnt nicht in benennbare Gestalten, sondern ist im archaischen Ding insofern anwesend, als das Ding Ausdruck transzendentaler Erfahrung ist. Wenn Nietzsche schreibt: «Der tragische Mythos ist nur zu verstehen als eine Verbildlichung dionysischer Weisheit durch apollinische Kunstmittel»,[27] dann sind für Rothko die schön erscheinenden Farbfelder für den Betrachter im Wortsinn zu durchschauen auf das dahinterliegende Tiefe. Und um diese Erfahrung machen zu können, ist Rothkos Rezeptionsvorgabe – extrem nah vor dem Bild zu stehen und sich der Entwicklung des Sehprozesses zu überlassen –, eine entscheidende Hilfestellung. In dem ursprünglich geplanten Vorwort der «Geburt der Tragödie» bringt Nietzsche diese Erfahrung auf den Punkt: «Uns hat die griechische Kunst gelehrt, daß es keine wahrhaft schöne Fläche ohne eine schreckliche Tiefe gibt.»[28] Keine Formulierung könnte Rothkos Bildprogramm besser zusammenfassen.

Das Tragische bei Rothko und die Tränen vor seinen Bildern

Es fragt sich nun allerdings, wie die tragische Dimension, die Rothko seinen Bildern zuschreibt, für den Betrachter im Rezeptionsprozess zum Tragen kommen kann. Dabei kann es sich kaum um einen Automatismus handeln, vielmehr ist eine Prädisposition des Betrachters notwendig, so wie sie ganz offensichtlich auch beim Künstler gegeben war. Im späteren Werk von Rothko werden seine Bilder düsterer und verdichten sich schließlich zum fast vollständigen Schwarz. Zwei Großaufträge sollten ihm die Möglichkeit bieten, Bildserien zu erstellen, die einen ganzen Raum gestalten sollten, und zwar möglichst so, dass sie als ein Environment empfunden werden konnten. Durch enge Hängung sollte die Wand tendenziell zum Verschwinden gebracht werden. Das Einzelwerk sollte also nicht auf der Wand erratischen oder auch auratischen Charakter gewinnen, sondern im Ensemble wirken.

1958 bekam Rothko den Auftrag, für das exklusive Restaurant «Four Seasons» in Mies van der Rohes und Philip Johnsons Seagram Building in New York für die Ausstattung zu sorgen.[29] Rothkos größte Sorge war, dass die Gemälde in diesem Ambiente zur bloßen Dekoration zu werden drohten. Insgesamt malte er drei Serien, eine erste verwarf er für den geplanten Zweck und verkaufte die Bilder einzeln. Die zweite und dritte Serie legte er dunkler an, arbeitete geradezu gegen den Ort. Ihm schwebte für diesen Genusstempel ein eher als klaustrophobisch zu erfahrendes Ensemble vor, das den reinen Genuss vergällen sollte. Schließlich gab er den Auftrag zurück, schien also eine angemessene Aneignung seiner Bilder an diesem Ort nicht mehr für möglich zu halten.

Nachdem ein Teil der Bilder 1961 in London gezeigt worden war, kam es 1968/69 zur Übergabe von insgesamt neun Bildern an die Tate Gallery in London. Seit der Fertigstellung der Tate Modern im Jahr 2000 befinden sie sich dort in einem eigenen Saal, wie von Rothko bestimmt, wenn auch die Anordnung im Laufe der Zeit mehrfach verändert wurde. Ich habe sie 2003 in fast völliger Dunkelheit gesehen, zu einem Zeitpunkt, als in der Turbinenhalle Anish Kapoors «Marsyas» zu sehen war. Die neun Bilder hingen im Rothko Room, einem «Berliner Durchgangszimmer», also einem Raum ohne Fenster, der sein Licht nur über die Durchgänge erhielt, so dass eine Lichtspur den Raum durchschnitt, während jenseits der Spur die Dinge im Dunkel blieben. Was dazu führte, dass neun Zehntel des Publikums irritiert schnell den Raum durchschritten, ohne etwas zu sehen bzw. sehen zu können, denn die Augen mussten sich erst an die Dunkelheit gewöhnen. Ich habe die Bilder auch noch nach einer Weile als gänzlich schwarz wahrgenommen. Dabei lauten die Bildtitel für fünf von ihnen «Black on Maroon» (Taf. 34), für die restlichen vier «Red on Maroon». Vier Bilder haben ein Hochformat, sind allerdings nur wenig höher als breit, fünf sind Längsformate, wobei die Breite die Höhe bei weitem übersteigt; sie messen mehr als 4,50 Meter in der Breite, die Höhe überschreitet bei Hoch- wie bei Querformaten nicht 2,67 Meter.

Warum erschienen die Bilder auch nach der Adaption des Auges so gut wie schwarz? «Maroon» meint kastanienbraun, die Farbe ist jedoch bei Rothko mit vielen Pigmenten abgemischt. Sie bildet in Varianten den höchst lebendigen Grund, darüber sind rote bzw. schwarze rahmenartige Gebilde gelegt, die man nicht selten als Fenster bezeichnet hat. In der Tat bilden sie einen Durchblick auf den kastanienfarbigen Grund, dessen Tiefe nicht ausmessbar ist. Allerdings ist der Rahmen nicht gleichmäßig geformt, sondern franst nach allen Seiten hin aus. Und das Rot ist so stark abgedunkelt, dass es wie Schwarz erscheint und deutlich als vor dem kastanienfarbigen Grund sitzend erfahren wird. Entsprechend dem kleinen Graufeld oben und dem größeren unten bei «Untitled (Umber, Blue, Umber, Brown)» ist die jeweilige schwarze oder dunkelrote Rahmenform oben schmaler, unten breiter. Auch hier also erfahren wir das Auflasten der Gesamtform, gemäß der Schwerkraft, die Bilder wären nicht auf den Kopf zu stellen. Heute in einem neuen Raum, haben sie sehr viel mehr Licht, und die Erfahrung ist eine ganz andere. Da sie gar mit Punktstrahlern beleuchtet werden, ist zwar die weiße Wand in den Raumecken abgeschattet und tendenziell zum Verschwinden gebracht, wie Rothko es wollte, doch scheint mir die «Freilegung» der Bilder nicht wirklich in Rothkos Sinn.

Das Dunkel von 2003 war offenbar in Anlehnung an Rothkos Houston Chapel von 1971 gestaltet worden. Vierzehn Gemälde hat Rothko im Auftrag des Sammlerehepaars John und Dominique de Menil zwischen 1964 und 1967 gemalt, ferner vier Alternativen.[30] Die Kapelle wurde ursprünglich von Philip Johnson entworfen, doch Rothkos beständige Änderungswünsche ließen Johnson schließlich aus dem Vertrag aussteigen. Die Form der Kapelle ist ein unregelmäßiges Oktogon mit eingeschriebenem griechischen Kreuz. Die vierzehn Gemälde an den acht Wänden sind zu drei Triptychen (Abb. 20) und fünf Einzelbildern geordnet. Licht fällt über ein Glasdach in den

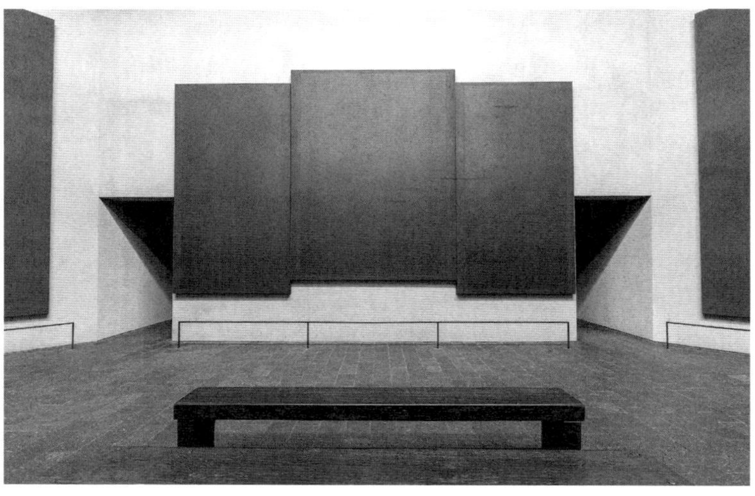

Abb. 20 Mark Rothko, Houston Chapel, 1964–1967, eingerichtet 1971

Raum, doch die meiste Zeit ist das Dach wegen der starken Sonnenstrahlung mit einem Segel abgedunkelt, so dass nur acht schmale Lichtstreifen am Rand bleiben. Die Wände sind in grauem Stucco gehalten, verschiedene Bänke stehen im Raum, der längst zu einem interkonfessionellen Meditationsraum geworden ist – und die Meditationsobjekte sind Rothkos Bilder.

Die Besucherbücher weisen aus, dass viele, die eine längere Zeit vor den Bildern verharrten und sie auf sich wirken ließen, schließlich in Tränen ausgebrochen sind.[31] Auf Befragung hin gaben sie an, dass sie nicht selten einige Zeit vor ihrem Besuch in Houston den Verlust einer nahstehenden Person zu beklagen oder dass sie Kranke zu betreuen hatten, dass ihr Partner oder ihre Partnerin sich von ihnen getrennt hatte: Verlusterfahrungen überwogen deutlich. Rothko, der die endgültige Einrichtung der Houston Chapel nicht mehr erlebt hat, berichtete auch zuvor schon, dass Betrachter seiner Bilder in Tränen ausgebrochen seien, und bemerkte dazu: «Mein einziges Interesse besteht darin, grundlegende Gefühle auszudrücken – Tragik, Ekstase, Untergang und so weiter –, und die Tatsache, dass viele Menschen in Tränen ausbrechen, wenn sie meine Bilder sehen, zeigt doch, dass ich diese menschlichen Gefühle vermittle ... Die Menschen, die beim Anblick meiner Bilder in Tränen ausbrechen, haben die gleiche religiöse Erfahrung, die ich hatte, als ich sie malte. Und wenn sie sagen, allein von den Beziehungen der Farben untereinander angerührt zu sein, dann haben sie die Bilder nicht verstanden!»[32] Womit er erneut eine rein ästhetische Rezeptionsform ablehnte und vielmehr ein Sich-den-Bildern-Überlassen forderte, das Selbsterfahrung auslöst. Schmerz und Trauer finden psychische und physische Entlastung durch Entäußerung.

Rothko hat im Gespräch geäußert: «Was ich möchte, ist, dass der Anblick meiner Bilder die Menschen zum Weinen bringt. So wie es mir geht, wenn ich Beethovens Fünfte höre.»[33] Womit er selbst die Analogie zur Musik aufgerufen hat. Die Bilder schlagen einen Ton an, der im Rezipienten weiterklingt und Gefühle auslöst. Dadurch, dass auch die schwarzen Bilder in Houston mit unterschiedlichen Pigmenten versetzt sind und so eine Fülle von Schwarztönen aufweisen, sind sie unerschöpflich und fortwirkend. Die tote Nichtfarbe Schwarz erweist sich als lebendig, Leben und Tod erscheinen miteinander verschränkt.

Ein ketzerischer Gedanke zum Schluss: Mir scheint der beschriebene Prozess der Selbsterfahrung mit nachfolgender reinigender seelischer Wirkung bei Rothkos Bildern zu «funktionieren», nicht aber bei Barnett Newman. Dabei wird es doch für dessen Bilder immer wieder behauptet, und Newman scheint doch derjenige gewesen zu sein, der den physiologischen Prozess bei einer nahsichtigen Bildbetrachtung zuerst beschrieben hat. Wendet man sich jedoch im Stedelijk von Rothkos Bild ab und Newmans «Cathedra» zu, so bleibt dieses Bild Fläche. Die durchgehende Verwendung von Acrylfarben lässt die Fläche gleichmäßig und damit auch gleichförmig erscheinen. Die Zips bezeugen einen bewusst intellektuellen, ja intellektualistischen Einsatz der Mittel, der das Bild kühl, gar kalt macht. Eine sublime Erfahrung mag das Resultat der Betrachtung sein, doch ist es, um mit Kant zu sprechen, eher ein mathematisch Sublimes. Dieses demonstriert zwar absolute, nicht fassbare Größe und Erstreckung, aber vor diesem Sublimen befinden wir uns, wie schon Burke bei seiner Definition des Begriffs bemerkt hat, insofern in Sicherheit, als wir es intellektuell und begrifflich-mathematisch beherrschen können. Eine Erfahrung kann man bei Newman machen, aber keine existentielle wie bei Rothko. Man verliert sich in einem Newman-Bild nicht wie in einem von Rothko, nur um sich an anderem Ort wiederzufinden – bei Newman bleibt man, wo man ist.

Nachdrücklich, ja apodiktisch pocht Newman auf die moralische Dimension seiner Bilder. Max Imdahl schreibt in seiner immer noch maßgebenden Interpretation von Newmans «Who's afraid of Red, Yellow and Blue III» (Taf. 35) von 1971 zu Recht: «Immer bestand für Newman … das eigentliche Problem der Malerei darin, das Format zu transformieren in eine durch das Format nicht mehr eingeschränkte Totalität.»[34] Diese Totalität, so sinngemäß Imdahl, soll den Betrachter emotionalisieren, soll die innere Struktur («inner structure») des Beschauers gegen das faktisch gegebene, konventionelle Äußere freisetzen und den Betrachter zur moralischen Person erheben. Der Zusammenhang zwischen Erhabenheitserlebnis und Moralität sei gar nicht zu bezweifeln. Kunst soll für Newman Ethik, nicht Ästhetik sein.[35] Ob sich aber die behauptete Emotionalisierung des Betrachters und die Freisetzung seiner inneren Struktur, wie Newman es sich wünscht, wirklich vor seinen Bildern vollziehen, scheint mir fraglich. Denn wenn moralische Erhebung das Ziel der Kunst ist, dann verbleibt sie in einem nicht unbedingt angenehmen Überlegenheitsgestus, hat eher etwas von Selbstüberhebung (die der Annahme des Sublimen zugrunde liegt) und nicht von demütig hingenommener Selbsterfahrung wie bei Rothko. Newmans Bilder sind abstrakte Konstrukte, da mag er sich noch so antieuropäisch gerieren, wie er will, und die europäischen Kunstprinzipien negieren. Rothkos Bilder hingegen sind schmerzliche Erfahrungen, immer wieder neu erlitten. Mit dem Begriff der Anekdote gesprochen: Newman erzählt amerikanische moralische Geschichten, Rothko zielt im Sinne des New Historicism mitnichten auf Moral, seine «Anekdoten» stören die Haupterzählung und eröffnen unerwartete Dimensionen und Erfahrungen, die nicht rationalisierbar sind, sondern in eine andere Welt blicken lassen. Newman macht Politik, Rothko entzieht sich der Verfügung.

7. Kapitel

Ad Reinhardts schwarze Bilder als bewusstes Lebensresümee

Forschungspositionen

Offenbar hat Ad Reinhardt alles darangesetzt, dass seine schwarzen Quadrate (Abb. 21) erst allmählich ihre durchaus verhüllte Wirkung entfalten, geradezu auch einen längeren Forschungsprozess brauchen, um ihren historischen Ort zu finden. Reinhardt hat Leimruten gelegt, und viele sind daran hängen geblieben. Und da strampeln sie nun, schon seit Jahrzehnten, was Buch auf Buch, Ausstellung auf Ausstellung hervorgetrieben hat. Die Hauptleimrute war sein 1966, ein Jahr vor seinem Tod im Zusammenhang mit seinen theoretischen Schriften verfasster Lebenslauf.[1]

Vorab allerdings gilt es die drei Hauptpositionen der Forschung zu Reinhardt kurz zu charakterisieren. Die erste Position: Sie nimmt Reinhardts kunsttheoretische Verlautbarungen wörtlich, vor allem sein Art-as-Art-Dogma, die Behauptung von völliger Reinheit, Autonomie, Selbstreferenzialität seiner Kunst einerseits, ihrer gänzlichen Abstraktheit, Flächigkeit, Bedeutungslosigkeit, Zeit- und Gefühlslosigkeit andererseits.[2] In Reinkultur findet sich diese Position in der Ad-Reinhardt-

Ad Reinhardt, Abstract Painting No. 5, 1962, Öl auf Leinwand, 152,4 × 152,4 cm, London, Tate Modern Abb. 21

Ausstellung in New York 1991 demonstriert, ihr folgt auf durchaus hohem Niveau der Bottroper Katalog von 2010/11, der zudem unter dem Einfluss des Ad Reinhardt Estate steht, das seit dem Tod des Künstlers eifersüchtig über dieses absolute Reinheitsgebot wacht.[3]

Die zweite Position: Man könnte sie die ikonologische nennen. Sie kann sich ebenfalls auf Äußerungen von Reinhardt berufen und wurde am überzeugendsten von Gudrun Inboden in ihrem mit Thomas Kellein verantworteten Katalog der Stuttgarter Ausstellung von 1985 vertreten.[4] Inboden rekurriert auf die in der Tat von Reinhardt beschworene Tradition von Zen-Buddhismus, von alchimistischer Hermetik und Mystik und dabei besonders auf C. G. Jungs Schilderung der alchimistischen Prozesse, dargelegt in den Bänden 12 und 13 von Jungs gesammelten Werken, die in der New York School der dreißiger und vierziger Jahre eine besondere Rolle gespielt haben. Zugleich reflektiert der Katalog die Frage von Ironie und Paradoxie in Ad Reinhardts Schriften als Markierung einer Gegenposition, die Reinhardt in den fünfziger Jahren zunehmend zu seinen Kollegen des Abstrakten Expressionismus und generell zum Kunstbetrieb bezogen hat.

Die dritte Position ist neueren Datums, sie wird von Michael Corris in seinem Buch über Ad Reinhardt von 2008 vertreten und mit allen Mitteln vom Ad Reinhardt Estate bekämpft, was so weit geht, dass das Buch ohne Abbildungen erscheinen musste.[5] Corris verfolgt Reinhardts kommunistische Frühphase, wie sie sich besonders in Hunderten von politischen Cartoons niedergeschlagen hat. Er beschreibt Reinhardts Hoffnung, auch die abstrakte Malerei politisch als Gegenbild zum offiziellen Kunstbetrieb verstehen zu können, was die kommunistische Partei der USA auf Dauer nicht hat akzeptieren können. Reinhardts Spätwerk, in Sonderheit seine sogenannten letzten schwarzen Bilder, sieht Corris insofern als politisch an, als sie in ihrer Negation alles Gestischen als Protest gegen die Künstler des Abstrakten Expressionismus zu verstehen seien, da diese sich vom Kunstmarkt hätten korrumpieren lassen. Reinhardt war mit ihnen, vor allem mit Newman und Rothko, in der Frühphase der Bewegung eng befreundet, später waren sie untereinander heillos zerstritten, woran in der Tat der

Markterfolg besonders von Rothko seinen Anteil hatte.[6] Reinhardts gänzliche Verweigerung gegenüber aller Vereinnahmung musste ihn vollständig isolieren, ließ ihn aber sein politisches Ethos aufrechterhalten. So Corris.

Nimmt man, wie es der Bottroper Katalog tut, Reinhardts Äußerungen beim Wort und folgt seiner Behauptung von der gänzlichen Reinheit, Autonomie, Selbstreferenzialität der Kunst, ihrer vollständigen Überzeitlichkeit, Absolutheit, Einheit, ihrem einzig denkbaren Wesen, ihrer reinen Abstraktheit, ihrer reinen Flächigkeit, ihrer Bedeutungslosigkeit, folgt man seiner Auffassung vom Museum als einzig denkbarem Ort ihrer reinen Existenz – wobei das Museum als Schatz- und Grabkammer begriffen wird, die die Bewegungs- und Leblosigkeit der Kunst im von Reinhardt behaupteten Sinn zum Vorschein bringt –, folgt man ferner der Behauptung ihrer völligen Zweckfremdheit, ihrer Nutzlosigkeit, ihres Daseins um ihrer selbst willen, folgt man der Annahme des über alle Zeiten gleich bleibenden Mustercharakters der Kunst, ihrer notwendigen Konventionsgebundenheit, ihrer Inhalts-, Form-, Raum- und Zeitlosigkeit[7] – dann hat Reinhardt, der diesen Katalog ohn' Unterlass wiederholt und variiert, uns da, wo er uns haben möchte: Wir folgen einem bürgerlichen, scheinbar philosophisch abgesicherten Kunstbegriff, der auch dem Kunstmarkt die Legitimation liefert, und wir verstehen nicht, dass Reinhardt diesen Kanon nur aus der Einsicht heraus aufstellt, dass, so wie die Verhältnisse liegen, dieser alles dominierenden Position gegenüber nur zweierlei bleibt: zum einen ihre Ironisierung durch Übertreibung und Forcierung und zum anderen die vollständige Negation und Verweigerung aller positiven Aussagen zur Kunst.

Reinhardts Exkollegen waren empört und warfen ihm einen gänzlich überholten und absurden Kunstbegriff vor, wobei sie mit der Feststellung der Absurdität zweifellos ungewollt Recht hatten. Reinhardt mag auf den Surrealismus von Marcel Duchamp noch so sehr geschimpft haben, seine Prinzipien hat er begriffen. Die Künstler des Abstrakten Expressionismus hielten ihm vor, er propagiere eine mühsame, langweilige, orthodoxe, gleichförmige, tote, vor allem aber gänzlich emotionslose Kunst – und Reinhardt bestätigte dies in jedem Punkt. Wenn Adolph Gottlieb und Mark Rothko behaupteten: «Es gibt keine gute Kunst über nichts», antwortete Reinhardt, er male weiterhin Bilder über nichts.[8] Wenn Robert Motherwell feststellte: «So etwas wie Kunst im Allgemeinen gibt es nicht, es gibt nur die besondere Kunst eines besonderen Ortes zu einer besonderen Zeit»,[9] dann betonte Reinhardt sein Diktum von der Zeitlosigkeit und Überzeitlichkeit der Kunst nur umso mehr; er sah keine Entwicklung, nur eine Variation des an sich immer Gleichen. Und wenn der Abstrakte Expressionismus durch nachvollziehbare Gestik, sichtbare ausdruckshaltige Faktur und vor allem erfahrbare Emotion charakterisiert wird, dann setzt Reinhardt die Vermeidung jeglicher Handschriftlichkeit, die gänzliche Glätte der Oberfläche und die ausdrückliche Vermeidung von Gefühlsausdruck dagegen. Reine Abstraktion, so Reinhardt, lässt keinen emotionalen Response zu.

Die Anhänger der Überzeugung, dass Reinhardts Verlautbarungen buchstäblich zu verstehen sind, haben einen von Reinhardt mehrfach bemühten Gewährsmann: George Kubler mit seinem Buch «The Shape of Time» von 1962, das heute auch in seiner Vorläuferschaft zur Transkulturalitätsthese gelesen wird. Die deutsche Übersetzung von 1982 ist bezeichnenderweise mit einer Einleitung von Gottfried Boehm versehen, der vor allem darauf abhebt, dass Ideen und Begriffe unter dem Oberbegriff der visuellen Form wiedervereinigt werden können und Strukturen eines Werkes unabhängig von Bedeutungen wahrzunehmen sind, mithin die Form den eigentlichen Gehalt birgt und ihr nichts Vorgängiges eingeschrieben ist.[10] Für Reinhardt kommen vor allem folgende Kubler'sche Thesen zum Tragen: 1. Es gibt keine geschichtliche Entwicklung, nur Variationen auf immerwährende Typen, die sich in Form von Strukturen im Werk niederschlagen. Jedes Kunstwerk ist die Lösung eines längst, womöglich vor Urzeiten gestellten Problems. 2. Es gilt, primäre Formen der Malerei herauszukristallisieren und aus ihnen eine Typologie zu entwickeln. 3. Eine Struktur besteht aus Elementen, die keine individuelle Erfindung sind. Als vierte These, die eher subkutan auf Reinhardt gewirkt haben dürfte, wäre Kublers Feststellung anzusprechen, dass der Gewinn der Varianten, der neuen Lösung altgestellter Probleme, darin zu sehen ist, dass es zu einer «Ausweitung des Bereichs der ästhetischen Äußerung» kommt.[11] Allerdings, so Kubler und mit ihm Reinhardt: Die Varianten erklären nichts. Doch dazu später. Man kann also Kublers Text als Propagierung einer überhistorischen Formenlehre lesen, daher gefällt er auch einer heutigen anthropologisch ausgerichteten Kunstgeschichte gut, die alles Pochen auf Entwicklung und Geschichte in Frage stellt. Boehm hatte schon Recht, wenn er seinen Einleitungstext mit einem Titel versah, der einem Beitrag Reinhardts, der auf Kublers Schrift reagiert, entlehnt ist: «Kunst versus Geschichte», und dann ergänzt: «Ein unerledigtes Problem».

Die zweite, hier ikonologisch genannte Position, wie sie exemplarisch von Gudrun Inboden vertreten wird, ist ein wenig paradox angelegt. Einerseits ist im Zusammenhang mit den schwarzen Bildern von der «Abstraktion als chymische(r) Karikatur der Moderne» die Rede, so untertitelt Inboden ihren Beitrag. Schon in den ersten Sätzen wird festgestellt, dass Reinhardts frühe collagierte Cartoons, die von wenigen Ausnahmen abgesehen 1956 abbrechen, ebenso seine späten schwarzen Bilder und seine Schriften durch ihre alogische Repetition und Hermetik von einer ironischen Grundhaltung getragen sind. Andererseits aber wird mit großem Ernst und gelehrtem Aufwand die alchimistische Lehre nach der Deutung C. G. Jungs als ein Verständnismodell für Reinhardts schwarze Bilder in Anschlag gebracht, nicht nur in metaphorischem Sinne.[12]

Die alchimistische Lehre wird wie folgt referiert: Der alchimistische «Prozess trennt und vereint, um den als Einheit vorausgesetzten Urstoff zu läutern».[13] Dieser Urstoff, die «prima materia», kann als schmutzig oder schwarz oder auch als bleischwarz gedacht werden, er ist die eigentliche Wandlungssubstanz. In der Destillation wird verdampft oder kondensiert, und schon hier wird daran erinnert, dass Reinhardt seiner schwarzen Farbe durch Hinzufügung von Terpentin und die dadurch erfolgende Verdunstung Öl entzieht und die Farbe damit matt und stumpf, im Übrigen aber auch hochempfindlich macht. Bloße Berührung mit dem Finger zerstört den einheitlichen Eindruck der Fläche und nimmt dem Bild die erstrebte Einheit. Der alchimistische Prozess ist nicht eigentlich zielgerichtet, sondern wiederholt sich beständig, er hat keinen Anfang und kein Ende. Die im Prozess sich niederschlagende zyklische Zeit ist überzeitlich. Das Quadrat, Reinhardts verbindliche Form aller schwarzen Bilder nach 1960, verweist in seiner Form auf zyklische Wiederholung, auf Zeitlosigkeit, auf Ganzheitlichkeit.

Nun sind die Reinhardt'schen Quadrate in drei mal drei gleich große, kaum sichtbare, nur aufgrund minimaler Schwarzabstufung erkennbare Teilquadrate unterteilt. Allerdings formen zumeist die mittleren senkrechten und waagerechten kleinen Quadrate insofern ein griechisches Kreuz, als sie als farblich durchgehender senkrechter Balken gestaltet sind, der in der Mitte den Querbalken überschneidet. Insofern ist die Mitte einerseits markiert, andererseits verhüllt. Zugleich wird ein – auch in östlicher Tradition zu findender – binärer Gegensatz aufgemacht zwischen der als passiv und weiblich verstandenen Waagerechten und der als aktiv und männlich verstandenen Senkrechten. Das ähnelt dem Prinzip des tibetanischen Mandala mit einem Tabubezirk im Zentrum, über den nicht nur Jung berichtet, sondern auf den auch Reinhardt mehrfach anspielt, der neben klassischer auch ostasiatische Kunstgeschichte studiert hat und den auch sein Freund Thomas Merton mit Derartigem vertraut gemacht hat.[14]

Als Resultat einer derartigen Anordnung beginnt das Gesamtquadrat, das Bild, zu schweben, es ist ohne ein Oben und ein Unten, jedoch ist es auch nicht um 90 Grad zu drehen. Der alchimistische Prozess dient der sichtbaren Realisierung des Unsichtbaren. Nun ist das neungeteilte Quadrat zugleich ein magisches Zahlenquadrat, wie Dürer es, allerdings in Viererreihen und somit mit sechzehn Feldern, auf seinem Stich «Melencolia I» darstellt. Die Zahlen von eins bis neun in ihrer besonderen Verteilung ergeben waagerecht, senkrecht und diagonal addiert immer dieselbe Zahl fünfzehn. Als Planetenquadrat gehört dieses einfache magische Quadrat zu Saturn, der als alter Mann bekanntlich seine Kinder frisst und damit den zyklischen Zeitbegriff verkörpert, der auch durch den Ouroboros, die Schlange, die sich in den Schwanz beißt, versinnbildlicht werden kann. Reinhardt verwendet dieses Zeichen in seinen Cartoons mehrfach, wie er auch in einem späten Cartoon von 1956 von einem «Yhung Mandala» (Abb. 22) spricht, eine vielfach aufgeladene Anspielung, die eben auch auf C. G. Jung und seine Bemerkungen zum Mandala verweist.

Die schwarzen Bilder von Reinhardt haben ein einheitliches Format, fünf Fuß im Quadrat, umgerechnet 152,4 × 152,4 Zentimeter. Reinhardt bemerkt, sie seien «so hoch wie ein Mensch, so breit wie die ausgestreckten Arme eines Menschen». Inboden ruft daraufhin die mystischen Erklärungen Agrippas von Nettesheim zum «Homo quadratus» auf.[15] Vitruv wäre ebenfalls zu nennen, doch entfiele damit die mystische Tradition. Es lässt sich genau sagen, woher Reinhardt die Idee zu diesem Grundmaß hatte. 1960, am Beginn seiner Produktion ausschließlich quadratischer schwarzer Bilder, erschien in Turin auf Italienisch und gleichzeitig in New York auf Englisch Bruno Munaris Büchlein «Il Quadrato», und der erste Satz lautet: «Das Quadrat ist so hoch und breit wie die ausgestreckten Arme eines Menschen. In den ältesten Büchern wie in den Felsinschriften der frühen Menschheit steht es für die Idee der Einfriedung des Hauses und der Siedlung.»[16] Das ist weniger auf mystische Zusammenhänge als auf anthropologische Grundkonstanten bezogen. Munaris Buch liefert eine Quadratgeschichte von Babylon bis Josef Albers – mit Malewitschs «Schwarzem Quadrat» im Zentrum. Natürlich ist die-

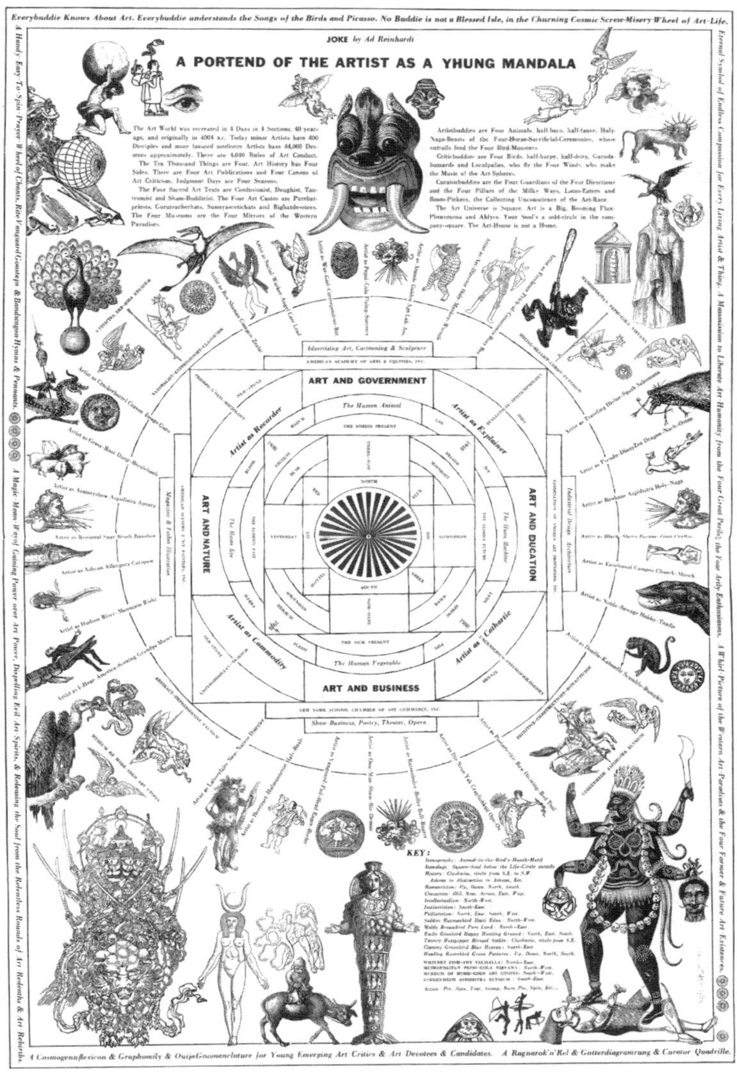
Everybuddie Knows About Art. Everybuddie understands the Songs of the Birds and Picasso. No Buddie is not a Blessed Isle, in the Churning Cosmic Screw-Misery Wheel of Art-Life.

JOKE *by Ad Reinhardt*

A PORTEND OF THE ARTIST AS A YHUNG MANDALA

The Art World was recreated in 4 Days in 4 Sections, 40 years ago, and originally in 4004 B.C. Today minor Artists have 400 Disciples and more favored mediocre Artists have 44,000 Devotees approximately. There are 4,040 Rules of Art Conduct.

The Ten Thousand Things are Four. Art History has Four Sides. There are Four Art Publications and Four Canons of Art Criticism. Judgment Days are Four Seasons.

The Four Sacred Art Texts are Confusionist, Doughist, Tantrumist and Sham-Buddhist. The Four Art Castes are Purchatpriests, Guruteacherhats, Sunnyascetichats and Bighatdevotees. The Four Museums are the Four Mirrors of the Western Paradises.

Artistbuddies are Four Animals, half-hero, half-fauve, Holy-Naga-Beasts of the Four-Horse-Sacrificial-Ceremonies, whose entrails feed the Four Bird-Monsters.

Criticbuddies are Four Birds, half-harpy, half-deity, Garuda-buzzards and Localpalies, who fly the Four Winds, who make the Music of the Art-Spheres.

Curatorbuddies are the Four Guardians of the Four Directions and the Four Pillars of the Milky Ways, Lotus-Eaters and Boom-Pickers, the Collecting Unconscience of the Art-Race.

The Art Universe is Square. Art is a Big, Booming Flux-Phenomena and Ablyss. Your Soul's a sold-circle in the company-square. The Art-House is not a Home.

A Cosmogenuflexicon & Graphomily & OuijaGnomenclature for Young Emerging Art Critics & Art Devotees & Candidates. A Ragnarok'n'Rol & Gotterdiagramrung & Curator Quadrille.

Ad Reinhardt, A Portend of the Artist as a Yhung Mandala, 1956, aus: Art News, Bd. 55, Nr. 3, 3. Mai 1956, S. 36/37 Abb. 22

ser Traditionszusammenhang auch Inboden geläufig, und so ruft sie neben der mystischen und alchimistischen Tradition beinahe folgerichtig auch die Theosophie auf, die bekanntlich um 1900 für Kandinsky, Mondrian und Malewitsch eine zentrale Rolle gespielt hat und die sich ebenfalls aus der mystischen Tradition bedient.[17] Da in der Forschung auch Reinhardt in diesem theosophischen Zusammenhang und in der Nachfolge der genannten Künstler, die sich auch intensiv mit der Farbe Schwarz beschäftigt haben, gesehen wird, scheint sich der Kreis zu schließen. Reinhardts schwarze Bilder werden zu Meditationsobjekten transzendenter Erfahrung.

Reinhardts Lebenslauf

Ganz am Ende seines Lebens, 1966 – Reinhardt starb 1967 –, bekam der Künstler im Jewish Museum in New York seine erste museale Einzelausstellung mit 120 Bildern. Zu diesem Anlass schrieb er für den Katalog die «Chronology of Ad Reinhardt», einen sehr besonderen Lebenslauf. Als 1972 in Düsseldorf die erste deutsche offizielle Ad-Reinhardt-Ausstellung stattfand, ergänzte Dale McConathy Reinhardts Lebenslauf zu einem umfassenden Kulturfahrplan seiner Lebenszeit – und missverstand damit Reinhardts Text vollständig.[18] Wieder war eine Reinhardt'sche Verlautbarung buchstäblich genommen worden, und so ist es auch nur konsequent, dass der Bottroper Katalog von 2010/11, indem er den von McConathy aufgeblähten Lebenslauf nachdruckte, das Missverständnis fortschrieb.[19]

Thomas Kellein hat diese von Reinhardt nicht vorgesehene Erweiterung schon 1984 bei der Publikation von Reinhardts

Schriften in Hinblick auf den Düsseldorfer Katalog kritisiert.[20] Er hält Reinhardts Originallebenslauf für eine Persiflage auf die Erfolgslebensläufe seiner New Yorker Kollegen. Der Bottroper Katalog ist gegen derartige Einwände immun, er erwähnt sie noch nicht einmal, ebenso wenig wie Inbodens Überlegungen zum alchimistischen Urgrund von Reinhardts Denken. Damit schreibt er Kublers gegen Panofsky gerichtete Ikonologiekritik fort und meint sich damit auch wieder auf Reinhardt selbst berufen zu können, der 1965 in seinen 39 Grundsätzen für den 7. Teil seines Kunst-als-Kunst-Dogmas unter Punkt 18 und 19 schreibt: «18. Die Wieder-Ent-Ikonologisierung der Ikonologie» und «19. Die Wieder-Ent-Bedeutung der Bedeutung in der Bedeutung der Kunst».[21] Wenn man dies aber als eine bloße Absage an jegliche Bedeutung in der Kunst liest, hat man das Reinhardt'sche Negativverfahren nicht verstanden. Es ist die Rede von einer Negation, in der jedoch auch ihre eigene Aufhebung aufgehoben ist, um à la Reinhardt zu formulieren. Kelleins Einschätzung wiederum mag zwar eine Dimension von Reinhardts Text treffen, doch greift auch sie, was die besondere Gestalt des Lebenslaufes angeht, entschieden zu kurz. So wie auch Reinhardts theoretische Texte nicht nur ironisch sind, so hat auch der Lebenslauf seine, wie man sagen könnte, verhüllten Wahrheiten, sie kleiden sich in anekdotische Formen.

Reinhardt mischt seinen eigenen Werdegang mit für ihn mitteilenswerten Ereignissen in der Kunstwelt und der politischen Weltentwicklung. Zweierlei daran ist auffällig, und es verwundert, dass dieses Verfahren subjektiver Geschichtsschreibung bisher in seiner Bedeutung nicht erkannt wurde. Zum einen kombiniert Reinhardt, selbst um den Preis geringfügiger historischer «Korrektur», individuelle und historische Faktizität, Subjektives und Objektives, und lässt damit Letzteres Ersteres kommentieren, er gibt dem Individuellen historische Bedeutung. Da die Spannung zwischen den beiden Seiten allerdings groß ist, mutet die Kombination nicht selten paradox an und erscheint per se als ironisch.

Drei verschiedene Formen der Verschränkung seien genannt. Zuerst ein besonders simples Beispiel, das aber das Verfahren nur umso deutlicher zeigen kann. Zu 1946 heißt es: «Von der Zeitung PM entlassen». Reinhardt hatte dort seine wichtigsten Cartoons veröffentlicht und geriet in einen Streit über die Ausrichtung und das mögliche Maß an Komplexität der Cartoons. Zu 1947 heißt es unmittelbar anschließend: «Indien erlangt die Unabhängigkeit»,[22] und es ist keine Frage, dass wir ergänzen sollen: wie Ad Reinhardt. Entsprechend schreibt er zu 1952: «Faruk entsagt ägyptischem Thron». Direkt folgend zu 1953: «Gibt Prinzipien der Asymmetrie und Unregelmäßigkeit der Malerei auf».[23] Reinhardt steigt also aus verbindlichen Kunsttraditionen und ihren Formgesetzen aus, auf Kosten jeglicher Machtansprüche in der Kunstszene. Darum die Parallele zu Faruk.

Der zweite Typus bezieht sich auf seine Auseinandersetzung mit den zeitgenössischen New Yorker Künstlern, ihrer Kunst und ihrer Protegierung durch die öffentlichen Kunstinstitutionen, vor allem durch die wichtigsten der Moderne gewidmeten Museen. Zu 1961 bemerkt Reinhardt: «Protestiert gegen die Darstellung des ‹Abstrakten Expressionismus und Imagismus› im Guggenheim Museum». Und gleich darauf zu 1962: «Protestiert gegen die Darstellung der ‹Geometrischen Abstraktion› im Whitney-Museum», um dann zwei weitere

Bemerkungen zu 1962 anzuhängen: «Plan für ‹Ad Reinhardt-Museum› wird gefasst» und «Algerische Unabhängigkeit».[24] Algeriens Loslösung von der langen Dominanz durch Frankreich soll also Reinhardts eigene Unabhängigkeitserklärung kommentieren und tut es insofern besonders originell, als die New York School sich vom dominierenden Einfluss der Pariser Schule und damit der europäischen Kunst freigemacht hatte, was zentral für ihr Selbstverständnis war. Von der New Yorker Schule allerdings sagt sich wiederum Reinhardt los, und wenn er dies mit Rekurs auf Algerien vollzieht, dann deklariert er seinen Schritt durchaus auch in politischer Hinsicht als revolutionär. Der dritte Typus schließlich bezeichnet den Umgang mit seiner Kunst in der Öffentlichkeit schlicht als obszön. Zu 1963 heißt es erst: «Profumo-Skandal in England», dann: «Sechs Bilder in New York und sechs Bilder in Paris werden beschädigt und müssen durch Seile vor dem Publikum geschützt werden». Dem schließt sich 1964 an: «Zehn Bilder in London werden beschädigt».[25]

Dieses Spiel mit dem Historischen zugunsten des Individuellen ist das eine. Wichtiger und ebenfalls gänzlich übersehen ist allerdings Reinhardts Reflexion der Lebenslaufproblematik als solcher. Kann ein primär auf Daten und Fakten beruhender Lebenslauf überhaupt etwas über das Leben aussagen? Und noch grundsätzlicher für Reinhardt: Kann er etwas Sinnvolles zur Kunst beitragen, die in diesem Leben produziert wurde? Es sei dieses Problem nur an einem Beispiel verdeutlicht, und zwar an Reinhardts Bemerkungen zu seinem Geburtsjahr 1913. Die erste Feststellung seines Lebenslaufes lautet: «1913. Geboren in New York, Heiligabend, neun Monate nach der Armory-Ausstellung. (Vater verlässt ‹Alte Heimat› 1907 und geht nach

Amerika nach Dienst in der Armee von Zar Nikolaus. Mutter verlässt Deutschland 1909).»[26] Rein faktisch gesehen «korrigiert» Reinhardt seinen Lebenslauf gleich am Anfang. Denn er ist nicht in New York geboren, sondern in Buffalo an den Niagarafällen, mehr als 300 Kilometer von New York entfernt. Allerdings gehörte Buffalo zum Staat New York, und sein Vater musste zur Arbeit regelmäßig nach New York City fahren. Wichtiger ist aber etwas anderes. Reinhardts Geburtsdatum ist tatsächlich der 24. Dezember, doch die Benennung «Heiligabend» soll auch ihn zum Heilsbringer machen. Und dass er neun Monate nach der Armory Show das Licht der Welt erblickt hat, legt seine Zeugung auf den absoluten Beginn der «Abstrakten Malerei». Im Alten, in der durch Vater und Mutter verkörperten Herkunft aus dem zaristischen Russland und der deutschen Sprachkultur – nicht nur Reinhardt ist ein deutscher Name, sondern seine beiden Vornamen Adolf und Friedrich sind es auch –, sind die Keime des Neuen bereits angelegt.

Dass dies gemeint ist, macht auch die zweite Feststellung zum Jahr 1913 deutlich: «Malewitsch malt das erste geometrisch-abstrakte Bild».[27] Damit stellt sich Reinhardt ganz ausdrücklich in die damit gestiftete antizaristische Tradition. Es wird zu zeigen sein, dass sein gesamter, im Lebenslauf Bild gewordener Lebensentwurf auf eine Antwort auf Malewitschs «Schwarzes Quadrat» (Abb. 23) hinausläuft, auf die Vollendung des Quadrates von Malewitsch durch Ad Reinhardt. Sein Selbstverständnis gewinnt nur vor dieser Folie Kontur. Nun ist es interessant, dass schon Malewitsch die Erfindungsgeschichte des Suprematismus und des «Schwarzen Quadrates» manipuliert hat. Es wurde erst 1915 auf der sogenannten «Letzten futuristischen Ausstellung 0,10» gezeigt – im Übrigen

Kasimir Malewitsch, Das schwarze Quadrat, 1915, Öl auf Leinwand, 79,5 × 79,5 cm, Moskau, Tretjakow Galerie Abb. 23

wäre meine These, dass Reinhardt auch in Anlehnung an diesen Ausstellungstitel bei seinen schwarzen Bildern von «letzten Bildern» spricht. Die neuere Forschung macht deutlich, dass das «Schwarze Quadrat» wohl auch erst im Jahr 1915 gemalt, allenfalls im Jahr zuvor, also 1914, konzipiert wurde. Malewitsch jedoch datiert sowohl das Urbild des «Schwarzen Quadrates» wie auch die sich bis 1929 hinziehenden Wiederholungen jeweils auf der Rückseite auf 1913.[28] Im Jahr 1913 war Malewitsch im Zusammenhang mit der utopischen Oper

«Sieg über die Sonne» mit Theaterentwürfen und -dekorationen beschäftigt, und auf einem Bühnenvorhang hat er in der Tat ein schwarzes Quadrat als Beginn einer neuen Sprache und als Gegenbild zur Sonne angebracht.[29] Damit lieferte Malewitsch einen versteckten Hinweis auf die Johannes-Apokalypse: «... und die Sonne ward finster wie ein schwarzer Sack».[30] Als autonomes, in Ölfarben gemaltes Bild entsteht das «Schwarze Quadrat» allerdings erst 1915. Reinhardt mag diese Korrektur durch Malewitsch bewusst gewesen sein.

Es stellt sich nun die Frage, wie Reinhardt dazu kommt, den Lebenslauf als eine literarische Gattung zu begreifen, die Korrekturen im Faktischen erlaubt. Aus seinem Kunstgeschichtsstudium dürften ihm die ausgeprägt stilisierten Viten von Vasari geläufig gewesen sein, wohl auch die Plinius'sche Topik bei der Schilderung der Lebensläufe von berühmten antiken Künstlern – etwa der häufig zu findende Topos von der zufälligen Entdeckung der besonderen Begabung eines von seiner Herkunft her nicht prädestinierten Künstlers durch einen anderen Künstler oder einen reichen Gönner.[31] Doch ich hätte noch einen weiteren, wie mir scheint, einschlägigeren Vorschlag zu machen. Zuerst nahm ich an, Reinhardt hätte Ernst Kris' und Otto Kurz' Klassiker «Die Legende vom Künstler» von 1934 kennen können, der die Geschichte der Topik von Künstlerlebensläufen verfolgt. Doch die englische Übersetzung erfolgte erst 1979. In Ernst Gombrichs Vorwort zu dieser Ausgabe, das sich auch in der deutschen Neuauflage von 1980 findet, wird jedoch berichtet, dass Ernst Kris sich vorbehalten hatte, das mit Otto Kurz gesammelte Quellenmaterial in seinem New Yorker Exil einer psychoanalytischen Ausdeutung zu unterziehen.[32] Sie ist erfolgt und bildet ein Kapitel in Kris'

Aufsatzsammlung «Psychoanalytic Explorations in Art» von 1952.

Nun ist diese Sammlung 1964 bei Schocken in New York als Paperback erschienen,[33] und es spricht vieles dafür, dass Reinhardt, der seinen Lebenslauf 1966 formulierte, diese Ausgabe zur Kenntnis genommen hat. Denn im Kapitel «The Image of the Artist. A Psychological Study of the Role of Tradition in Ancient Biographies» beschäftigt sich Kris mit der Biographie als literarischer Kategorie, ihrer sozialen und analytischen Funktion und der Plausibilität ihrer topischen biographischen Formeln. Er stellt fest, dass dieser Typus von literarischen Biographien im westlichen mediterranen Kulturbereich und gleichermaßen im fernen Osten existiert, und zwar in verblüffender Ähnlichkeit; die Topik scheint geradezu austauschbar zu sein.[34] Reinhardt, der wie erwähnt neben westlicher auch östliche Kunstgeschichte studiert hat und der seine Argumente und Vorstellungen von einer überzeitlichen, nicht auf Bedeutung zielenden, nicht Raum und Zeit verpflichteten Kunst aus zen-buddhistischen Traditionen bezieht,[35] dürfte besonders diese Beobachtung von Kris erfreut haben. Kris führt den exemplarischen Nachweis – und das dürfte Reinhardt noch mehr gefallen haben – am Topos der Jugend des Helden bzw. Künstlers aus, in der alles Kommende bereits angelegt ist. Nach Kris fußt diese Vorstellung tief in mythischem Denken bzw. dem Glauben an eine göttliche Vorherbestimmung. Schon bei der Geburt ist alles entschieden, dagegen vermögen Herkunft und Einwände der Eltern oder der Umwelt nichts.[36] Zur psychoanalytischen Ausdeutung dieses Topos verweist Kris auf Otto Ranks Abhandlung «Myth of the Birth of the Hero» von 1909, die in einer weiteren Fassung 1913 in New York erschien.

Den Mythos seiner Geburt hat Reinhardt in den ersten Zeilen seines Lebenslaufs inszeniert. Der letzte Eintrag in diesem Lebenslauf dagegen lautet: «1966. Einhundertzwanzig Bilder im Jewish Museum».[37] Reinhardt musste das Gefühl haben, angekommen zu sein. Danach konnte es keine Entwicklung mehr geben, wollte er sich vom Kunstbetrieb nicht korrumpieren lassen, wie es seiner Meinung nach allen anderen Künstlern des New Yorker Abstrakten Expressionismus ergangen war, besonders Rothko und Newman.

Bevor endgültig eine Einschätzung von Reinhardts schwarzen Bilden versucht werden soll, ist noch für einen Moment über Corris' Überzeugung von Reinhardt als politischem Künstler zu reflektieren. Corris' zentraler Fund steht gleich am Anfang seines Buches von 2008: Er hat mehr als 400 Cartoons von Reinhardt aufgetan, die der Künstler zwischen 1936 und 1946 für die kommunistische Zeitschrift «New Masses» gefertigt hat, und zwar unter Pseudonym, gelegentlich in Zusammenarbeit mit einem anderen Künstler namens Abe Ajay.[38] Reinhardt hatte schon damals Kontakte zu den New Yorker Abstrakten. Seiner Überzeugung nach konnte die abstrakte Kunst durchaus auf die chaotischen, zerstückelten Verhältnisse der Wirklichkeit antworten. Auf Dauer war diese Haltung aber von Left-Wing-Organen nicht zu akzeptieren.

Ab den fünfziger Jahren begann Reinhardt Kunst und Leben strikt voneinander zu trennen. Seine Sozialkritik als Kulturkritik richtete sich jetzt gegen den Kunstbetrieb und die von diesem korrumpierten Künstler. In der Übergangsphase von 1943 bis 1947 produzierte Reinhardt seine Cartoons für PM und lancierte seine Angriffe auf den Kunstbetrieb vor allem in den berühmten collagierten Cartoons «How to look at ...».[39]

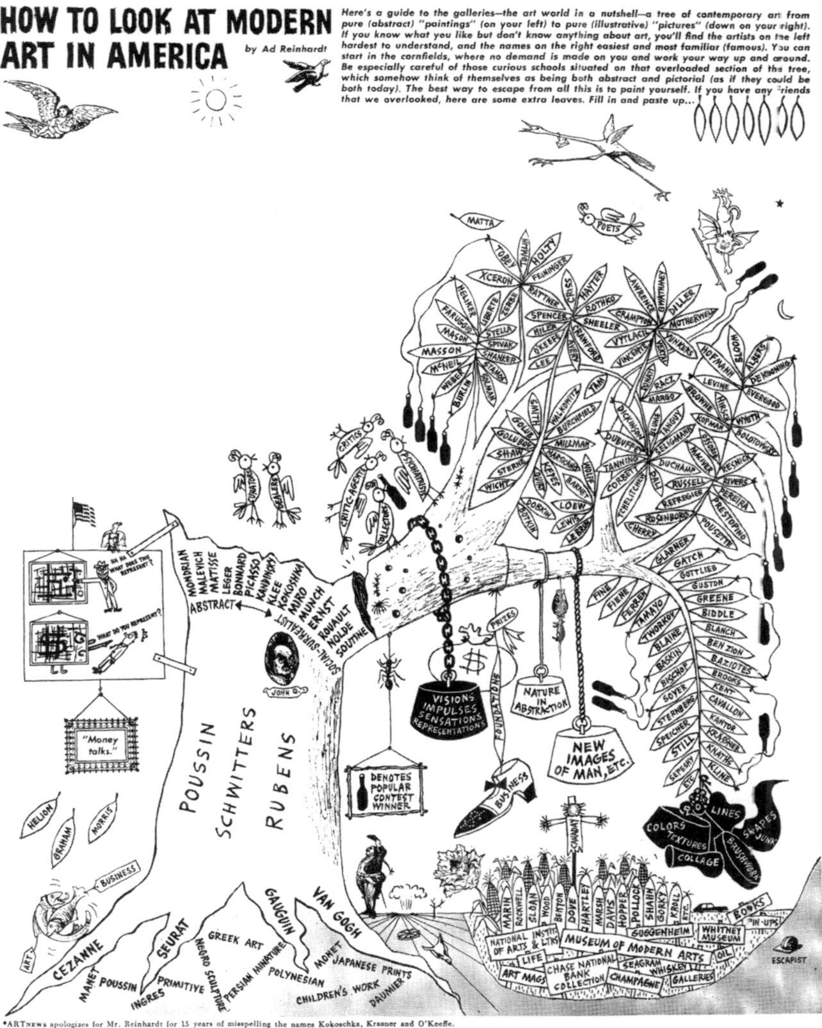

HOW TO LOOK AT MODERN ART IN AMERICA

by Ad Reinhardt

Here's a guide to the galleries—the art world in a nutshell—a tree of contemporary art from pure (abstract) "paintings" (on your left) to pure (illustrative) "pictures" (down on your right). If you know what you like but don't know anything about art, you'll find the artists on the left hardest to understand, and the names on the right easiest and most familiar (famous). You can start in the cornfields, where no demand is made on you and work your way up and around. Be especially careful of those curious schools situated on that overloaded section of the tree, which somehow think of themselves as being both abstract and pictorial (as if they could be both today). The best way to escape from all this is to paint yourself. If you have any friends that we overlooked, here are some extra leaves. Fill in and paste up...

•ARTNEWS apologizes for Mr. Reinhardt for 15 years of misspelling the names Kokoschka, Krasner and O'Keeffe.

37

Ad Reinhardt, How to Look at Modern Art in America, 1961, aus: Art News, Bd. 60, Nr. 4, Sommer 1961, S. 37 Abb. 24

Der einzige seiner Cartoons, der auch später beständig abgebildet wurde, ist sein Stammbaum der modernen abstrakten Kunst und des Absterbens der alten gegenständlichen Kunst vom 2. Juni 1946 unter dem Titel «How to look at Modern Art in America». Hier sieht er sich noch als Teil der New York School und der Bewegung der abstrakten Kunst. 1961 benutzt er dasselbe Klischee noch einmal, doch den Hauptast mit den Abstrakten gibt es nicht mehr (Abb. 24); waren Motherwell oder Rothko 1946 noch legitime Erben von Mondrian oder Malewitsch, so haben sie inzwischen offenbar ihr Erbe verspielt, ja, es gibt überhaupt keinen legitimen Erben mehr. Die Namen der Genannten sind auf den übrig gebliebenen abgestorbenen Ast gewandert, wo einst nur die gegenständlichen Künstler zu Hause waren. Die klaffende Lücke, die offenbar durch den Pakt der Künstler mit den Kuratoren, Händlern, Kritikern, Agenten, Museen und durch die Geldgier entstanden ist, scheint dauerhaft zu sein. Es sei denn, man liest ganz oben den Namen von Ad Reinhardt als zur Seite der Legitimität gehörig, aber das bleibt offen, und eigentlich sah Reinhardt sich zu dieser Zeit als zu nichts mehr gehörig an.

Malewitsch und Reinhardts schwarze Bilder

Als Reinhardt 1960 mit den schwarzen Bildern beginnt, ist er gänzlich isoliert. Mit den alten Weggefährten hat er gebrochen, sie fühlten sich durch ihn provoziert – was man durchaus verstehen kann, denn Reinhardt verkehrt alle ihre Bemerkungen ins Gegenteil. Wenn sie ihr Selbstverständnis darin finden, die klassische europäische Hochkunst überwunden zu haben, dann scheint Reinhardt in Umkehrung der Verhältnisse an einer Restituierung des Klassischen zu arbeiten, vor allem durch die Propagierung des Akademiegedankens seit 1953, als er die geometrische Abstraktion zur einzigen Kunst erklärte. Allerdings ist die Reinhardt'sche Akademie mit Notwendigkeit und absurderweise eine Ein-Mann-Akademie. Denn wer könnte in der Gegenwart dafür sein, dass die Kunst wieder «schön, hoch, edel, ideal und akademisch» wird? Die Reinhardt'sche Akademie zielt auf vollkommene Reinheit in der Kunst, auf deren Texturlosigkeit, auf Bewegungslosigkeit, Stasis, schließlich auf ihre Objektlosigkeit und gänzliche Isolierung von allem anderen.[40] Die Frage ist, wofür diese paradoxe Leblosigkeit gut sein sollte. Die schwarzen Bilder können darauf eine Antwort geben.

Wenn die These stimmt, dass Reinhardt im Rückblick seinen Lebenslauf so konstruiert hat, dass dieser vom «Schwarzen Quadrat» Malewitschs zu seinem eigenen führt, da er Malewitsch zur Vollendung, aber auch die Kunst an ein Ende gebracht hat, indem er Malewitschs Kunst von allem reinigte, was ihre gänzliche Freiheit noch eingeschränkt hat, dann ist es nötig, das zu benennen, was es für Reinhardt an Malewitschs «Schwarzem Quadrat» noch wegzudestillieren galt. Die Urfassung des «Schwarzen Quadrates» von Malewitsch und die drei eigenhändigen Wiederholungen von 1915, 1924 und 1929 weisen die gleichen Charakteristika auf, so dass wir sie als von Malewitsch bewusst eingesetzt begreifen können. Grundsätzlich ist das mittig angeordnete schwarze Quadrat von einem breiten weißen Rand umgeben, der auch als Rahmen zu lesen ist, da die Bilder keine weitere Rahmung erhalten sollten. Allerdings: In allen Fällen ist das schwarze

Quadrat minimal verzerrt, in seinen Koordinaten und seiner Axialität auf der Fläche ist es nicht absolut ausgerichtet. Es wirkt, als hätte man geringfügig in eine Richtung an ihm gezogen. Insofern ruht es nicht in sich. Außerdem ist der weiße Rahmen oder Rand nicht neutral, weil er ausdrücklich mehr malerische Faktur aufweist als das schwarze Quadrat selbst. Auch ist die weiße Farbschicht, schaut man genau hin, vor der schwarzen zu sehen, das heißt, der weiße Rahmen hat dem Schwarz seine endgültige Form erst nachträglich durch Übermalung gegeben.[41] Es kann zu einer doppelten Seherfahrung kommen, und um Seherfahrungen geht es Malewitsch explizit. Konzentriert man sich auf das Schwarz in der Mitte und begreift das Weiß so als das Schwarz hinterfangende Folie, so beginnt das Schwarz zu schweben und aufgrund der leichten Verzerrung sich zu bewegen. Konzentriert man sich stärker auf das Weiß, was aufgrund seiner Faktur trotz seines geringeren Umfangs möglich ist, wird das Weiß zum Tor, hinter dem das Schwarz einen tiefen Raum bildet. Weiß und Schwarz, die von Malewitsch ausdrücklich aristotelisch als Nichtfarben begriffen werden und die beide mit dem Nichts assoziiert werden können, bergen dennoch ausgeprägte Potenzen in sich.[42]

Ich will hier nicht auf die neuere Beobachtung eingehen, dass auf Malewitschs Urfassung des «Schwarzen Quadrates» Schrift übermalt wurde, die auf die in verschiedenen Varianten vorliegende Karikatur vom sogenannten «Neger im Tunnel» verwiesen hat. Sieht man dies als ironischen Kommentar zum eigenen Tun, so wäre dieser verhüllte Verweis leicht unserem Deutungszusammenhang zu integrieren.[43]

1927 formuliert Malewitsch in den «Neuen Bauhausbüchern» in der Abhandlung «Die gegenstandslose Welt»:

«Das schwarze Quadrat auf weißem Feld war die erste Ausdrucksform der gegenstandslosen Empfindung: das Quadrat = Empfindung, das weiße Feld = das Nichts außerhalb dieser Empfindung».[44] Der Empfindung wird im Wortsinn durch die Verzerrung des schwarzen Quadrates eine Richtung gegeben. Der Farbe selbst schreibt Malewitsch, etwa im Gegensatz zu Kandinsky, keinen Symbolwert zu. Doch ihre Inszenierung kann ihr eine Dynamik geben, hier als Schweben im Raum begriffen, der auch mit dem Weltraum zu assoziieren ist, in dem es kein Oben und kein Unten gibt. Zum Zusammenhang von Gefühl und Bewegung schreibt Malewitsch: «Ich trage Farbe auf eine bestimmte Form in bestimmter Lage auf, um mein Gefühl auszudrücken, mit anderen Worten eine Bewegung ... Auf einem Bild existieren keine Materialien, sondern lediglich Erregungen. Deshalb sind Bild und Welt einander gleich.»[45] Die Farbe und die Farbfläche sollen also weder selbstreferentiell sein noch bloß subjektiv empfunden werden. Sie bedeuten nichts mehr, haben aber ein Ausdruckspotenzial, das rein zum Vorschein kommen und eine kosmische Erfahrung ermöglichen soll.

Nun ist aber die Übereck-Anbringung des «Schwarzen Quadrates» bei seiner ersten Präsentation auf der «Letzten futuristischen Ausstellung 0,10» (Abb. 25) im Jahr 1915 notwendig bedeutungshaltig. Denn diese Anbringung, wir würden sagen im Herrgottswinkel, macht es notwendig zur Ikone. Malewitsch selbst versteht es auch ganz direkt als «eine nackte, ungerahmte Ikone seiner Zeit».[46] Ikone und Schweben im unendlichen Raum oder, wie er andernorts schreibt, kosmische Erregung: Aller Austreibung der Farbsymbolik zum Trotz wird letztlich eine metaphysische Dimension eröffnet, wenn

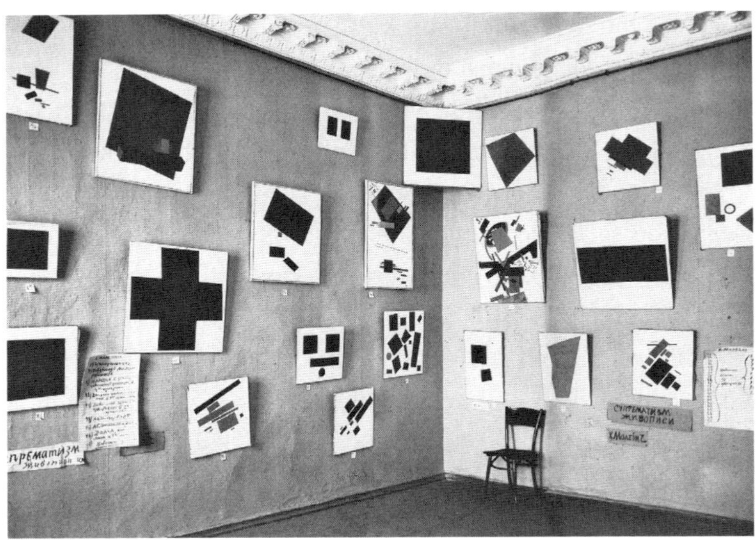

Abb. 25 Kasimir Malewitschs Schwarzes Quadrat übereck in der «Letzten futuristischen Ausstellung 0,10», 1915, St. Petersburg

auch in einer bewusstseinserweiternden neuen Kunstsprache. Das Bild bleibt eine positive Setzung, wenn auch aus der Negation alles Vorherigen heraus.

Diesem Verständnis scheint Reinhardt in jedem Punkt entgegenzuarbeiten. Er propagiert völlige Stasis, Stillstand, keine Bewegung und vor allem keine Emotion, mithin Leere, Interesselosigkeit. Das Bild soll erstarren, leblos sein, keine Faktur aufweisen, keine mythische Dimension haben, keine Transzendenz eröffnen, ebenso wie das Schwarz keinen Raum stiften soll und damit auch keinen Projektionsraum.[47] Aber stimmt das wirklich? Reicht das als Bestimmung? Warum haben die Zeitgenossen Reinhardt, all seinen Bestimmungen und Beteuerungen zum Trotz, wie er selbst referiert, den schwarzen Mönch genannt, einen Zen-Buddhisten, Puritaner, Calvinisten, Moslem, Juden, Hindu, Bilderstürmer, Ungläubigen, Byzantinisten oder auch Gnostiker?[48] Wo er doch zugleich dagegen protestiert hat, dass Rothko, Newman und Motherwell religiöse Aufträge übernommen hätten.[49]

Und liefert nicht sein Freund, der Trappistenmönch Thomas Merton, ein Verständnis der schwarzen Bilder, wenn er schreibt: «In der tiefsten Dunkelheit müssen wir Gott auf Erden vollends habhaft werden, denn dann ist unser Geist am wahrhaftigsten befreit von den schwachen, geschaffenen Lichtern, die erfüllt sind von seinem unendlichen Licht, das unserem Verstand als reine Dunkelheit erscheint.»[50] Direkt zu Reinhardts schwarzen Bildern bemerkt Merton sinngemäß: Eingetaucht in Schwarz, versucht man, wieder aufzutauchen, und beginnt zu kontemplieren, was man sieht.[51] Gut erkennen kann man die Neunzahl der Felder auf den wenigen druckgraphischen schwarzen Bildern, da Reinhardt hier leichte Ritzungen einführte, die den Längsbalken vom Querbalken und die Eckfelder – die samt und sonders leicht heller sind, was sie zur Begleitfigur des griechischen Kreuzes macht – von beiden Balken scheiden. Die Figur auf dem Grund wird ahnbar. Für Merton führt dies zur Reflexion der religiösen Dimension des Kreuzes. Für ihn eröffnet sich auf diese Weise der Weg zur Erleuchtung. Aus der erfahrenen Leere kommt es nach dieser Lesart wunderbarerweise zur Gotteserfahrung.[52] Ohne dass dies hier ausgeführt werden könnte, ähnelt diese Form der Erfahrung der negativen Theologie.[53]

Greift Mertons Interpretation wirklich, und rechtfertigt sie zudem, den Vorgang der Läuterung mit alchimistischem Vokabular zu belegen oder die zen-buddhistische Meditation des

Mandala zu bemühen?[54] Bei allem Interesse Ad Reinhardts für diese Dinge, an Erleuchtung mag er ebenso wenig glauben wie an direkte Religiosität. Schließlich hat er Thomas Merton, bei aller ausgeprägten Freundschaft, versucht davon abzuhalten, Mönch zu werden, und als Merton es wurde, hat er ihn kaum noch gesehen, schon aufgrund des Schweigegelübdes der Trappisten.

Was Reinhardt mit seinen schwarzen Bildern will, kann man wohl nur mit seinem Begriff der Negation beschreiben, der durchaus politisch ist insofern, als er auf all das in der Wirklichkeit und vor allem in der Wirklichkeit des zeitgenössischen Kunstbetriebs hinweist, das Reinhardt ablehnt. Daraus resultiert sein Kunstbegriff, den er am deutlichsten in seinem berühmten Kunst-als-Kunst-Aufsatz von 1962 formuliert hat. Als Kunst verstandene Kunst sei «nicht-gegenständlich, nicht-darstellend, nicht-figurativ, nicht-imagistisch, nicht-expressionistisch, nicht-subjektiv». Und er folgert daraus: «Der einzige und eine Weg zu sagen, was abstrakte Kunst oder Kunst-als-Kunst ist, liegt darin zu sagen, was sie nicht ist.»[55]

Wie wären unter diesem Aspekt der Negation all dessen, was Kunst in der Gegenwart ist, die schwarzen Bilder zu betrachten? Zuerst sehen wir nur Schwarz, auch der Rahmen ist schwarz, kein weißer Rahmen kann als weitere Bezugsgröße dienen. Auch leuchtet das Schwarz nicht, sondern ist matt gehalten. Bei den Graphiken macht Reinhardt die Rahmenfunktion deutlich, indem er sie mit einem enganliegenden schwarzen, gleich matten Papprahmen umgibt. Die Seherfahrung liefert das stillgestellte Nichts, einen Null- und Endpunkt. Nach längerer Betrachtung zeigt sich, auf Dauer schwer mit dem Auge festzuhalten, das griechische Kreuz, als Folge der tonal schwach voneinander unterschiedenen neun kleinen Quadratfelder. Im Nichts zeigt sich etwas. Möglich, dass wir das griechische Kreuz religiös verstehen wollen, die neun kleinen Quadrate als magisch, den Vorgang des Erkennens der eingeschriebenen Formen als Offenbarungsvorgang. Möglich. Doch was wir sehen, ist «meaning without reference» oder genauer: Der aufgerufene Referenzraum ist unendlich, er umfasst die gesamte Geschichte der modernen Kunst, er ist «posthistoire».

Insofern hat die Minimal Art, die Reinhardt am Ende seines Lebens als einen Vorläufer für sich entdeckt hat, ihn missverstanden. «What you see», ist nicht, wie Frank Stella meint, «what you see». Die kleinen Quadrate sind keine Donald Judd'schen vorgefertigten Kästen, die in eine serielle Ordnung gebracht sind, keine Carl André'schen Bodenplatten, die zum Quadrat geordnet wurden und die sind, was sie sind. Bei Andrés Werken muss nicht stehen «Do not touch» oder «Nicht betreten», im Gegenteil, er möchte sie in die Wirklichkeit integriert sehen. Reinhardts Bilder und Graphiken dagegen sind extrem empfindlich, selbst wenn sie die Spuren ihrer Entstehung zum Verschwinden bringen wollen. Der kleinste Fingerkratzer – und die Wirkung ist hin. Das ist auch bei seinen wenigen druckgraphischen Arbeiten der Fall, von denen kaum ein Exemplar «unverletzt» überliefert ist (Abb. 26). Reinhardt tritt nicht aus dem Medium von Malerei und Graphik heraus, sucht es aber seinem Ende zuzuführen, nicht ohne dies als Vollendung zu begreifen. Zu dem, was wir schließlich sehen, liefert Reinhardt gleich seine bedeutungsmäßige Negation mit. Im romantischen Sinn ist dies Ironie als Reflexion, aber nicht um im Sinne der Romantiker den verlorenen universalen

Abb. 26 Ad Reinhardt, Schwarzes Quadrat, 1967, Siebdruck, 30,8 × 30,8 cm, Berlin, Privatsammlung

Zusammenhang als Potenzialität für die Zukunft aufscheinen zu lassen, sondern um zu malen, wo es nichts mehr zu malen gibt. Zuerst werden wir durch das Schwarz getäuscht, dann ent-täuscht, indem wir etwas sehen, doch das, was wir sehen, kann uns nur wieder enttäuschen, da seine Bedeutung aufgehoben ist, und wir wissen nicht, ob dialektisch oder nicht.[56]

Reinhardts Lebenslauf agiert ähnlich. Die Benutzung bestimmter Topoi stellt sich als indirekte Negation von Geschichte heraus. Mit ihrer Hilfe kann Reinhardt die Geschichte der Kunst zu Ende bringen, nicht ohne zu betonen, dass auch dieser Topos sinnlos ist. Wir wollen nicht noch Hegel bemühen, was das Ende der Kunst angeht, deren Sinn-losigkeit Reinhardt uns im Bild gezeigt hat, und damit mehr und Richtigeres über sich und seinen Lebenslauf, als es eine positive Darstellung könnte. Insofern ist seine Kunst subversiv und anekdotisch.

Epilog

Utz und Oelze

Utz, der Sammler

1988 erschien Bruce Chatwins letzter Roman «Utz».[1] Im Jahr darauf verstarb der Autor an Aids. «Utz» ist die Geschichte eines manischen Porzellansammlers. Adliger Herkunft, lavierte er sich durch die Zeitläufte, erst durch das Dritte Reich, dann, wohnhaft in einer winzigen Zweizimmerwohnung in Prag in der Široká-Straße 5 gegenüber dem Alten Jüdischen Friedhof, unter kommunistischer Herrschaft. Jeweils gelang es ihm durch Kompromisse mit den Machthabern, seine über 1000 Meißener Porzellanfiguren umfassende Sammlung zu retten, obwohl sie von offizieller Seite Begehrlichkeiten weckte. In Prag versprach er dem Staat, dass seine Sammlung dem staatlichen Museum nach seinem Tod ausgehändigt würde. Im Gegenzug erlaubte ihm die kommunistische Regierung, da er als wissenschaftlicher Erforscher und kenntnisreicher Sammler anerkannt wurde, einmal im Jahr zur Kur ins westliche Ausland, nach Vichy, zu reisen. Auf diese Weise war es ihm möglich, die eine oder andere Meißener Figur auszuführen bzw. neu gekaufte Figuren wieder einzuführen. Auf dem Wege nach Vichy pflegte er in Genf Station zu machen, dort hatte er in einer Bank Geld geparkt und vor allem in einem Safe eine zweite Porzellansammlung verborgen, die ihm die Möglichkeit eröffnet hätte, finanziell abgesichert im Westen zu bleiben. Doch nach wenigen Wochen in Vichy wurde ihm das kapitalistische Leben im Westen, das er im Kurbetrieb wie in einem Brennglas erfuhr, jedes Mal unerträglich, und es verlangte ihn, nach Prag zurückzukehren, wohl wissend, dass er dort weiteren Pressionen ausgesetzt sein würde.

In Prag wurde er von seiner treuen Haushälterin Marta versorgt, die er, nachdem er sie vor Verfolgung gerettet hatte, auf seinem neugotischen Schloss in Čéske Krížove, zwischen Prag und Tabor gelegen, dem Erbteil seiner jüdischen Großmutter, beschäftigte. Es war ihm gelungen, aus der Dresdner Stadtwohnung seiner Eltern, wo er, animiert durch Figurinen seiner Großmutter, zu sammeln begonnen hatte, seine Schätze in Kisten verpackt auf sein Schloss zu bringen und dort im Keller zu verbergen. Die Schlüsselgewalt zu diesem geheimen Ort besaß nur seine Haushälterin. Der Verkauf von Ländereien im Sudetenland hatte ihm genügend Kapital gebracht, so dass er in der Lage war, auf Auktionen selbst «gegen einen Rothschild zu bieten»[2]. Dem Erzähler der Geschichte erschließt sich dies alles erst peu à peu. Er war vom Chefredakteur einer Zeitschrift aufgefordert worden, nach Prag zu reisen, um einen Aufsatz über Rudolfs II. Kunstsammelleidenschaft zu schreiben. Auf dem Wege dorthin fuhr er über Innsbruck, um auf Schloss Ambras die Kunstkammer von Rudolfs Onkel, dem Erzherzog Ferdinand von Tirol, zu besichtigen und um sich so auf seine Prager Recherchen vorzubereiten. Denn Rudolfs Schätze, «seine Alraunen, sein Basilisk, sein Bezoarstein, seine Einhornschale, sein in Gold gefaßter ‹coco-de-mer›, sein

Homunculus in Spiritus, seine Nägel von der Arche Noah und die Phiole mit dem Staub, aus dem Gott Adam geschaffen hatte»[3], waren verschwunden.

Schon durch diese Aufzählung wird ein Ton für das Folgende gesetzt und zugleich ein Chatwin'sches literarisches Verfahren offenbar. Der Ton zielt auf den mystisch-okkulten, alchimistischen Zusammenhang, in dem auch die Geschichte der Porzellanerfindung und -herstellung steht und dem sich in gewissem Sinne noch Kaspar Joachim Utz verbunden sieht. Zudem hat man sehr zu Recht festgestellt, dass Chatwins Schreiben generell und im Roman «Utz» in besonderer Weise von subkutanen literarischen und kulturgeschichtlichen Quellen durchsetzt ist. Ganz offensichtlich hat er sich auch in die Literatur zur Kunst- und Wunderkammer eingelesen, und dabei dürfte ihm, der an jeder Art von Bizarrerie interessiert war, das höchst seltsame Traktat von John und Andrew Rymsdyck, das «Museum Britannicum» von 1778 (zweite Auflage 1791), nicht entgangen sein. Darin seien, wie die Autoren schreiben, «Antiquities» und «Natural Curiosities» bunt gemischt, und zwar ein paar feine Dinge, einige eher mittelmäßige und «a few perhaps quite indifferent».[4] In der Tat. Das Werk ist reich illustriert mit wundervollen, äußerst differenzierten Tafeln in der damals neuen Technik der Weichgrundätzung, aber was sie zeigen, ist abstrus genug: ein bengalisches Vogelnest, einen «Oculus mundi» genannten Stein aus China, einen anderen Stein vom Turm zu Babel, Ägyptisches, Römisches, Amulette, Versteinerungen, Korallen in Handform etc., etc., schließlich ein menschliches Horn, das Mrs. French aus Kent aus dem Hinterkopf gewachsen sein soll. Man sollte dieses Konglomerat nicht unterschätzen, es gehört zum Gründungsbestand des British Museum, dessen Name hier seinen Ursprung hat. Sinn bekommen derartige Dinge zum einen durch die mystisch-okkulte Vorstellung vom allumfassenden Weltenzusammenhang und zum anderen durch die Interpretation eines Sammlers, der die Dinge auf seinen individuellen Kosmos bezieht – der Mikrokosmos als Abbild des Makrokosmos.

Dazu muss man wissen, dass Bruce Chatwin, bevor er zu schreiben begann, eine atemberaubende Karriere bei Sotheby's hinter sich gebracht hatte.[5] Seine Schulnoten waren nicht gut genug für ein Oxford-Stipendium, und so heuerte er 1958 als Porter bei Sotheby's an. Seine Aufgabe war es, Kunstwerke durch die verschlungenen Gänge von Sotheby's vom Lager in die verschiedenen Departments zu tragen. Dabei fiel er Peter Wilson auf, der im selben Jahr Chairman von Sotheby's geworden war und ihn unter seine Fittiche nahm. Chatwin erregte schnell durch sein gutes Aussehen, sein unbestechliches Auge und sein geradezu fotografisches Gedächtnis Aufsehen. Seinen Aufstieg dürfte auch seine Homosexualität und die seines Mentors befördert haben. Im nächsten Schritt wurde er Katalogschreiber, wobei er kurz im Keramik-Department als Assistent des Leiters tätig war, der gerade am Porzellan- und Glaskatalog schrieb. Schnell wurde er «Expert» und schließlich nach noch nicht einmal drei Jahren Leiter der Abteilung «Antiquities» und der neu entstehenden Abteilung «Impressionism». Das war ein Glücksfall, denn schlagartig setzte zu dieser Zeit der Impressionismus-Boom ein, und Chatwin hatte einen Erfolg nach dem anderen, wenn seine stille Neigung auch den Altertümern galt. Sein Verkaufserfolg war verblüffend, und Peter Wilson setzte ihn mit Vorliebe als internationalen Vermittler ein – denn Chatwin war wirklich unglaublich schön und schwemmte beide Geschlechter des an Kunst interessierten Geldadels schlicht weg. Er freundete sich mit einer Reihe von Sammlern an, etwa dem Schweizer George Ortiz, der besessen von griechischen Bronzen, römischen und etruskischen Werken, aber auch von babylonischen Amuletten war. Keine Frage, manche Züge dieses Sammlers sind auf die Gestalt Kaspar Utz' übergegangen. Aber auch die berühmten russischen Sammler waren Chatwin vertraut, und die Idee, dem Staat nach dem Tod die Sammlung zu überlassen, um sich so deren Erhalt zu Lebzeiten zu sichern, dürfte zurückgehen auf George Kostakis, dessen Futurismus-Sammlung in der Tat verabredungsgemäß nach seinem Tod an den Staat ging.

Doch auch für Utz selbst ist ein direktes Vorbild ausgemacht worden. Am Ende seiner Zeit bei Sotheby's besuchte Chatwin 1966 im Auftrag seiner Firma Prag und sollte dort Kontakt zu einem Porzellansammler aufnehmen. Zudem hatte ihn, dem Erzähler in «Utz» unmittelbar vergleichbar, ein Magazin aufgefordert, über Rudolf II. und seine Sammlung von Exotika zu schreiben. Der Tipp mit dem Prager Sammler kam von Chatwins Kollegin bei Sotheby's Kate Foster, die in der Porzellanabteilung arbeitete. Um Deutsch zu lernen, die Sprache, in der die meiste und wichtigste Literatur zur Porzellangeschichte publiziert wurde, war sie nach Wien und Dresden gegangen und von da mit Empfehlung zu einem Prager Porzellansammler, der sich als Rudolf Just (1895–1972) herausstellte (Abb. 27). Seine Sammlung bewahrte zwar auch Meißener Porzellanfiguren des 18. Jahrhunderts, doch primär handelte es sich um Porzellangeschirr, Vasen, böhmische Gläser, Messing-, Zinn- und Kupfergerät, Steinzeug in höchster Qualität

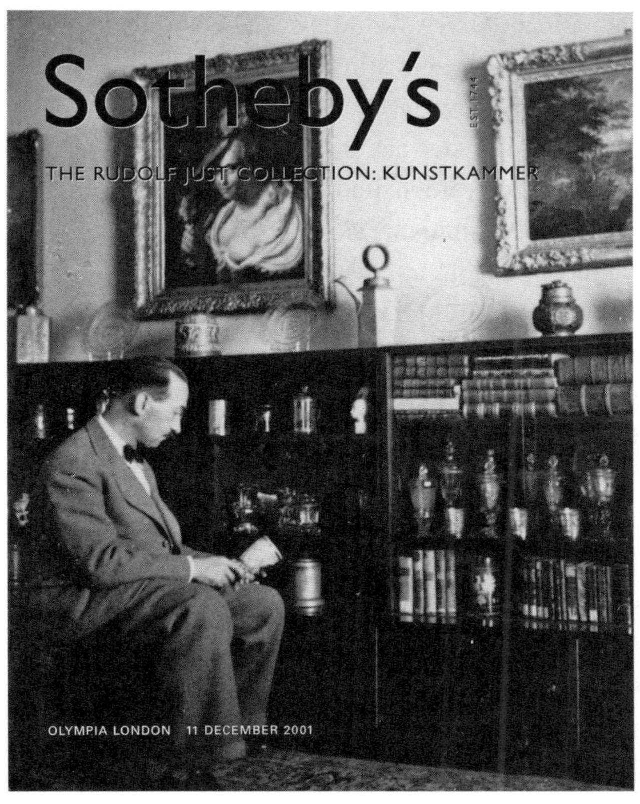

Rudolf Just in seiner Sammlung, Cover des Sotheby-Katalogs zur Versteigerung der Sammlung Just, 2001 Abb. 27

vom 16. bis zum 18. Jahrhundert. Das alles war mit großem Sachverstand zusammengetragen worden, nicht selten von eigenen Aufsätzen begleitet, die Justs wissenschaftliche Kompetenz bezeugten. Eine spezielle Gruppe von Glasbechern konzentrierte sich auf das frühere 19. Jahrhundert. Hinzu kam eine exquisite Sammlung von Goldmünzen, mit Schwerpunkt auf dem 17. Jahrhundert im Heiligen Römischen Reich.

Just hatte im Ersten Weltkrieg als Kavallerieoffizier gedient und deswegen sein Jurastudium abbrechen müssen. In der Ersten Tschechoslowakischen Republik (1918–1938) war er zunächst Manager der Schuhfabrik Bata, um dann im Textilbereich tätig zu werden und ein Vermögen zu erlangen. Er begann früh zu sammeln, offenbar bereits Anfang der zwanziger Jahre. 1939 heiratete er eine tschechische Jüdin, er wurde Ende 1944 in Kleinstadt interniert, während seine Frau Anfang 1945 nach Theresienstadt verschleppt wurde. Just konnte aus seinem Lager entkommen, schlug sich nach Prag durch und überlebte verblüffenderweise verborgen in seiner eigenen Wohnung, versorgt und geschützt von seiner Haushälterin. Auch seine Frau überlebte. Sie hatten einen gemeinsamen Sohn. Nach dem Tod seiner Frau 1966 drohte Just das Recht, in seiner Wohnung zu verbleiben, zu verlieren, worauf er seine Haushälterin heiratete und so ein erneutes Bleiberecht erwarb. Als 1948 die Kommunisten die Macht übernahmen, wurde es schwierig für ihn und seine Sammlung. 1962 wurde er als Spekulant denunziert, der Antiken kaufe und verkaufe, um Profit zu machen. Er schrieb daraufhin an den Direktor der Meißener Porzellanmanufaktur und bat um Hilfe durch schriftliche Bezeugung seines wissenschaftlichen Interesses. Verschiedene Spezialisten verwandten sich zu seinen Gunsten. Die Sammlung konnte im Endeffekt bei ihm verbleiben, wurde jedoch von staatlichen Autoritäten katalogisiert. Er musste sich verpflichten, sie nach seinem Tod dem Staat zu überlassen. Just starb 1972, bald darauf auch sein Sohn – und danach war die Sammlung nicht mehr auffindbar.

Chatwin, so hat er beiläufig eingestanden, hat Just nur wenige Stunden gesehen. Es ist noch nicht einmal ganz sicher, ob er die Sammlung überhaupt hat in Augenschein nehmen können. Zumindest hat er versucht, den Eindruck zu erwecken. Der Erzähler von «Utz» jedenfalls, der viele Züge von Chatwin aufweist, hat die Sammlung, die zu einer reinen Sammlung Meißener Porzellanfiguren mutiert ist, mit größter Aufmerksamkeit und unter Utz' Führung betrachtet. Als Chatwin am Ende seines Lebens seinen Roman schrieb, war über den Verbleib von Justs Sammlung nichts bekannt. Dieses *mystery* hat ihn besonders fasziniert, und er hat literarisches Kapital daraus geschlagen. Auch im Roman bleibt offen, was mit der Sammlung geschehen ist, denn auch hier ist sie plötzlich verschwunden. Der Erzähler spekuliert darüber, ob sie von Utz und Marta zertrümmert und über die Müllabfuhr entsorgt wurde.

Nach Utz' Tod erfährt der Erzähler, dass der Sammler, wahrlich kein schöner Mann, sich mit Vorliebe älteren Opernsängerinnen gewidmet hat, sehr zum Schmerz seiner ihm nicht nur ergebenen Marta. Doch als es dem Ende entgegenging, hat er seine Diven gelassen und Marta, die es als späten Triumph erfahren hat, geheiratet. So fand der alte Harlekin seine Columbine. Chatwin erwägt, was den Verbleib der Sammlung angeht, alle möglichen Lösungen, kommt aber zu keinem Ergebnis, es sei denn, man sieht die Lösung im folgenden Satz ganz am Ende der Geschichte verborgen: «Und von dieser Stunde an verbrachten sie ihre Tage in leidenschaftlicher Verehrung füreinander und störten sich an allem, was sich zwischen sie drängen konnte».[6] Die Sekundärliteratur zu Chatwins Roman deutet diese überraschende Wendung der Geschichte als Hinweis darauf, dass Utz schließlich seine Bestimmung, seine wahre Liebe gefunden habe, den Fetisch

Sammlung, der ihn der Welt entfremdet hatte, losgeworden sei und erst jetzt, frei vom Sammelzwang, frei vom Zwang, das Leben allein in den Meißener Figurinen sehen zu wollen, wirklich leben konnte. So wenig diese Deutung auszuschließen ist und so berechtigt dann auch der Vorwurf wäre, dies sei eine unbefriedigende, da sentimentale Auflösung der Geschichte, die damit geradezu entwertet würde, so scheint die Forschung doch übersehen zu haben, dass der zitierte Satz eine klassische Märchenformulierung darstellt. «Und wenn sie nicht gestorben sind, dann leben sie noch heute.» Wie immer bei Chatwin mischen sich *fact and fiction* auf unauflösbare Weise, und insofern hält er die Dinge bewusst in der Schwebe und lässt sie vieldeutig bleiben.

Doch für die Sammlung von Rudolf Just gab es noch ein Nachspiel. Sotheby's ging einer schwachen Spur nach. Eine Dame hatte im Handel eine Goldmünze angeboten und kryptische Bemerkungen über die Existenz einer größeren Sammlung gemacht. Nach langen Recherchen gelang es, Justs Schwiegertochter und deren Sohn in Bratislava aufzuspüren. In einem winzigen Appartement, einer staatlichen Sozialwohnung, hatten sie unter dem Sofa, in Wäschekörben und Schachteln, die gesamte Just'sche Sammlung versteckt und gehortet. Am 11. Dezember 2001 fand bei Sotheby's die Auktion eines Großteils der Sammlung statt, begleitet von drei schmalen Katalogbänden, deren einer den eigentlichen Kunstkammerbestand umfasste, ein zweiter die Sammlung der Goldmünzen.[7] Für den Zugang zu ihr hatte sich im Appartement in Bratislava ein Safeschlüssel gefunden. Nach weiteren Recherchen hatte sich im Jahr 2000 ergeben, dass er zu einem Genfer Safe gehörte. Der dritte «Katalog» lieferte einen vollständigen

Abdruck von Chatwins «Utz». Die Auktion war ein sensationeller Erfolg und erbrachte 2 235 927 Dollar, allein die Goldmünzen erzielten 631 190 Dollar. Zwei Meißener Vasen im Kakiemon-Stil von um 1740 wurden für 156 321 Dollar versteigert. Der Katalog dokumentiert Justs Leben, listet seine Spezialpublikationen auf und lässt ihm als Sammler und Wissenschaftler späte Gerechtigkeit widerfahren. Erst 2007 wurde ein weiterer Teil von Justs Sammlung versteigert: die Zwischengoldgläser bei Fischer in Heilbronn.[8]

Oelzes Kunst- und Wunderkammer

Als Schüler hatte ich einen väterlichen Freund, Hugo Oelze (Abb. 28), einen wahren Grandseigneur, den meine Eltern kannten, denn er stammte aus Bremen. Sein Bruder, der wenige Straßen von uns entfernt in Bremen wohnte, war der Kaufmann Friedrich Wilhelm Oelze, langjähriger Briefpartner von Gottfried Benn und Förderer der Bremer Kunsthalle. Auch Hugo Oelze hatte den Bremer Bürgersinn nicht vergessen und hinterließ bei seinem Tod im Mai 1967 der Bremer Kunsthalle eine ganze Reihe von Kunstwerken: etwa Jan Sanders von Hemessens «Judith», Cornelis Ketels Frauenbildnis von 1606 oder Camille Pissarros «Bauernmädchen am Rasenhang» von 1882. Oelze lebte in Amsterdam in einem schmalen Grachtenhaus des 17. Jahrhunderts, in der Herengracht 623. Er war gelernter Jurist, hatte kaufmännische Bezüge zu Amsterdam und wurde dort schon in den späteren zwanziger Jahren sesshaft. Seine ursprünglichen Geschäfte gab er bald auf, um zu sammeln, wohl auch zu handeln und als Kunstvermittler für

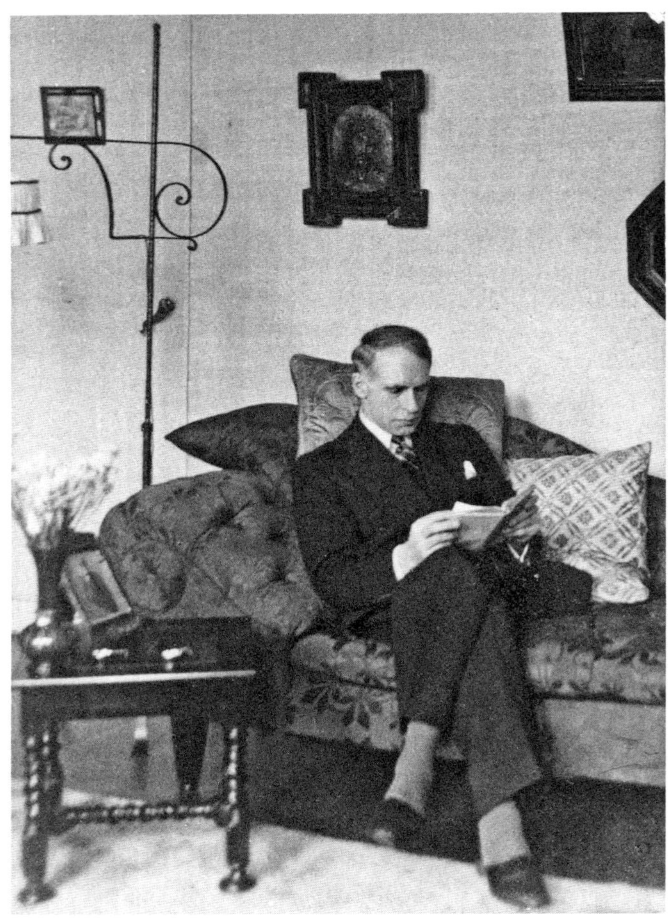

Abb. 28 Hugo Oelze in seiner Wohnung Herengracht 623 in Amsterdam, 1938

Museen und Sammler tätig zu werden. Er lud mich als Dreizehnjährigen nach Amsterdam ein, für eine Woche bei ihm zu wohnen. Meine Eltern zögerten ein wenig, sagten dann aber doch zu. In Amsterdam wurde ich geradezu hofiert. Oelze ging mit mir etwa ins Rijksmuseum. Vor allem aber machte er mit mir einen kurzen Besuch bei dem knapp neunzigjährigen Max J. Friedländer, wo ich eine kleine Schadow-Zeichnung, «Porträt Frau Rösch» von 1821, sah. Friedländer hatte sie ursprünglich in seinem Berliner Esszimmer hängen. Mein Vater hat sie auf der Nachlassversteigerung Friedländer 1958 erworben und mir hinterlassen.

Oelze wurde von einer Haushälterin versorgt, Frau Käthe, die ein Gästebuch führte, in dem sie die Speisen und die Speiseabfolge für einen jeden Gast genau notierte, um nie zweimal dasselbe zu servieren. Jeden Abend wurde im Wintergarten gegessen, Oelze am einen Ende des Tisches, ich am andern. Gedeckt war mit holländischem Porzellan des 17. Jahrhunderts, *blue and white*, dazu ebenfalls holländisches Silberbesteck des 17. Jahrhunderts, getrunken aber wurde aus venezianischen Flötgläsern des 16. Jahrhunderts, so zart und reich verziert, dass ich Angst hatte, sie in die Hand zu nehmen. Ich trank meinen ersten Wein, fand jeden Abend ein kleines Geschenk auf meinem Teller und kam so zu meinem ersten Schlips. Den Wintergarten zierten, wie es hieß, die einzigen überlieferten Glasfenster von Lucas van Leyden. Erst sehr viel später wurde mir klar, dass ich nur deswegen meinen Habilitationsvortrag in Bonn über Lucas van Leyden gehalten habe. Das ganze Haus, in dem ich am liebsten den ganzen Tag verbrachte, war eine einzige Kunst- und Wunderkammer. Zugänglich waren mir Parterre und erster Stock, im zweiten waren Oelzes Privatgemächer, im Dachgeschoss wohnte die Haushälterin. Der Hauptteil der in allen Zimmern aufs Schönste arrangierten Sammlung bestand aus Renaissancebronzen: Giovanni da Bologna, Adriaen de Vries, Cigoli oder Leone Leoni. Jede Figur auf kostbarem Sockel, gerahmt von

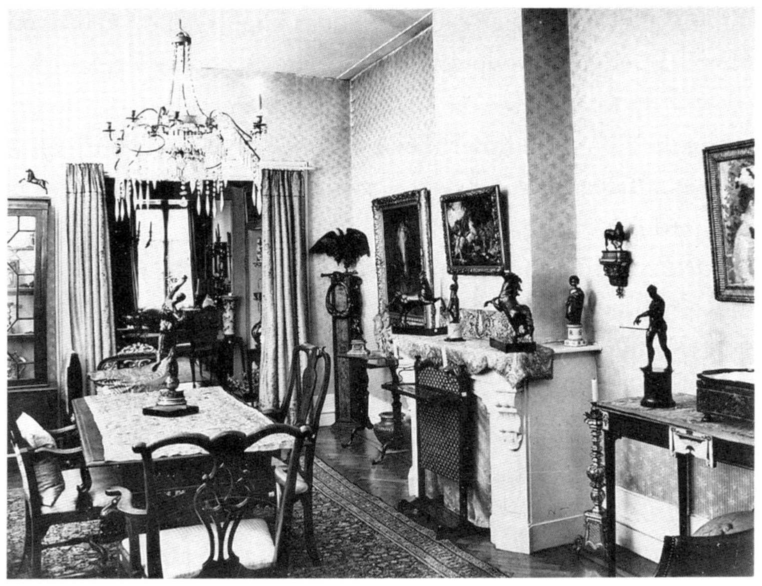

Abb. 29 Rechte Wand des Esszimmers in Hugo Oelzes Wohnung Herengracht 623 in Amsterdam, 1950er Jahre

springenden Bronzepferden, ein tanzender Faun, Merkur auf einer Erdkugel, Lebendabgüsse von Kleingetier (Abb. 29). In Vitrinen Porzellan, Jade, *Chinese pottery*, Kerzenleuchter. Dazu im ersten Stock Teppiche und Gobelins, die über hölzerne Truhen gebreitet waren, ausgewählte Möbel, Wandbespannungen, über die ich mit der Hand glitt. Von den Gemälden an den Wänden und der großen geschnitzten Leinberger Madonna zu schweigen. Ein Gesamtkunstwerk.

Am letzten Abend, befeuert durch ein zweites Glas Wein, wagte ich, Oelze zu fragen, wo denn all das herkomme, an dem ich eine Woche lang Anteil genommen hätte. Er schwieg eine Weile, um mir dann das Versprechen abzunehmen, ich dürfe über das, was er mir jetzt erzählen werde, nicht reden, so lange er lebe. Ich habe das Versprechen tapfer eingehalten. Die Geschichte lautete so: Als er nach Amsterdam gekommen sei, habe er dort als Rechtsanwalt keine Zulassung bekommen und überlegen müssen, wie er sich auf Dauer ernähren könne. Er habe viel über holländische Geschichte, besonders im Goldenen Zeitalter, gelesen und sei darauf gestoßen, dass in der Auseinandersetzung der sieben nördlichen holländischen, calvinistischen Provinzen mit dem katholischen Süden auf Jahrzehnte die Scheldemündung von holländischen Schiffen blockiert worden sei, so dass Antwerpen als Hafen seine führende Rolle an Amsterdam verloren habe. Auf Reede aber, im Ring, den die holländischen Schiffe um die Mündung geschlossen hatten, habe eine Flotte von venezianischen Schiffen gelegen, reich beladen mit Handelsgütern, darunter große Lieferungen an Kunst. Im Laufe der Zeit seien die Schiffe, die aufgrund der Kriegsverhältnisse nicht hätten entladen werden können, gesunken, auf den weichen Grund der Scheldemündung. So sei er auf die Idee gekommen, mit der für die Schelde zuständigen Baggerfirma einen Vertrag zu schließen: Alles, was an Gegenständen vom Grund ans Licht kommen würde, sei ihm vorzulegen. Und so seien all die italienischen Bronzen, die venezianischen Flötgläser und sonstiges Kunstgewerbliches aufgetaucht, von ihm gereinigt und in sein Haus überführt worden. Das eine oder andere habe er verkaufen müssen. So sei er zum Sammler und Händler geworden.

Die Geschichte, die ich damals aufgesogen habe, ist so schön, dass es mir ganz gleichgültig ist, ob sie wahr oder nur gut erfunden ist. Bruce Chatwin jedenfalls wäre sie, wenn er sie gekannt hätte, sofort als ein weiterer Romanstoff erschienen. Oelze zeichnete sich durch höchste Diskretion aus und war deswegen wohl bei Museen, Sammlern und dem internationalen Handel besonders beliebt. Er pflegte einmal im Jahr in Spa zu kuren, offenbar traf er dort potenzielle Kunden und konnte Geschäfte in dieser oder jener Form abwickeln.

Die Parallelen zu Just, vor allem aber zu Utz sind ausgeprägt. Sollte Chatwin in seiner Sotheby-Zeit Kontakt zu Oelze gehabt haben und die Sammlung und die besondere Existenz des Sammlers kennengelernt haben? Hätte ihm Oelze nicht viel näher sein müssen als der trotz seiner Begeisterung für seine Sachen doch eher unscheinbare und etwas biedere Just? Statt Meißener Porzellan Renaissancebronzen, statt Vichy Spa, Utz wie Oelze waren verschwiegene Kunsthändler, beide waren, sieht man vom Märchenschluss in «Utz» ab, ausgeprägte Junggesellen mit höchlichst verfeinerten Manieren. Sagen wir es so: Es spricht nichts dagegen, dass Züge von Oelze in die Vita von Utz, ja in seinen Charakter eingeflossen sein können. Utz geht ja nicht in Just auf. Wie sagt Chatwin? «Ich halte nichts davon, mit der Wahrheit herauszurücken».[9] Vieles an seiner Vita ist stilisiert: so auch die Geschichte seiner plötzlichen Blindheit, die ihn zur Kündigung bei Sotheby's gebracht habe (man weiß, er konnte nur wenige Stunden nicht sehen). Chatwin hat glauben machen wollen, er sei in diesem Zustand gereist, wie ein wahrer Seher. Als er aber in Prag auf der Rückreise von den australischen Aborigines aus dem Flugzeug gestiegen sei, habe er plötzlich wieder sehen können. Das habe ihn zu Utz gebracht usw. Chatwin dramatisierte seine Existenz aufs Schönste und legte ihr dabei besondere Bedeutung bei. Die Wahrheit würde seinen Geschichten die bewusst gestiftete, literarisch legitimierte Ambivalenz nehmen, die ihren Reiz ausmacht, weil sie zu ihrem Verständnis nach unserem Beitrag verlangt. So glaube ich einfach an Oelzes Geschichte und an Oelze in Utz. Für mich – und sei es auch nur für mich – macht die Geschichte Sinn.[10]

Anhang

Anmerkungen

Prolog

Laurence Sternes «Memoirs»

1 Kenneth Monkman, Sterne's memoirs: a hitherto unrecorded holograph now brought to life in facsimile, Cowold 1985. Nach dem Erstdruck von 1775 findet sich ein Wiederabdruck in: [Laurence Sterne], A Sentimental Journey through France and Italy by Mr. Yorick. With a Continuation by Eugenius. To which is added, the life of the author written by himself, Basil 1800, S. III–XIV.

2 Ian Campbell Ross, Laurence Sterne. A Life, Oxford 2002, S. 4, 20, 23–31, 34, 35 f., 41, 46, 57, 427, 435 Anm. 2.

3 Laurence Sterne, Leben und Ansichten von Tristram Shandy, Gentleman. Ins Deutsche übertragen und mit Anmerkungen versehen von Michael Walter, Frankfurt a. M. 2010, 3. Buch, 20. Kapitel, S. 208–219.

4 Wolfgang Iser, Laurence Sternes «Tristram Shandy», München 1987, S. 14 f., 90–104.

5 Sterne, op. cit. (Anm. 3), S. 14.

6 Ebenda, S. 12.

7 Am ausführlichsten: Iser, op. cit. (Anm. 4), S. 23–49; Werner Busch, Great wits jump. Laurence Sterne und die bildende Kunst, München 2011, S. 17–46.

8 Siehe Anm. 1.

9 Sterne, op. cit. (Anm. 3), S. 135–146 und S. 456 f.

10 Busch, op. cit. (Anm. 7), S. 168–172.

11 Ausführlich zu pietistischen Lebensläufen und ihrer Topik: Saskia Pütz, Künstlerautobiographie. Die Konstruktion von Künstlerschaft am Beispiel Ludwig Richters (= Berliner Schriften zur Kunst, Bd. 23), Berlin 2011.

12 Catherine Gallagher und Stephen Greenblatt, Practicing New Historicism, Chicago/London 2000, bes. S. 49–52.

1. Kapitel

Anekdote – Begriff, Gattung und tiefere Bedeutung

1 Jost Philipp Klenner und Ulrich Raulff (Hrsg.), Kleine Formlosigkeiten (= Zeitschrift für Ideengeschichte, Heft VIII/3 Herbst 2014). Der schließlich gewählte Titel könnte auch darauf hinweisen, dass die Herausgeber nach der Lektüre der eingereichten Texte dem Anekdotenbegriff nicht gänzlich über den Weg getraut haben.

2 Catherine Gallagher und Stephen Greenblatt, Practicing New Historicism, Chicago/London 2000, S. 51; Moritz Baßler, Die kulturpolitische Funktion und das Archiv. Eine literaturwissenschaftliche Text-Kontext-Theorie, Tübingen 2005, S. 41.

3 Rüdiger Zill, Minima historia. Die Anekdote als philosophische Form, in: Klenner/Raulff, op. cit. (Anm. 1), S. 33; in der Forschung überwiegt, naheliegend, germanistische Literatur. Schaut man in den ausführlichen Artikel zur Anekdote im Historischen Wörterbuch der Rhetorik, hrsg. von Gert Ueding, Bd. 1, Tübingen 1992, Stichwort «Anekdote» (E. Rohmer), Sp. 566–579, dann gibt es eine sorgfältige Abwägung, was die literarische Gattungszugehörigkeit angeht, aber es fehlt Entscheidendes: Kein Wort zur Kunst- und Künstleranekdote, Plinius kommt schlicht nicht vor, nichts auch zu ihrer kunsttheoretischen Dimension. Die gewaltige Rolle, die die Anekdote in England spielt, findet keine Erwähnung, auch Frankreich kommt zu kurz, die dortigen Anekdoten allein zu Klatschanekdoten zu erklären und ihre subversive, politische Dimension herunterzuspielen, greift entschieden zu kurz. Statt Germanistik hätte man sich Vergleichende Literaturwissenschaft gewünscht.

4 Zill, op. cit. (Anm. 3), S. 38 f. Natürlich gibt es auch Anekdotisches vor Prokop, doch er ist der Erste, der Material sammelt, das von politischer Brisanz ist: Die Offenlegung des Privaten dekuvriert das Offizielle.

5 Zur Dreiteiligkeit: Rohmer, op. cit. (Anm. 3), Sp. 568.

6 C. Plinius Secundus d. Ä., Naturkunde, Buch XXXV Farben – Malerei – Plastik, hrsg. und übers. von Roderich König in Zusammenarbeit mit Gerhard Winkler, Düsseldorf/Zürich 2. Aufl. 1997; Ernst Kris und Otto Kurz, Die Legende vom Künstler. Ein geschichtlicher Versuch. Mit einem Vorwort von Ernst H. Gombrich, Frankfurt a. M. 1980 (zuerst Wien 1934); Werner Busch, Das unklassische Bild. Von Tizian bis Constable und Turner, München 2009, S. 123 f. Jürgen Müller hat in verschiedenen Arbeiten die Übertragung der Plinius'schen Künst-

leranekdoten auf die Vitentradition verfolgt, s. vor allem: ders., Concordia Pragensis. Karel van Manders Kunsttheorie im Schilder-Boeck. Ein Beitrag zur Rhetorisierung von Kunst und Leben am Beispiel der rudolfinischen Hofkünstler, München 1993.

7 Robert Darnton, Anekdotomanie. Blogging, heute und vor zweihundertfünfzig Jahren, in: Klenner/Raulff, op. cit. (Anm. 1), S. 68–75.

8 Siehe hier das Kapitel «Außenseiteranekdoten – Menzel und Friedrich II.»

9 Gibt man im Katalog der «British Library» das Stichwort «Anecdotes» ein, so folgen etwa 200 Hinweise auf Buchtitel mit diesem Begriff, etwa die Hälfte ist englischen Künstlern gewidmet. Siehe hier das Kapitel «Gainsborough – Farbe und Musik».

10 Gallagher/Greenblatt, op. cit. (Anm. 2); Baßler, op. cit. (Anm. 2), dort weitere Literatur zitiert.

2. Kapitel
Stubbs' Ästhetik

1 Zu diesen Zusammenhängen: Werner Busch, Das sentimentalische Bild. Die Krise der Kunst im 18. Jahrhundert und die Geburt der Moderne, München 1993, S. 19–24, danach zu einzelnen Gattungen; Stefan Germer, Kunst – Macht – Diskurs. Die intellektuelle Karriere des André Félibien im Frankreich von Louis XIV., München 1997, bes. S. 356–379; Thomas Kirchner, Der epische Held. Historienmalerei und Kunstpolitik im Frankreich des 17. Jahrhunderts, München 2001, S. 103–117, 179–317.

2 Zur Gin-Kampagne: Berthold Hinz, William Hogarth. Beer Street und Gin Lane. Lehrtafeln zur britischen Volkswohlfahrt, Frankfurt a. M. 1984; Busch, op. cit. (Anm. 1), S. 264–294.

3 Ronald Paulson, Hogarth, Bd. 2, High Art and Low, 1732–1750, New Brunswick, N. J. 1992, St. Bartholomew's Hospital: S. 77–103; Foundling Hospital, S. 323–341.

4 Werner Busch, Händel und der Wandel der Konversation, in: ders., Englishness. Beiträge zur englischen Kunst des 18. Jahrhunderts von Hogarth bis Romney, Berlin/München 2010, S. 9–31.

5 Zur Querelle: Hans Robert Jauß, Ästhetische Normen und geschichtliche Reflexion in der «Querelle des Anciens et des Modernes», in: Charles Perrault, Parallèle des anciens et des modernes en ce qui regarde les arts et les sciences, München 1964, S. 8–64; zum Farbe-Linien-Streit: Thomas Puttfarken, Roger de Piles' Theory of Art, New

Haven/London 1985; Max Imdahl, Farbe. Kunsttheoretische Reflexionen in Frankreich, München 1987.

6 Robert Rosenblum, Reynolds in an International Milieu, in: Kat. Ausst. Reynolds, hrsg. von Nicholas Penny, Royal Academy of Arts, London 1986; Busch, op. cit. (Anm. 1), S. 394–411.

7 Robert E. Schofield, The Lunar Society of Birmingham. A Social History of Provincial Science and Industry in Eighteenth-Century England, Oxford 1963; Jenny Uglow, The Lunar Men. The friends who made the future, London 2002.

8 Erasmus Darwin, The Botanic Garden. A Poem in two Parts, London 1789 und 1791.

9 Ausführlich und mit Lit. zu den einzelnen Instrumentenbauern: Werner Busch, Materie und Geist. Die Rolle der Kunst bei der Popularisierung des Newtonschen Weltbildes, in: Kat. Ausst. Mehr Licht. Europa um 1770. Die bildende Kunst der Aufklärung, Städelsches Kunstinstitut und Städtische Galerie, Frankfurt a. M. 2000, S. 401–418.

10 John Burton, An Essay Towards a Complete New System of Midwifery, Theoretical and Practical, London 1751; Venetia Morrison, The Art of George Stubbs, London 1989, S. 12–19 (mit sechs Abb. des Traktates); Kat. Ausst. Fearful Symmetry. George Stubbs. Painter of the English Enlightenment, hrsg. von Nicholas H. J. Hall, Hall and Knight Ltd., New York 2000, Kat. Nr. 35, S. 154 und Pl. 35; Judy Egerton, George Stubbs, Painter. Catalogue raisonné, New Haven/London 2007, S. 17–19 (mit acht Abb. des Traktates).

11 Kat. Ausst. George Stubbs 1724–1806, hrsg. von Judy Egerton, Tate Gallery, London und Yale Center for British Art, New Haven 1984/85, Kat. Nr. 6–25; Kat. Ausst. Stubbs & the Horse, hrsg. von Malcolm Warner und Robin Blake, Kimbell Art Museum, Fort Worth, New Haven/London 2004, S. 18–41; verkleinerter Reprint der späten Ausgabe von: George Stubbs, The Anatomy of the Horse, London 1853 (ursprünglich 1766) mit komplettem Text und nach den Originalplatten, London 2005; die Zeichnungen: Egerton, op. cit. (Anm. 10), Kat. Nr. 7, S. 112–129.

12 Humphry's «Memoir» in der Abschrift von William Upcott mit den Erinnerungen von Mary Spencer transkribiert in: Kat. Ausst. Fearful Symmetry, op. cit. (Anm. 10), S. 200–209.

13 Campers Brief von 1771 und ein Auszug aus einem Brief von 1772: ebenda, S. 210.

14 Hierzu ausführlich Egerton, op. cit. (Anm. 10), S. 36–44.

15 Busch, op. cit. (Anm. 1), S. 425–429; Kat. Ausst. Below Stairs. 400 years of servant's portraits, hrsg. von Giles Waterfield, Anne French

und Matthew Craske, National Portrait Gallery, London 2003, zu Hogarths Dienerschaft dort: S. 108–110.

16 Egerton, op. cit. (Anm. 10), Kat. Nr. 11 und 29.

17 Ebenda, Kat. Nr. 17 (Bolingbroke), 30 (Rockingham); zu Rockinghams Exemplar siehe auch Kat. Ausst. Stubbs & the Horse, op. cit. (Anm. 11), Kat. Nr. 37.

18 Egerton, op. cit. (Anm. 10), Kat. Nr. 31; Kat. Ausst. Stubbs & the Horse, op. cit. (Anm. 11), Kat. Nr. 38.

19 Egerton, op. cit. (Anm. 10), Kat. Nr. 34; Kat. Ausst. Stubbs & the Horse, op. cit. (Anm. 11), Kat. Nr. 39.

20 Kat. Ausst. Fearful Symmetry, op. cit. (Anm. 10), S. 205.

21 Horace Walpole, Journals of visits to country seats, & c., hrsg. von Paget Toynbee, in: Walpole Society, Bd. 16, 1927–1928, S. 71.

22 Kat. Ausst. Fearful Symmetry, op. cit. (Anm. 10), S. 205.

23 Kat. Ausst. Stubbs & the Horse, op. cit. (Anm. 11), S. 178.

24 Ernst Kris und Otto Kurz, Die Legende vom Künstler. Ein geschichtlicher Versuch, Frankfurt a. M. 1980 (zuerst Wien 1934); Ernst Kris, Psychoanalytic Explorations in Art, New York 1964 (zuerst 1952), Kap. 2, S. 64–84.

25 Zu dieser Tradition: Werner Busch, Das unklassische Bild von Tizian bis Constable und Turner, München 2009.

26 C. Plinius Secundus d. Ä., Naturkunde, lateinisch-deutsch, 37 Bücher in 31 Bänden mit einem Gesamtregister, hrsg. und übers. von Roderich König u. a., München 1973–1996, 2004, Buch 35, München 1978.

27 Trauben: Plinius XXXV, S. 65; Hengst, gemalt von Apelles: XXXV, S. 95; Wachteln, gemalt von Protogenes: XXXV, S. 121; vgl. Kris/Kurz, op. cit. (Anm. 24), S. 90.

28 Giorgio Vasari, Vite de' più eccellenti pittori, scultori, ed architetti, 9 Bde., hrsg. von Gaetano Milanesi, Florenz 1878–1885, Bd. 2, S. 493, auch zitiert bei Kris/Kurz, op. cit. (Anm. 24), S. 90 Anm. 2.

29 Kat. Ausst. Fearful Symmetry, op. cit. (Anm. 10), S. 201.

30 Werner Busch, Zur Topik der Italienverweigerung, in: Hildegard Wiegel (Hrsg.), Italiensehnsucht. Kunsthistorische Aspekte eines Topos, München/Berlin 2004, S. 203–210.

31 Kat. Ausst. Fearful Symmetry, op. cit. (Anm. 10), S. 201.

32 Ebenda, S. 202.

33 Am vollständigsten wird die Tradition verfolgt in: ebenda, S. 6–17, 19 und Text S. 13–15, 19–21, 24; und von Egerton, op. cit. (Anm. 10), S. 26–30, 294 und Kat. Nr. 36–39, 112–114, 120, 121.

34 Sporting Magazine 32, Mai 1808, S. 55, komplett zitiert bei Morrison, op. cit. (Anm. 10), 15, 19 und in Kat. Ausst. Stubbs & the Horse, op. cit. (Anm. 11), S. 108 f.

35 Morrison, op. cit. (Anm. 10), S. 19; gänzlich überzeugt ist auch: Kat. Ausst. Stubbs & the Horse, op. cit. (Anm. 11), S. 109, 179.

36 Basil Taylor, George Stubbs. «The Lion and Horse» Theme, in: The Burlington Magazine 107, 1965, S. 81–86; Kat. Ausst. Stubbs & the Horse, op. cit. (Anm. 11), S. 121 Anm. 21. Hin und her diskutiert bei: Barnaby Rogerson, Did Stubbs go to Morocco, in: Country Life 194, 2. März 2000, S. 60 f.

37 Kat. Ausst. Fearful Symmetry, op. cit. (Anm. 10), S. 206.

38 Egerton, op. cit. (Anm. 10), S. 170, 175; Kat. Ausst. Stubbs & the Horse, op. cit. (Anm. 11), S. 109.

39 Kat. Ausst. Stubbs & the Horse, op. cit. (Anm. 11), Kat. Nr. 62, S. 197.

40 Werner Busch, Nachahmung als bürgerliches Kunstprinzip. Ikonographische Zitate bei Hogarth und in seiner Nachfolge, Hildesheim/New York 1977, S. 161 f.

41 Morrison, op. cit. (Anm. 10), S. 112; Stephen Deuchar, Sporting Art in Eighteenth Century England. A Social and Political History, New Haven/London 1988, S. 107 ff.; Kat. Ausst. Fearful Symmetry, op. cit. (Anm. 10), S. 24; Kat. Ausst. Stubbs & the Horse, op. cit. (Anm. 11), S. 108, 121 Anm. 17, dort werden Übertragungen der menschlichen Leidenschaftstypologie auf Pferde angeführt. Thomas Kirchner hat mich freundlicherweise darauf aufmerksam gemacht, dass in Frankreich, bald nach den Stubbs'schen Übertragungen, Entsprechendes in der französischen Traktatliteratur nachzuweisen ist: Antoine-François Vincent, Essai sur l'expression des diverses passions du cheval, considerées dans les trois principaux instans de leur progrès, Paris 1787, vgl. Thomas Kirchner, L'expression des passions. Ausdruck als Darstellungsproblem in der französischen Kunst und Kunsttheorie des 17. und 18. Jahrhunderts, Mainz 1991, dort S. 326 und 327 zwei Leidenschaftstypen des Pferdekopfes: L'amour und La colère (Abb. 83 und 84).

42 Walpoles Gedicht abgedruckt in: Egerton, op. cit. (Anm. 10), S. 50 und Kat. Ausst. Stubbs & the Horse, op. cit. (Anm. 11), S. 106 f., die zitierten Zeilen S. 107, zuvor heißt es, S. 106: «How apprehension, horror, hatred, fear, / In one expression, are con-center'd there!» Das beruft den Lebrun'schen Typus der gemischten Leidenschaften.

43 Am ausführlichsten hierzu: Kat. Ausst. Fearful Symmetry, op. cit. (Anm. 10), Kat. Nr. 25–29, S. 120–135.

44 Ebenda, S. 209: Humphry in einem Memorandum vom 31. August 1803; Egerton, op. cit. (Anm. 10), S. 404; Kat. Ausst. Stubbs & the Horse, op. cit. (Anm. 11), S. 69 (nicht ganz korrekt zitiert) und Kat. Nr. 64, S. 199.

45 Werner Busch, Gegen Winckelmann. Die Neukonzeption des Klassizismus im römischen Künstlerkreis um Johann Heinrich Füßli, in: Idea. Jahrbuch der Hamburger Kunstsammlungen 2005–2007, erschienen 2009, S. 40–60.

46 Francis Haskell und Nicholas Penny, Taste and the Antique. The Lure of Classical Sculpture 1500–1900, New Haven/London 2. Aufl. 1982, Kat. Nr. 54, S. 250 f.

47 Egerton, op. cit. (Anm. 10), S. 27, fig. 4; Kat. Ausst. Fearful Symmetry, op. cit (Anm. 10), Kat. Nr. 11, S. 82–85.

48 Zuerst beobachtet, ohne dass Schlüsse daraus gezogen würden: Morrison, op. cit. (Anm. 10), S. 110.

49 Kat. Ausst. Stubbs & the Horse, op. cit. (Anm. 11), S. 110 f.; Judy Egerton, George Stubbs and the Landscape of Creswell Crags, in: The Burlington Magazine 126, 1984, S. 738–743; Egerton, op. cit. (Anm. 10), S. 177 und Kat. Nr. 38, 39, 48, 49, 50, 50A, 82, 89, 90, 95.

50 Uglow, op. cit. (Anm. 7), Kap. 13 Derbyshire Explorata, S. 138–154.

51 Albrecht Beutelspacher und Bernhard Petri, Der Goldene Schnitt, 2. Aufl. Heidelberg/Berlin/Oxford 1996. Eine ganze Reihe von Stubbs'schen Bildern nutzt dieses ideale Proportionsverhältnis, siehe Busch, op. cit. (Anm. 1), S. 426–429 zu «Hambletonian» (Egerton, op. cit. (Anm. 10), Kat. Nr. 336). Andere extrem stilisierte geometrische Strukturen verwendet Stubbs für «Haymakers» und «Ripers»: Egerton, ebenda, Kat. Nr. 248–251 und in den ganz späten Bildern für den Prinzen von Wales (Egerton, ebenda, Kat. Nr. 306, 307).

52 Umsetzungen der optischen Erfahrung der Camera obscura für Farbkonzentration und Farbverschwimmen konnte man in England zuerst in den Bildern Canalettos sehen, der während des Siebenjährigen Krieges (1756–1763) in England weilte, weil die Grand Touristen, seine Klientel, in Italien ausblieben. Zu Canaletto und der Camera obscura: Werner Busch, Die Wahrheit des Capriccio – die Lüge der Vedute, in: Kat. Ausst. Das Capriccio als Kunstprinzip, hrsg. von Ekkehard Mai, Wallraf-Richartz-Museum, Köln; Kunsthaus, Zürich; Kunsthistorisches Museum im Palais Harrach, Wien, Mailand 1996, S. 95–101; John H. Hammond, The Camera obscura. A Chronicle, Bristol 1981.

3. Kapitel
Gainsborough – Farbe und Musik

1 Cole Porter, The complete lyrics …, hrsg. von Robert Kimball, New York 1983, S. 93 f. Mit dem 1922 publizierten «Blue Boy Blues» begrüßte Cole Porter die Ankunft von Thomas Gainsboroughs «Blue Boy» in Kalifornien, 1921 erworben von Henry E. Huntington für seine Privatsammlung, heute öffentlich zugänglich in San Marino (L. A.) im Huntington Art Museum.

2 William Beckford, Biographical Memoirs of Extraordinary Painters (1780), Cambridge 1977; zu den Zusammenhängen: Norbert Miller, Fonthill Abbey. Die dunkle Welt des William Beckford, München 2012, bes. S. 7–35.

3 Eine Abbildung von Romneys Gemälde in schlechter Qualität findet sich etwa bei «google bilder» oder «Wikipedia».

4 George Sebastian Rousseau, The Pursuit of Homosexuality in the Eighteenth Century: «Utterly Confused Category» and/or Rich Repository?, in: 'Tis Nature's Fault: Unauthorized Sexuality during the Enlightenment, hrsg. von Robert Purks Maccubbin, Cambridge 1987, S. 144.

5 H. A. N. Brockman, The Caliph of Fonthill, London 1974 (Reprint der Ausgabe London 1956), S. 38.

6 Kat. Ausst. Reynolds, hrsg. von Nicholas Penny, Royal Academy of Arts, London 1986, Kat. Nr. 31, S. 302 f.

7 Beckford, op. cit. (Anm. 2), S. 95–98.

8 Sir Joshua Reynolds, Discourses on Art, hrsg. von Robert R. Wark, New Haven/London 3. Aufl. 1788, S. 158–160. Ausführlicher zum «whole» im 11. Diskurs 1782, S. 199.

9 Reynolds, op. cit. (Anm. 8), 8. Diskurs 1778, S. 159.

10 Kat. Ausst. Reynolds, op. cit. (Anm. 6), Kat. Nr. 108, S. 278–281.

11 Ebenda, S. 55–70: M. Kirby Talley, Jr., «All Good Pictures Crack». Sir Joshua Reynolds's practise and studio.

12 Ebenda, S. 281.

13 Philip Thicknesse, A sketch of the life and paintings of Thomas Gainsborough, Esq. By Philip Thicknesse, London 1788 (Facsimile Reprint o. J. Ecco Fine Arts. Eighteenth Century Collections Online, Print Editions).

14 Horace Walpole, Anecdotes of Painting in England; with some Account of the Principal Artists; and incidental notes on other art; collected by the late Mr. George Vertue; digested and published from

the Original Mss. by the Honourable Horace Walpole with considerable Additions by the Rev. James Dallaway, Bd. 1, London 1826, S. XII f.

15 Nur für das Folgende wichtige Sammlungen: James Northcote, Memoirs of Sir Joshua Reynolds, 1812–15, neben seinem: Life of Sir Joshua Reynolds, 2 Bde., London 1819, die im Untertitel anführen «comprising Original Anecdotes of many distinguished Persons» (Reprint London 1971); Joseph Farington, Memoirs of the Life of Sir Joshua Reynolds with some Observations on his Talents and Character, London 1819 (Reprint London 2005); The Percy Anecdotes, hrsg. von Sholto und Reuben Percy (Pseudonyme für Joseph Clinton Robertson und Thomas Byerly), London 1820–23 (Reprint in der Reihe der Chandon Classics u. a.); Henry Angelo, Reminiscences, London 1828 (Neuauflage hrsg. von H. Lavers Smith, 2 Bde., London 1904; Reprint davon New York/London 1989); William Thomas Parke, Musical Memoirs, 2 Bde., London 1830; Henry Venn Lansdown, Recollections on the Late William Beckford of Fonthill, Wilts. and Lansdown Bath, Bath 1893; Ozias Humphry, Biographical Memoir, unpubl. Ms. in der Royal Academy of Arts, London.

16 Beckford, op. cit. (Anm. 2), S. 9.

17 Ebenda, S. 14 f.

18 George Williams Fulcher, Life of Thomas Gainsborough, London 1856 (Classic Reprint Series, Forgotten Books, London 2018), S. 111–113.

19 Ebenda, S. 113.

20 Zitiert bei William T. Whitley, Thomas Gainsborough (1915), Reprint London 2016, S. 76, 397; s. auch Karen Junod, «Writing the Lives of Painters». Biography and Artistic Identity in Britain 1760–1810, Oxford 2011, S. 171 f.; auch Edwards hat William Jackson, The Four Ages; Together with Essays on Various Subjects, London 1798 gelesen: Edward Edwards, Anecdotes of Painters who have resides or been born in England; with critical remarks on their productions … intended as a contimation to the «Anecdotes of Painting» by the late Horace Earl of Orford [Walpole], London 1808, S. 134.

21 Jackson, op. cit. (Anm. 20), S. 155.

22 William Seward, in: European Magazine 1798, zitiert bei Whitley, op. cit. (Anm. 20), S. 413.

23 Kat. Ausst. Van Dyck. 1599–1641, hrsg. von Christopher Brown und Hans Vlieghe, Koninklijk Museum Schone Kunsten, Antwerpen; Royal Academy of Arts, London, London 1999, Kat. Nr. 97.

24 Whitley, op. cit. (Anm. 20), Kap. XVII The Sale at Schomberg House, S. 355–370, hier S. 358.

25 Peter Humfrey, Titian. The Complete Paintings, New York 2007, Kat. Nr. 134.
26 Ebenda, S. 187.
27 Reynolds, op. cit. (Anm. 8), S. 194 (11. Diskurs 1782 zu Tizian).
28 Roger de Piles, Cours de peinture par principes, Paris 1708; ders., The Principles of Painting, London 1743.
29 Hans Robert Jauss, Antiqui/moderni. Querelle des Anciens et des Modernes, in: Historisches Wörterbuch der Philosophie, Basel 2007, Bd. 1, Sp. 410–414; ders., Ästhetische Normen und geschichtliche Reflexion in der «Querelle des Anciens et des Modernes», in: Charles Perault. Parallèle des anciens et des modernes en ce qui regarde les arts et les sciences, München 1964, S. 8–64; Thomas Puttfarken, Roger de Piles' Theory of Art, New York/London 1985.
30 Reynolds, op. cit. (Anm. 8), S. 257 f.
31 Giorgio Vasari, Das Leben des Tizian. Neu übersetzt von Victoria Lorini, kommentiert und herausgegeben von Christina Irlenbusch, Berlin 2005, S. 45.
32 Reynolds, op. cit. (Anm. 8), S. 258 f.
33 Roger de Piles, Abrégé de la vie des peintres ..., Paris 1699, S. 70.
34 Zitiert in Kat. Ausst. The Earl and Countess Howe by Gainsborough. A Bicentenary Exhibition, hrsg. von Anne French, The Iveagh Bequest Kenwood, London 1988, S. 37 (Ozias Humphry, Correspondance, Bd. 1, Ms. Royal Academy, London).
35 Allan Cunningham, The Lives of the Most Eminent British Painters, Sculptors and Architects, 6 Bde., 2. Aufl. London 1830–33, Bd. 1, 2. Aufl. 1830 (1. Aufl. 1829), S. 350; Fulcher, op. cit. (Anm. 18), S. 168; John Thomas Smith, Nollekens and His Times, London 1828, Bd. 1, S. 186; Whitley, op. cit. (Anm. 20), S. 278 f.
36 Kat. Ausst. Gainsborough, hrsg. von Michael Rosenthal und Martin Myrone, Tate Britain, London 2002, S. 35.
37 Ebenda.
38 Edwards, op. cit. (Anm. 20), S. 135 f. nach Gentleman's Magazine, August 1788.
39 Reynolds, op. cit. (Anm. 8), S. 259.
40 Herleitung des Begriffs von Gilpin: Werner Busch, Turner und der Brand des Londoner Parlaments, in: Urbs incensa. Ästhetische Transformationen der brennenden Stadt in der Frühen Neuzeit, hrsg. von Vera Fionie Koppenleitner, Hole Rößler und Michael Thimann (= I Mandorli, Bd. 10), Berlin/München 2011, S. 152–154.
41 Alexander Gerard, An Essay on Taste, London 3. Aufl. 1780 (1. Aufl. 1759), S. 4.
42 William Gilpin, Three Essays: on picturesque Beauty; on picturesque

Travel; and on Sketching Landscape; to which is added a Poem, On Landscape Painting, London 1792, der erste Essay ist weitgehend dem Begriff «roughness» gewidmet, s. Busch, op. cit. (Anm. 40), S. 155; Gainsborough verteidigt die «roughness of the surface» ausdrücklich: The Letters of Thomas Gainsborough, hrsg. von John Hayes, New Haven/London 2001, Brief 5 an William Mayhew, 13. März 1758, S. 10.

43 Busch, op. cit. (Anm. 40), S. 155–163.

44 William Seward: European Magazine August 1798, zitiert bei Whitley, op. cit. (Anm. 20), S. 412 f.

45 Kat. Ausst. Van Dyck, op. cit. (Anm. 23), S. 296.

46 Fulcher, op. cit. (Anm. 18), S. 11; Kat. Ausst. A Nest of Nightingales. Thomas Gainsborough «The Linley Sisters», Dulwich Picture Gallery, Levenham 1988; Kat. Ausst. Gainsborough and his musical friends; Greater London Council, The Iveagh Bequest Kenwood, London 1977, Kat. Nr. 6; Kat. Ausst. Gainsborough, op. cit. (Anm. 36), Kat. Nr. 49.

47 Jackson, op. cit. (Anm. 20), S. 277 ff.

48 John Young, A Catalogue of the Pictures at Grosvenor House, London 1821, S. 6.

49 John Burnet, Practical Treatise on Painting, London 1827, spätere Ausgabe als «A Treatise on Painting», London 1837, zitiert in: Whitley, op. cit. (Anm. 20), S. 414 f.

50 Sir Joshua Reynolds, The Works, 3 Bde., hrsg. von Edmond Malone, 2. Aufl. London 1798, Bd. 3 liefert die komplette Übersetzung von Charles Alphonse du Fresnoys Traktat von William Mason, annotiert von Reynolds.

51 Ebenda, S. 151 f.

52 Burnet zitiert bei Whitley, op. cit. (Anm. 20), S. 415.

53 Karl Philipp Moritz, Reisen eines Deutschen in England im Jahre 1782, in: ders., Werke, hrsg. von Horst Günther, 3 Bde., Frankfurt a. M. 1981, Bd. 2, S. 44.

54 Dazu ausführlicher: Werner Busch, Gainsboroughs «Blue Boy» – Sinnstiftung durch Farbe, in: Städel-Jahrbuch N. F. 17, 1999, S. 331–348. Die Daten und Fakten zum «Blue Boy» zusammengetragen bei Robert R. Wark, Ten British Pictures, 1740–1840, San Marino 1971, Kap. 3 Gainsboroughs «The Blue Boy», S. 29–41.

55 Brockman, op. cit. (Anm. 5), S. 36–39, 42; Miller, op. cit. (Anm. 2), S. 7–35.

56 Beckford, op. cit. (Anm. 2), S. 99; zu Angelika Kauffmanns Selbststilisierung als «schöne» oder «zarte Seele»: Petra Maisak, «Glückliche Psyche traure nicht mehr». Angelika Kauffmanns Begegnung mit Goethe, Herder und dem Weimarer Kreis, in: Kat. Ausst. Angelika

Kauffmann, hrsg. von Bettina Baumgärtel, Kunstmuseum Düsseldorf; Haus der Kunst, München; Bündner Museum Chur, Ostfildern-Ruit 1998, S. 79–90; zu Angelika Kauffmann und der Royal Academy: Peter Walch, Angelika Kauffmanns Deckengemälde für die Royal Academy London, in: ebenda, S. 61–72.

57 Beckford, op. cit. (Anm. 2), S. 100 f.

58 Ebenda, S. 103–112, bes. S. 109 zur Leichensezierung.

59 George Stubbs, The Anatomy of the Horse. Including a particular description of the bones, cartilages, muscles, fascias, ligaments, nerves, arteries, veins, and glands. Illustrated by twenty-four plates, London 1766 (Reprint London 2005); Kat. Ausst. Stubbs & the Horse, hrsg. von Malcolm Warner und Robin Blake, Kimbell Art Museum, Fort Worth, New Haven/London 2004, Kap. 2 The Anatomy of the Horse, S. 19–41; Oliver Kase, «Make the Knife go with the Pencil» – Wissenschaft und Kunst in George Stubbs' «Anatomy of the Horse», in: Kat. Ausst. George Stubbs 1724–1806. Die Schönheit der Tiere. Von der Wissenschaft zur Kunst, hrsg. von Herbert W. Rott, Bayerische Staatsgemäldesammlungen München Neue Pinakothek, München/London/New York 2012, S. 42–59 und Kat. Nr. 1–15, S. 110–119.

60 S. oben S. 63 ff.

61 Alle drei wären unter dem Begriff des Unklassischen zu sammeln: Werner Busch, Das unklassische Bild. Von Tizian bis Constable und Turner, München 2009.

62 Etwa Raffael, Tizian oder Dürer. Allein der Hinweis auf Tizian-Apelles: Luba Freedman, Titian and the Classical Heritage, in: Patricia Meilman (Hrsg.), The Cambridge Companion to Titian, Cambridge 2003, S. 184, 192–201; Norman E. Land, Apelles in Venice: Bellini, Pino, Titian, and Esengren, in: Explorations in Renaissance Culture 26, 2000, S. 161–176.

63 Samuel Johnson, A Dictionary of the English Language, 6. Aufl. London 1785, S. 152, genauer heißt es dort: «1. Something yet unpublished; secret history, 2. It is now used, after the French, for a biographical incident, a minute passage of private Life»; die Erstausgabe des «Dictionary» von 1755 hat nur die erste Definition, was anzeigen mag, dass ein Bedeutungswandel stattgefunden hat und die eigentliche Anekdotenmode, auch für die Kunst, erst in den 70er Jahren beginnt, denn die 4. Auflage von 1773 besitzt als erste auch die zweite Definition.

64 The Letters, op. cit. (Anm. 42), Brief 42 an William Jackson, wohl Februar 1770, S. 71.

65 Ein wenig ist diese Bemerkung, die sich in der Literatur immer wieder findet, auch topisch, denn sehr lange hat es nicht gedauert, bis

auch Gainsboroughs Landschaften einen Markt fanden. Was in seinem Atelier bis zu seinem Tod verblieb, waren seine Landschaftszeichnungen, weil er sie grundsätzlich nicht verkaufte, s. Susan Sloman, Gainsborough's Landscapes. Themes and Variations, The Holburne Museum, Bath 2011, bes. S. 4, 10 f.; s. Whitley, op. cit. (Anm. 20), S. 394.

66 The Letters, op. cit. (Anm. 42), Brief 22 an William Jackson, 23. August 1767, S. 40.

67 Ebenda, Brief 40 an William Jackson, 4. Juni (Jahr unbekannt), S. 68.

68 Allein Thicknesse liefert eine Reihe von Variationen dieses Topos: 1770 heißt es zu Gainsboroughs Bath-Zeit: «Nature was his master / For he had no other!», referiert von Whitley, op. cit. (Anm. 20), S. 91, oder in Thicknesse, op. cit. (Anm. 13), S. 11: «Madame *Nature*, not *man*, was his only Study ...», oder S. 38: «... for I may truly say, – nature sat to Mr. Gainsborough in all the attractive attitudes of Beauty ...». Sein enger Freund und Förderer in den Druckmedien Henry Bate (-Dudley) schreibt in einem der ersten Artikel nach Gainsboroughs Tod: «Schooled in Nature's extensive seminary, and not in Academies»; Cunningham, op. cit. (Anm. 35), S. 356: «he belongs to no school; he is not reflected from the glass of man, but from that of nature.» Fulcher, op. cit. (Anm. 18), S. 115 bindet an die präzise Naturnachahmung die Vorstellung von Verlebendigung, wenn er zum Porträt von George Coyte von 1780 berichtet, es würde «Coyte alive» genannt.

69 Ernst Kris und Otto Kurz, Die Legende vom Künstler. Ein geschichtlicher Versuch, Frankfurt a. M. 1980 (zuerst Wien 1934), S. 38: Plinius XXXIV, 61.

70 Den Hinweis auf die Übersetzung von Eupompos liefern Kris/Kurz, op. cit. (Anm. 69), S. 44, doch ziehen sie keine Konsequenzen daraus, dagegen: Werner Busch (Hrsg.), Landschaftsmalerei (= Geschichte der klassischen Bildgattungen in Quellentexten und Kommentaren, Bd. 3), Berlin 1997, S. 49.

71 Thicknesse, op. cit. (Anm. 13), S. 5.

72 Ebenda, S. 6 f.

73 Kris/Kurz, op. cit. (Anm. 69), S. 48 f.

74 S. o. Anm. 68. Thicknesse, op. cit. (Anm. 13), S. 11.

75 Ebenda, S. 19.

76 Ebenda, S. 13.

77 Kat. Ausst. Gainsborough, op. cit. (Anm. 36), Kat. Nr. 35, S. 88; Thicknesse, op. cit. (Anm. 13), S. 17–34. Schon aus der Länge der Anmerkung erkennt man, dass seine gesamte Schrift eine einzige Selbstrechtfertigung darstellt.

78 Ebenda, S. 19.

79 Ebenda, S. 32.

80 Neben der in Anm. 77 zitierten Literatur wichtig: Kat. Ausst. Gainsborough and his musical friends, op. cit. (Anm. 46), Kat. Nr. 16 und vor allem: Freia Hoffmann, Geheime Botschaften. Thomas Gainsborough. Porträt der Musikerin Ann Ford, in: Freia Hoffmann, Markus Gärtner und Axel Weidefeld (Hrsg.), Musik im sozialen Raum. Festschrift für Peter Schleuning zum 70. Geburtstag, München 2011, S. 75–87, dort auch S. 78, Abb. 2, die Zeichnung von Susanna Duncombe, Miss Ford, Tate Gallery London.

81 Hoffmann, op. cit. (Anm. 80), S. 77. Das Problem eines öffentlichen Auftritts nach der Heirat stellte sich auch für Elizabeth Linley, der ihr Mann, der Theaterimpresario Richard Brinsley Sheridan, nur noch erlaubte, in privaten Soireen aufzutreten, während er selbst sich alle Freiheiten nahm: Kat. Ausst. A Nest of Nightingales, op. cit. (Anm. 46), S. 9; Kat. Ausst. Gainsborough and his musical friends, op. cit. (Anm. 46), Kat. Nr. 6.

82 Wetenhall Wilkes, A Letter of Genteel and Moral Advise to a Young Lady, Dublin 3. Aufl. 1751, S. 139, 1768 bereits in der 5. Auflage; Kat. Ausst. Gainsborough, op. cit. (Anm. 36), S. 88.

83 Zitiert in: Kat. Ausst. Gainsborough and his musical friends, op. cit. (Anm. 46), Kat. Nr. 16 (The Autobiography and Correspondance of Mary Granville, Mrs. Delany, London 1861, Bd. 3, S. 605).

84 Hoffmann, op. cit. (Anm. 80), S. 83 f., Abb. 7, S. 85; Kat. Ausst. Gainsborough and his musical friends, op. cit. (Anm. 46), Kat. Nr. 16.

85 S. Rica Jones, The Artist's Training and Techniques, in: Kat. Ausst. Manner and Morals. Hogarth and British Painting 1700–1760, Tate Gallery, London 1987, S. 19–28, bes. S. 20–22.

86 David H. Solkin, Painting for Money. The Visual Arts and the Public Sphere in Eighteenth-Century England, New Haven und London 1993, Kap. 4 Vauxhall Gardens: or, The Politics of Pleasure, S. 106–156; Brian Allen, Francis Hayman, New Haven/London 1987, S. 53–65, 107–112.

87 Werner Busch, The Visible Power of Music: Louis François Roubiliac's Handel Statue for Vauxhall Gardens, in: Göttinger Händel-Beiträge, Bd. XV, Göttingen 2014, S. 39–53 mit weiterer Lit.

88 Christopher Hogwood, Händel. Eine Biographie, Frankfurt a. M./Leipzig 2000 (zuerst Stuttgart 1992), Kap. 4 London: Der Niedergang der Oper 1729–1737, S. 163–242; David Bindman und Scott Wilcox (Hrsg.), «Among the Whores and Thieves». William Hogarth and «The Beggar's Opera», New Haven 1997.

89 Kat. Ausst. Hogarth, hrsg. von Mark Hallett und Christine Riding, Tate Britain London 2007, Kat. Nr. 83.

90 Thicknesse, op. cit. (Anm. 13), S. 24; Kat. Ausst. Gainsborough and his musical friends, op. cit. (Anm. 46), Kat. Nr. 10. Datiert man das Porträt auf 1774, dann ergeben sich Schwierigkeiten mit der Ansetzung des Streites Thicknesse – Gainsborough, aber offensichtlich gab es nicht nur ein Porträt von Fischer.
91 Thicknesse, op. cit. (Anm. 13), S. 33 f.; Edwards, op. cit. (Anm. 20), S. 131.
92 The Critical Review 66, 1788, S. 423; Robert R. Wark, Thicknesse and Gainsborough: some new documents, in: The Art Bulletin Dez. 1958, S. 333.
93 Cunningham, op. cit. (Anm. 35), S. 343 f.; Fulcher, op. cit. (Anm. 18), S. 98.
94 Das wird häufig anekdotisch eingekleidet. Cunningham, op. cit. (Anm. 35), S. 346 zum Porträt der Duchess of Devonshire, deren Schönheit er sich nicht gewachsen sieht; zum Alderman, der extrem eitel ist und auch unbedingt das Grübchen am Kinn dargestellt sehen will; schließlich zu den Schauspielerporträts von Garrick und Foote, die – als Schauspieler – ständig ihren Gesichtsausdruck verändern, so dass Gainsborough ihn nicht festhalten kann. Die Anekdoten vertreten Verschiedenes: Absolute Schönheit entzieht sich der Darstellbarkeit; der Künstler lässt sich nicht dreinreden; der Künstler ist hilflos, wenn die Natur sich ihm entzieht. S. auch Fulcher, op. cit. (Anm. 18), S. 102, 110 (Gainsborough fühlt sich vom «sitter» beleidigt und abgewertet, gibt ihm das heftig zurück und weigert sich, ihn zu porträtieren; erneut die Duchess-of-Devonshire-Geschichte, die häufig ihr Vorkommen hat). S. schließlich auch Thicknesse, op. cit. (Anm. 13), S. 54.
95 Cunningham, op. cit. (Anm. 35), S. 339.
96 Fulcher, op. cit. (Anm. 18), S. 45.
97 Kat. Ausst. Gainsborough and his musical friends, op. cit. (Anm. 46), Kat. Nr. 10.
98 Ebenda.
99 Whitley, op. cit. (Anm. 20), S. 126.
100 Cunningham, op. cit. (Anm. 35), S. 340 f.
101 Edwards, op. cit. (Anm. 20), S. 133; Fulcher, op. cit. (Anm. 18), S. 71–74 fußt auf William Jackson, sieht dessen Schilderung allerdings als forciert an.
102 Jackson, op. cit. (Anm. 20), S. 147–161; Whitley, op. cit. (Anm. 20), S. 75; Edwards, op. cit. (Anm. 20), S. 133: «... and convincing, like the servant maid in the Spectator, that the music lay in the fiddle». Bezieht sich auf die Violine von Giardini, als er sie gespielt habe, musste er feststellen: «... that the music of it remained behind with Giardini».

103 Whitley, op. cit. (Anm. 20), S. 397; Karen Junod, «Writing the Lives of Painters». Biography and Artistic Identity in Britain 1760–1810, Oxford 2011, S. 171.

104 The Letters, op. cit. (Anm. 42), Briefe 30, 38–45.

105 Zitiert bei Hogwood, op. cit. (Anm. 88), S. 74 f.

106 Busch, op. cit. (Anm. 87), S. 50–53.

107 Zum Mythos: Karl Kerényi, Die Mythologie der Griechen, Bd. 2: Die Heroengeschichten, München 1966 (zuerst Zürich 1958), S. 201–203, 207 f., 213, 220–225.

108 E. T. A. Hoffmann, Rat Krespel, in: ders., Werke, Bd. 2, Frankfurt a. M. 1967, S. 228–248.

109 Vor allem in den Arbeiten von John Hayes: John Hayes, The Landscape Paintings of Thomas Gainsborough: a Critical Text and Catalogue Raisonné, 2 Bde., London 1982; Kat. Ausst. Thomas Gainsborough. Die moderne Landschaft, hrsg. von Christoph Martin Vogtherr und Katharina Hoins, Hamburger Kunsthalle, München 2018 versucht die Forschung zu bündeln.

110 Ann Bermingham, Landscape and Ideology. The English Rustique Tradition, 1740–1860, London 1987; dies. (Hrsg.), Sensation and Sensibility: Viewing Gainsborough's Cottage Door, New Haven/London 1987; Michael Rosenthal, The Art of Gainsborough: «a little business for the Eye», New Haven/London 1999, darauf fußt Kat. Ausst. Gainsborough, op. cit. (Anm. 36).

111 Sloman, op. cit. (Anm. 65), S. 9.

112 Kat. Ausst. Gainsborough, op. cit. (Anm. 36), S. 212 zitiert Henry Angelo, Reminiscences, London 1828, s. Edwards, op. cit. (Anm. 20), S. 138 f. Dass er die abendlichen Zeichnungen unter den Tisch warf: Cunningham, op. cit. (Anm. 35), S. 350, auch diese Schilderungen mögen anekdotisch sein.

113 Kim Sloan, Alexander and John Robert Cozens. The Poetry of Landscape, New Haven/London 1986; Jean-Claude Lebensztejn, L'art de la tache. Introduction à la «Nouvelle méthode» d'Alexander Cozens, Épinal 1990; Werner Busch, Das sentimentalische Bild. Die Krise der Kunst im 18. Jahrhundert und die Geburt der Moderne, München 1993, S. 335–353.

114 Gentleman's Magazine August 1788, S. 755 in einem Nachruf: «Gainsborough was not a man of reading»; Cunningham, op. cit. (Anm. 35), S. 340 bemerkt, statt in wirklichen Büchern würde er im Buch der Natur lesen; zur Tradition dieser Metapher: Ernst Robert Curtius, Europäische Literatur und lateinisches Mittelalter, 7. Aufl. Bern/München 1969 (zuerst 1949), S. 323–329.

115 The Letters, op. cit. (Anm. 42), Brief 22 an William Jackson, 23. Au-

gust 1767, S. 40; Brief 54 an William, 2nd Earl of Dartmouth, 18. April 1771, S. 91: «I believe I shall remain an Ignorant fellow to the end of my days, because I never could have patience to read Poetical impossibilities ...»; ebendort S. 192: Hayes, der Herausgeber der Briefe, referiert William Jackson: Gainsborough «scarcelly ever read a book» – was durchaus fraglich ist.

116 Busch, op. cit. (Anm. 113), zu dieser grundsätzlichen Unterscheidung: S. 329–333.

117 Letters, op. cit. (Anm. 42), Brief 39 an William Jackson, 2. September (Jahr unbekannt), S. 68.

118 Sloman, op. cit. (Anm. 65), S. 18, 49, 53, 77, 97.

119 Zum «Charity»-Gedanken s. Busch, op. cit. (Anm. 113), S. 26–36; Sloman, op. cit. (Anm. 65), S. 49–59.

120 Der gesamte Sensibilitätskult beruht auf dieser Vorstellung: John Mullan, Sentiment and Sociability. The Language of Feeling in the Eighteenth Century, Oxford 1988; Werner Busch, Das Einfigurenhistorienbild und der Sensibilitätskult des 18. Jahrhunderts, in: Kat. Ausst. Angelika Kauffmann, op. cit. (Anm. 56), S. 40–46; Hartmut Reck, Die Ethik des Sensibilitätskultes in ihrer literarischen und malerischen Manifestation, Frankfurt a. M. 2003.

121 Das Folgende fußt vor allem auf Bermingham, op. cit. (Anm. 110) und Rosenthal, op. cit. (Anm. 110).

122 Donald McClosky, The Economics of Enclosure: A Market Analysis, in: Eric L. Jones und William N. Parker, European Peasants and their Market. Essays in Agrarian Economic History, Princeton 1975, S. 123–160, bes. 142–151; ders., The Persistance of English Common Fields, in: ebenda, S. 73–119.

123 Robert E. Schofield, The Lunar Society of Birmingham. A Social History of Provincial Science and Industry in Eighteenth-Century England, Oxford 1963. Die Mitglieder der Lunar Society waren an der Umgestaltung entscheidend beteiligt.

124 Kat. Ausst. Below Stairs. 400 years of servants portraits, hrsg. von Giles Waterfield, Anne French mit Matthew Craske, National Portrait Gallery, London 2003.

125 Auf den Punkt gebracht werden der Verlust und die Verklärung überlieferter Agrarstrukturen in Oliver Goldsmiths berühmtem Gedicht «The Deserted Village» von 1770, das Reynolds gewidmet ist. In der dem Gedicht vorgeschalteten Dedikation heißt es: «... but I know you will object – and indeed several of our best and wisest friends concour in the opinion – that the depopulation it deplores is nowhere to be seen, and the disorders it laments are only to be found in the poet's own imagination. To this I can scarce make any other answer,

than that I sincerely believe what I have written. ... In regretting the depopulation of the country I inveigh against the increase of our luxuries ...». So stellen das Gedicht und Gainsboroughs Cottage-Door-Bilder eine andere Art von Sozialgeschichte dar. Zitiert nach: The Poetical Works of Oliver Goldsmith, Tobias Smollett, Samuel Johnson, and William Shenstone. Illustrated by John Gilbert, Neuausgabe London 1868, S. 14.

126 Kat. Ausst. Gainsborough, op. cit. (Anm. 36), Kat. Nr. 114; Sloman, op. cit. (Anm. 65), S. 48–57; Rosenthal, op. cit. (Anm. 110), S. 202.

127 Werke zum Thema gibt es von Jean-François Millet in Fülle. Ferdinand Waldmüller, Reisigsammler im Wienerwald, 1855, Wien, Belvedere.

128 Da die Formate in etwa identisch sind, könnte es sich trotz der leichten zeitlichen Differenz um Pendants handeln: eine Morgen- und eine Abendszene, wie sie Claude Lorrain mit Vorliebe einander gegenübergestellt hat. Kat. Ausst. Gainsborough, op. cit. (Anm. 36), Kat. Nr. 115.

129 Martin Postle, Angels & Urchins. The Fancy Picture in 18th-Century British Art, London 1998.

130 Zum Caritasthema in der Kunst des 18. Jahrhunderts: Werner Busch, Mutterliebe. Vielleicht, in: Ars et scriptura. Festschrift für Rudolf Preimesberger zum 65. Geburtstag, Berlin 2001, S. 77–92.

131 Kat. Ausst. Gainsborough, op. cit. (Anm. 36), Kat. Nr. 59.

132 Sloman, op. cit. (Anm. 65), S. 76, 86 f., sie glaubt die Anekdote. Gainsboroughs Brief an Reynolds: The Letters, op. cit. (Anm. 42), Brief 88, 1782, S. 147.

133 Whitley, op. cit. (Anm. 20), S. 214; J. T. Smith, Nollekens and his Times, 2 Bde., London 1828, Bd. 1, S. 186 berichtet die ursprüngliche Quelle der Anekdote: William Thomas Parke, Musical Memoirs, endgültig publiziert London 1830, Bd. 2, S. 107 f.

134 Von Murillos «Verlorenem Sohn beim Schweinehüten» gibt es verschiedene Fassungen: Diego Angulo Iñiguez, Murillo, Bd. 2, Catálogo crítico, Madrid 1981, Kat. Nr. 22 und 27, Bd. 3, Láminas, Madrid 1981, Abb. 158 und 165.

135 Kat. Ausst. Gainsborough, op. cit. (Anm. 36), Kat. Nr. 123.

136 Ebenda, Kat. Nr. 122.

137 Hans Körner, «Das Mädchen mit dem zerbrochenen Krug» und sein Betrachter. Zum Problem der Allegorie im Werk des Jean-Baptiste Greuze, in: Empfindung und Reflexion. Ein Problem des 18. Jahrhunderts, hrsg. von Hans Körner u. a., Hildesheim/Zürich/New York 1986, S. 239–272.

138 Denis Diderot, Ästhetische Schriften, Bd. 1, Frankfurt a. M. 1968, S. 567.

139 Kat. Ausst. Gainsborough, op. cit. (Anm. 36), Fig. 49, S. 214. Richard Earlom nach Gainsboroughs Kopie von Murillos «Gutem Hirten» von 1778 ist abgebildet: ebenda, S. 224.
140 Murillo hat verschiedene Fassungen des «Guten Hirten» gemalt, stehend, sitzend, gen Himmel schauend etc.
141 Kat. Ausst. Gainsborough, op. cit. (Anm. 36), Kat. Nr. 180.
142 Ebenda, Kat. Nr. 127, Peter Simon nach Gainsborough.
143 William Cowper, The Task, 1785, Buch 1 «The Sofa», Z. 151–153.
144 Kat. Ausst. Gainsborough, op. cit. (Anm. 36), Kat. Nr. 173; Busch, Das sentimentalische Bild, op. cit. (Anm. 113), S. 171–176; ders., Das unklassische Bild. Von Tizian bis Constable und Turner, München 2009, S. 85–87.
145 Kat. Ausst. Gainsborough, op. cit. (Anm. 36), Kat. Nr. 174–177.
146 Ovid, Metamorphosen, 3. Buch, Vers 138–252.
147 Busch, Das unklassische Bild, op. cit. (Anm. 144), S. 91–121.
148 Kat. Ausst. Gainsborough, op. cit. (Anm. 36), S. 278; Sloman, op. cit. (Anm. 65), Kap. 5 «Avoiding great subjects», S. 77–87.
149 Busch, Das sentimentalische Bild, op. cit. (Anm. 113), S. 172 und Abb. 61, S. 175.

4. Kapitel

William Turners «Rain, Steam, and Speed»

1 John Gage, Turner: Rain, Steam and Speed, London 1972.
2 Gillian Forrester, Turner's «Drawing Book». The Liber Studiorum, London 1996, zur Typologie S. 30–32 und Kat. Nr. 1, S. 45 f.
3 Andrew Shirley, The Published Mezzotints of David Lucas after John Constable, Oxford 1930, S. 47.
4 Kat. Ausst. Late Turner. Painting Set Free, hrsg. von David Blayney, Amy Concannon und Sam Smiles, Tate Britain, London 2014, S. 147 (Brief Turners an John Britton, November 1811).
5 Alexander Gerard, An Essay on Taste, London 3. Aufl. 1780 (1. Aufl. 1759), S. 4.
6 Joshua Reynolds, Discourses on Art, hrsg. von Robert R. Wark, New Haven/London 3. Aufl. 1988, 14. Diskurs (1788), S. 259; Reynolds fußt dabei direkt auf Roger de Piles, Abrégé, Paris 1699, S. 70.
7 William Gilpin, Remarks on Forest Scenery, and other Woodland Views, relative chiefly to Picturesque Beauty, 3 Bde., London 1791, Bd. 1, S. 252; dazu: Werner Busch, Turner und der Brand des Londoner Parlaments, in: Urbs incensa. Ästhetische Transformationen

der brennenden Stadt in der Frühen Neuzeit, hrsg. von Vera Fionie Koppenleitner, Hole Rößler und Michael Thimann (= I Mandorli, Bd. 10), Berlin/München 2011, S. 152–155, 163, 170.

8 Auf die Bilderpaare hebt besonders ab: Kat. Ausst. Late Turner, op. cit. (Anm. 4), Kat. Nr. 82–84, 96–100.

9 Joachim von Sandrart, Teutsche Academie, Nürnberg 1675, 1. Theil, 3. Buch, Vom Landschaft-Mahlen, 6. Kap., S. 71.

10 Kat. Ausst. Late Turner, op. cit. (Anm. 4), Kat. Nr. 95.

11 Ebenda, Kat. Nr. 115, 116.

12 Die ganze Serie der Napoleon-Bilder von Haydon umfasst 23 Bilder von 1829 bis in die 1840er Jahre: Paul O'Keeffe, A Genius for Failure. The Life of Benjamin Robert Haydon, London 2009.

13 Kat. Ausst. Goethe und die Kunst, hrsg. von Sabine Schulze, Schirn Kunsthalle Frankfurt; Kunstsammlungen zu Weimar, Stiftung Weimarer Klassik, Ostfildern-Ruit 1994, Kat. Nr. 379, 380, S. 566–570; Kat. Ausst. Late Turner, op. cit. (Anm. 4), Kat. Nr. 117, 118.

14 John Gage, Colour in Turner. Poetry and Truth, London 1969; ders., Turner's Annotated Books. Goethe's Theory of Colours, in: Turner Studies 4, Nr. 1, 1984, S. 34–52; Busch, Turner und der Brand des Londoner Parlaments, op. cit. (Anm. 7), S. 157 f.

15 Moses Harris, The Natural System of Colours (entstanden zwischen 1769 und 1776), hrsg. von Thomas Martin, London 1811.

16 Zu Turners Technik: Joyce H. Townsend, Turner's Painting Techniques, London 4. Aufl. 2005.

17 Kat. Ausst. Late Turner, op. cit. (Anm. 4), Kat. Nr. 98.

18 Ebenda, Kat. Nr. 99.

19 Gage, Turner: Rain, Steam and Speed, op. cit. (Anm. 1), S. 8, 20–22; Donald W. Olson und Rolf M. Sinclair, The Origin of «Rain, Steam and Speed» by JMW Turner (1775–1851), in: The British Art Journal 19,1, Spring 2018, S. 42–47. S. ferner Wikipedia unter «Great Western Railway» und «Isambard Kingdom Brunel».

20 Zitiert bei Gage, Turner: Rain, Steam and Speed, op. cit. (Anm. 1), S. 14.

21 Kat. Ausst. Adolph Menzel 1815–1905. Das Labyrinth der Wirklichkeit, hrsg. von Claude Keisch und Marie Ursula Riemann-Reyher, Nationalgalerie und Kupferstichkabinett, Staatliche Museen zu Berlin – Preußischer Kulturbesitz, Köln 1996, Kat. Nr. 35, S. 115–118; Werner Busch, Adolph Menzel. Auf der Suche nach der Wirklichkeit, München 2015, S. 107–111.

22 Heinrich Heine, Lutezia, 2. Teil, LVII. Artikel, Paris, 5. Mai 1843, in: ders., Werke, Bd. 3, Frankfurt a. M. 1968, S. 510, zitiert bei Wolfgang Schivelbusch, Geschichte der Eisenbahnreise. Zur Industrialisierung von Raum und Zeit im 19. Jahrhundert, München/Wien 1977, S. 38 f.

23 James Hamilton, Turner and the Scientists, London 1998, Kap. 5 From Sail to Steam: The Absence of Trouble, S. 74–91.

24 Williams S. Rodner, J. M. W. Turner. Romantic Painter of the Industrial Revolution, Berkeley/Los Angeles/London 1997, S. 20–27. Zu «Staffa»: Kat. Ausst. Late Turner, op. cit. (Anm. 4), S. 144.

25 Werner Busch, Carus auf Staffa. Mythologie und Geologie, in: Carl Gustav Carus. Wahrnehmung und Konstruktion. Essays, Berlin/München 2009, S. 179–192.

26 Rodner, op. cit. (Anm. 24), S. 153.

27 William Wordsworth, Poetical Works, hrsg. von Thomas Hutchinson. A New Edition, revised by Ernest de Selincourt, London 22. Aufl. 1961, S. 224; Gage, Turner: Rain, Steam and Speed, op. cit. (Anm. 1), S. 77–84.

28 Gedicht des Eisenbahningenieurs George Heald, 15. April 1847; komplett abgedruckt: Wikipedia, «George Heald».

29 Werner Busch, Das unklassische Bild. Von Tizian bis Constable und Turner, München 2009, S. 198–202. Zu Turners «Greyhound»-Bildern: Gage, Turner: Rain, Steam and Speed, op. cit. (Anm. 1), S. 21.

30 Kat. Ausst. Constable. Paintings, Watercolours & Drawings, hrsg. von Leslie Parris, Ian Fleming-Williams und Conal Shields, The Tate Gallery, London 1976, Kat. Nr. 331, S. 188.

31 Kat. Ausst. Late Turner, op. cit. (Anm. 4), Kat. Nr. 76, 77.

32 Hans Kauffmann, Peter Paul Rubens, Berlin 1976, S. 81 ff.; Charles Parkhurst, Aguilonius' Optics and Rubens' Color, in: Nederlands Kunthistorisch Jaarboek 12, 1961, S. 34–49; Julius S. Held, Rubens and Aguilonius: new point of contact, in: The Art Bulletin 61, 1979, S. 257–264; Wolfgang Jäger, Die Illustrationen des Peter Paul Rubens zum Lehrbuch der Optik von Franciscus Aguilonius 1613, Heidelberg 1976.

33 Busch, Turner und der Brand des Londoner Parlaments, op. cit. (Anm. 7), S. 159–162; Kat. Ausst. Late Turner, op. cit. (Anm. 4), Kat. Nr. 25.

34 Homer, Odyssee, übers. von Johann Heinrich Voß, Leipzig o. J., 12. Gesang, Vers 49–54, 178–180.

35 George Levetine, Tide to the Mist in a Storm. The Evolution of an Episode of Art Historical Romantic Folklore, in: The Art Bulletin 49, 1967, S. 92–100; James Hamilton, Turner. A Life, London 1997, S. 290.

36 William Shakespeare, The Tempest (= The New Cambridge Shakespeare), hrsg. von David Lindley, Cambridge 2002, S. 109 f.; Übers. nach William Shakespeare, Der Sturm, in: ders., Ausgewählte Werke, übers. von August Wilhelm Schlegel, hrsg. und eingeleitet von Oskar Rühle, 2 Bde., Stuttgart 1956, Bd. 2, Teil 3, Erster Aufzug, Zweite Szene, S. 513 f.

37 Gage, Turner: Rain, Steam and Speed, op. cit. (Anm. 1), S. 16; zu den verschiedenen Fassungen der Anekdote: Olson/Sinclair, op. cit. (Anm. 19), S. 43 f.; Anna M. W. Sterling, The Richmond Papers, London 1926, S. 55 f. (1. Fassung); John Ruskin, Praeterita and Dilecta, in: ders., The Complete Work, Bd. 35, hrsg. von E. T. Cook und Alexander Wedderburn, London 1908, S. 598 f. (2. Fassung).
38 Ebenda, S. 599.
39 Olson/Sinclair, op. cit. (Anm. 19), S. 47.
40 John Milton, Das verlorene Paradies. Mit Illustrationen von John Martin, übertragen von Bernhard Schuhmann (1855), Berlin 1984, 10. Buch, Vers 312–349, Abb. vier Seiten nach S. 320; Rodner, op. cit. (Anm. 24), S. 158.

5. Kapitel

Außenseiteranekdoten – Adolph Menzel und Friedrich II.

1 Johann David Erdmann Preuß, Friedrich der Große. Eine Lebensgeschichte, 4 Bde., Berlin 1832–34.
2 Kurze Zusammenfassung der Entstehungsgeschichte: Werner Busch, Adolph Menzel. Auf der Suche nach der Wirklichkeit, München 2015, S. 61–64.
3 Friedrich Nicolai, Anekdoten von König Friedrich II. und seiner Umgebung, 6 Theile, Berlin/Stettin 1788–92 (= Friedrich Nicolai, Gesammelte Werke, Abt. I, Bd. 7, hrsg. von Bernhard Fabian und Marie-Luise Spieckermann, Hildesheim/New York 1985).
4 Zum Problem der Berichtigungen: ebenda, S. XXVIII f., XXXI, S. 77.
5 Ebenda, S. 80 f., 181 ff. und die zugehörige Widerlegung.
6 Ebenda, S. 334.
7 Ebenda, Vorrede, S. XXV.
8 Von Axel Delmar in seinem Aufsatz «Die kleine Exzellenz» publiziert in: Die Woche (Berlin), 7. Jg., Nr. 7, 18. Februar 1905, hier zitiert nach: Gisold Lammel (Hrsg.), Exzellenz lassen bitten. Erinnerungen an Adolph Menzel, Leipzig 1992, S. 107 f.
9 Franz Kugler, Geschichte Friedrichs des Großen, Ausgabe Leipzig 1936, S. 53 f.
10 Ebenda, S. 65.
11 Ebenda, S. 65–78.
12 Ebenda, S. 75 f.
13 Ebenda, S. 435; Nicolai, op. cit. (Anm. 3), S. 47–51, 276, 4. Heft, S. 84 f.

14 Bernhard Mundt, Prinz Heinrich von Preußen 1726–1802. Die Entwicklung zur politischen und militärischen Führungspersönlichkeit (1726–1763), Hamburg 2002 (= Studien zur Geschichtsforschung der Neuzeit, Bd. 27), zu Heinrichs Denkschrift, verfasst zwischen 1753 und 1755, bes. S. 260–267.
15 Busch, op. cit. (Anm. 2), S. 75–77, Abb. 32.
16 Jean-Baptiste de Boyer, Marquis d'Argens, Lettres juives, in der Erstfassung Den Haag 1735–1737, die deutsche Übersetzung als: Jüdische Briefe, oder philosophischer, historischer und kritischer Briefwechsel, zwischen einem reisenden Chineser in Paris und seinen guten Freunden in China, Moscau, Persien und Japan, Berlin/Stettin 1768–71.
17 Heinz Knobloch, Herr Moses in Berlin. Ein Menschenfreund in Preußen. Das Leben des Moses Mendelssohn, Berlin 2. Aufl. 1987, S. 139–143, 147.
18 S. Anm. 13.
19 Nicolai, op. cit. (Anm. 3), S. 231–235.
20 Kugler, op. cit. (Anm. 9), S. 312 f.
21 Nicolai, op. cit. (Anm. 3), S. 234.
22 Ebenda, S. 236–243, Zitat S. 239, ferner Heft 4, S. 31–33; Kugler, op. cit. (Anm. 9), S. 313 f., Zitat S. 313.
23 Nicolai, op. cit. (Anm. 3), S. 239; Kugler, op. cit. (Anm. 9), S. 313.
24 Kugler, op. cit. (Anm. 9), S. 313.
25 Nicolai, op. cit. (Anm. 3), S. 239.
26 Zur Ölskizze: Kat. Ausst. Adolph Menzel 1815–1905. Das Labyrinth der Wirklichkeit, hrsg. von Claude Keisch und Marie Ursula Riemann-Reyher, Nationalgalerie und Kupferstichkabinett, Staatliche Museen zu Berlin, Preußischer Kulturbesitz, Köln 1996, Kat. Nr. 82, S. 185–187. Zum Gemälde: Kat. Ausst. Menzel als Beobachter, hrsg. von Werner Hofmann, Hamburger Kunsthalle, München 1982, Kat. Nr. 72, S. 132–134; Claude Keisch, So malerisch! Menzel und Friedrich der Zweite, Leipzig 2012, S. 82–85; Busch, op. cit. (Anm. 2), S. 159 f.
27 Alfred Lichtwark, Briefe an die Kommission für die Verwaltung der Kunsthalle, 6. 2. 1895 und 17. 12. 1902, zitiert bei: Lammel, op. cit. (Anm. 8), S. 305.
28 Ebenda.
29 Ebenda.
30 Zu Menzels rigiden Ordnungsvorgaben: Busch, op. cit. (Anm. 2), S. 154, 196 f., 206, 238, 243, 248 f.
31 Nicolai, op. cit. (Anm. 3), S. 76, so auch Kugler, op. cit. (Anm. 9), S. 518, der allein das zweite «so» weglässt.
32 Anekdotensammlungen zu Friedrich II. nach Nicolai: Arthur Schurig

(Hrsg.), Anekdoten von Friedrich dem Großen, Leipzig o. J. (Insel-Bücherei Nr. 159, meine Ausgabe aus dem 41.–45. Tausend); Peter Lill, Friedrich der Große. Anekdoten, Wels 2. Aufl. 1981 (1. Aufl. 1970); Lammel, op. cit. (Anm. 8); Walter Püschel, Versetzt den Kerl zur Infanterie. Anekdoten von Friedrich II., 2. Aufl. Berlin 1998 (1. Aufl. 1997); Norbert Albrecht, Der Alte Fritz in Anekdoten, München 2000; Siegfried Neumann (Hrsg.), Der Alte Fritz. Geschichten und Anekdoten aus dem «Volksmund», Schwerin 2003; Anekdotensammlungen zu Menzel: Paul Meyerheim, Adolf Menzel. Erinnerungen, Berlin 1906; Gisold Lammel (Hrsg.), Adolf Menzel. Anekdoten über die «kleine Exzellenz», Berlin 1989; Lammel, op. cit. (Anm. 8).

33 Meyerheim, op. cit. (Anm. 32), S. 52; Lammel, Adolf Menzel. Anekdoten, op. cit. (Anm. 32), S. 22.

34 Lammel, Adolf Menzel. Anekdoten, op. cit. (Anm. 32), S. 45 f. (zitiert nach E. G. Rote, Vorwort, in: Helge Evers-Milner, Ein Frauenbild aus der Menzelzeit, Berlin 1940).

35 Werner Busch, Das sentimentalische Bild. Die Krise der Kunst im 18. Jahrhundert und die Geburt der Moderne, München 1993, S. 344–353; Jean-Claude Lebensztejn, L'art de la tache. Introduction à la «Nouvelle méthode» d'Alexander Cozens, Épinal 1990.

36 Busch, op. cit. (Anm. 35), S. 342–344; Kim Sloan, Alexander und John Robert Cozens. The Poetry of Landscape, New Haven/London 1986, S. 60–68; Lebensztejn, op. cit. (Anm. 35), S. 37 f., 242–244 und S. 433 Index unter Cozens «Traités et systèmes»: «Principes de beauté» und Pl. 37–39.

37 Lebensztejn, op. cit. (Anm. 35), S. 242 f. und fig. 17 (Lavaters drei griechische Profile).

38 Zu seiner Benutzung des «Punch»: Lammel, op. cit. (Anm. 8), S. 71 (nach Ottomar Beta, Gespräche mit Menzel, 1898).

6. Kapitel

Mark Rothkos Bilder als Anekdoten

1 Das Stedelijk Museum Amsterdam hat seine gesamte Sammlung im Netz greifbar (www.stedelijk.ul/en) und markiert dabei, welche Bilder zurzeit ausgestellt sind. Am einfachsten gibt man individuelle Künstlernamen ein.

2 Zum Streit unter den Abstrakten Expressionisten, besonders zwischen Rothko, Newman und Reinhardt: Lee Seldes, Das Vermächtnis Mark Rothkos, Berlin 2008 (zuerst als: The Legacy of Mark Rothko, 1974);

Peter Schneemann, Who's afraid of the word. Die Strategie der Texte bei Barnett Newman und seinen Zeitgenossen, Freiburg im Breisgau 1998, S. 50–53, 56 f.; Glenn Phillips und Thomas Crow (Hrsg.), Seeing Rothko, Los Angeles 2005, S. 162; Stephanie Rosenthal, Black Paintings, Haus der Kunst München, Ostfildern 2006, S. 36, 97 f.

3 Max Imdahl, Barnett Newman «Who's Afraid of Red, Yellow and Blue III» (1971), in: ders., Gesammelte Schriften, Bd. 1 Zur Kunst der Moderne, hrsg. und eingeleitet von Angeli Jahnsen-Vukicevic, Frankfurt a. M. 1996, S. 244–273.

4 Rosenthal, op. cit. (Anm. 2), S. 66–68; Schneemann, op. cit. (Anm. 2), S. 54.

5 Mark Rothko, Schriften 1934–1969. Essays, Briefe, Interviews, hrsg. von Miguel López-Remiro, Freiburg 2008, beide Zitate S. 139.

6 Johann Wolfgang von Goethe, Farbenlehre. Mit Einleitungen und Kommentaren von Rudolf Steiner, hrsg. von Gerhard Ott und Heinrich O. Proskauer, 5 Bde., Stuttgart 5. Aufl. 1979, Bd. 1 Entwurf einer Farbenlehre, S. 778–783; Kat. Ausst. Blau: Farbe der Ferne, hrsg. von Hans Gercke, Heidelberger Kunstverein, Heidelberg 1990, S. 17–24 und 151–163.

7 Imdahl, op. cit. (Anm. 3), S. 256–258.

8 Mark Rothko, Die Wirklichkeit des Künstlers. Texte zur Malerei, hrsg. von Christopher Rothko, München 2. Aufl. 2019.

9 Rothko, Schriften, op. cit. (Anm. 5), S. 67.

10 Rothko, Die Wirklichkeit, op. cit. (Anm. 8), S. 92.

11 Ebenda, S. 146.

12 Ebenda, S. 151 f.

13 Text im Original und in der Übersetzung: Schneemann, op. cit. (Anm. 2), S. 66–69.

14 Rothko, Die Wirklichkeit, op. cit. (Anm. 8), S. 170.

15 Ebenda, S. 171 (1. Zitat), 174 (2. Zitat).

16 Rothko, Schriften, op. cit. (Anm. 5), S. 69.

17 Ebenda.

18 Ebenda, S. 70.

19 Ebenda, S. 33, 63, 154 f.

20 Zur Nietzsche-Lektüre und dem geplanten Essay: Phillips/Crow, op. cit. (Anm. 2), S. 16, 19, 35; Rothko, Die Wirklichkeit, op. cit. (Anm. 8), S. 27, 93; Rothko, Schriften, op. cit. (Anm. 5), S. 136; David Soud, The Heroic Cry in the Midst of Despair, in: Wave Composition, Issue 6, 25. Mai 2013 (www.wavecomposition.com/article/issue6/the-heroic-cry-in-the-midst-of-despair).

21 Rothko, Die Wirklichkeit, op. cit. (Anm. 8), S. 188 f.; Friedrich Nietzsche, Die Geburt der Tragödie, Stuttgart 1976, S. 51.

22 Nietzsche, op. cit. (Anm. 21), S. 30 f.
23 Ebenda, bes. S. 46–65, Zitat S. 112.
24 Ebenda, S. 133 (Arthur Schopenhauer, Die Welt als Wille und Vorstellung, 2 Bde., Leipzig 1854, Bd. 1, S. 210).
25 Ebenda, S. 137 f.
26 Ebenda, S. 158.
27 Ebenda, S. 174.
28 Ebenda, S. 196.
29 Seldes, op. cit. (Anm. 2), S. 69–71, 108. Die umfangreiche Literatur zu den Seagram-Bildern sei hier nicht aufgelistet.
30 Dasselbe gilt für die Houston-Bilder; Seldes, op. cit. (Anm. 2), S. 98–100.
31 James Elkins, Picture & Tears. A History of People Who Have Cried in Front of Paintings, New York/London 2001; Joseph Imorde, Das Weinen bei Mark Rothko, in: Klaus Herding und Antje Krause-Wahl (Hrsg.), Wie sich Gefühle Ausdruck verschaffen. Emotionen in Nahsicht, 2. Aufl. Driesen 2008, S. 253–262.
32 Rothko, Schriften, op. cit. (Anm. 5), S. 148 f.
33 Seldes, op. cit. (Anm. 2), S. 130.
34 Imdahl, op. cit. (Anm. 3), S. 269.
35 Ebenda, S. 269 f.

7. Kapitel
Ad Reinhardts schwarze Bilder als bewusstes Lebensresümee

1 Ad Reinhardt, Schriften und Gespräche, hrsg. von Thomas Kellein, 2. Aufl. München 1984, S. 17–21, kommentiert S. 13–16, annotiert S. 22–26.
2 Ebenda, S. 136–140, kommentiert S. 135, annotiert S. 141.
3 Kat. Ausst. Ad Reinhardt. Letzte Bilder. Ad Reinhardt und Josef Albers. Eine Begegnung, hrsg. von Heinz Liesbrock, Josef Albers Museum, Quadrat Bottrop, Düsseldorf 2010, bes. der Beitrag von Heinz Liesbrock, An den Grenzen des Sagbaren. Der Maler Ad Reinhardt, S. 14–31.
4 Kat. Ausst. Ad Reinhardt, hrsg. von Gudrun Inboden und Thomas Kellein, Staatsgalerie Stuttgart 1985, bes. der Beitrag von Gudrun Inboden, Die schwarzen (quadratischen) Bilder von Ad Reinhardt. Abstraktion als chymische Karikatur der Moderne oder «Melencolia II», S. 37–60.

5 Michael Corris, Ad Reinhardt, London 2008, zu den Problemen mit dem Estate s. das Vorwort von Dora Ashton, S. 7–9.
6 Auch Rothko hat unter dem Streit stark gelitten. Verführt und betrogen von seinem Rechtsbeistand Reis und durch die Galerie Marlborough hatte Rothko Schwarzgeld in der Schweiz gebunkert. Sein Erfolg, der sich in irrwitzigen Summen für seine Bilder niederschlug, hat das Ende des depressiven Rothko beschleunigt, auch ihm war der Kunsthandel extrem fremd. Die Ausbeutung seines Erbes und der langjährige Prozess, der darum geführt wurde, ist ausführlich dokumentiert durch: Lee Seldes, Das Vermächtnis Mark Rothkos, Berlin 2008 (zuerst engl. als: The Legacy of Mark Rothko, 1974, Neuausgabe New York 1996).
7 Zusammenstellung aus: Reinhardt, op. cit. (Anm. 1), S. 56, 86, 128, 136, 137, 140, 153.
8 Reinhardt, op. cit. (Anm. 1), S. 113.
9 Ebenda, S. 92.
10 George Kubler, Die Form der Zeit. Anmerkung zur Geschichte der Dinge, übers. von Bettina Blumenberg, eingeleitet von Gottfried Boehm, Frankfurt a. M. 1982 (zuerst engl. als The Shape of Time, 1964), S. 7–26.
11 Zu Kubler bei Reinhardt: Reinhardt, op. cit. (Anm. 1), S. 156, 172 f., 192.
12 Gudrun Inboden, Die schwarzen (quadratischen) Bilder von Reinhardt. Abstraktion als chymische Karikatur der Moderne oder «Melencolia II», in: Kat. Ausst. Ad Reinhardt, op. cit. (Anm. 4), S. 37–60.
13 Ebenda, S. 44.
14 Ebenda, S. 46 f.
15 Ebenda, S. 48–50.
16 Reinhardt, op. cit. (Anm. 1), S. 143 (Kellein).
17 Inboden, op. cit. (Anm. 12), S. 52 f.
18 Kat. Ausst. Ad Reinhardt, hrsg. von Jürgen Harten, Städtische Kunsthalle Düsseldorf, Düsseldorf 1972.
19 Kat. Ausst. Ad Reinhardt, op. cit. (Anm. 3), S. 130–157, ohne Angabe aus dem Düsseldorfer Katalog übernommen.
20 Reinhardt, op. cit. (Anm. 1), S. 13–16 zur Chronologie.
21 Ebenda, S. 164.
22 Ebenda, S. 20.
23 Ebenda.
24 Ebenda., S. 21.
25 Ebenda.
26 Ebenda, S. 17.
27 Ebenda.

28 Monika Holzer-Kernbichler, Kasimir Malewitsch und das Schwarze Quadrat, in: Schwarz, Sein oder Nicht-Sein?, hrsg. von Götz Pochat und Brigitte Wagner (= Kunsthistorisches Jahrbuch Graz 28, 2004), S. 55–74, zur Datierung der verschiedenen Fassungen, S. 56–60.

29 Ebenda, S. 56.

30 Offenbarung des Johannes 6,12 nach Öffnung des sechsten Siegels. Max Beckmann und Ludwig Meidner haben die Passage 1916 zum Thema gemacht.

31 Giorgio Vasari, Vite, 9 Bde., hrsg. von G. Milanesi, Florenz 1878–1885, Bd. 1, S. 248, Bd. 2, S. 612 oder Bd. 5, S. 142 et passim; C. Plinius Secundus d. Ä., Naturkunde, Bd. 35, hrsg. von Roderich König in Zusammenarbeit mit Gerhard Winkler, 2. Aufl. Düsseldorf/Zürich 1997.

32 Ernst Kris und Otto Kurz, Die Legende vom Künstler. Ein geschichtlicher Versuch. Mit einem Vorwort von Ernst H. Gombrich, Frankfurt a. M. 1980, 3. Aufl. 1995 (zuerst Wien 1934), S. 13 f.

33 Ernst Kris, Psychoanalytic Explorations in Art, New York 1964, 2. Aufl. 1967, Teil 1, Kap. 2, The Image of the Artist, S. 64–84, S. 76 ff. zur Vorherbestimmung des Künstlers.

34 Ebenda, S. 67; Kris/Kurz, op. cit. (Anm. 32), S. 159–162.

35 Reinhardt, op. cit. (Anm. 1), S. 9, 46, 54, 85–88, 184 et passim, zu Ost und West, S. 169, 181; Corris, op. cit. (Anm. 5), S. 16 zu Mertons Anteil an Reinhardts Berufung auf den Zen-Buddhismus.

36 Kris, op. cit. (Anm. 33), S. 67–70, 72, 74.

37 Reinhardt, op. cit. (Anm. 1), S. 21.

38 Corris, op. cit. (Anm. 5), S. 11.

39 Kat. Ausst. Reinhardt, op. cit. (Anm. 4), Abb. S. 94 und 128.

40 Reinhardt, op. cit. (Anm. 1), S. 30, 53–59, die zitierten Begriffe S. 54.

41 Die Literatur ist breit. Hier nur: Jeannot Simmen, Das Quadrat von Malewitsch. Schweben und Sonnenfinsternis, in: Beat Wyss (Hrsg.), Bildfälle. Die Modernität im Zwielicht, Zürich 1990, S. 88–96; ders., Kasimir Malewitsch. Das Schwarze Quadrat, Frankfurt a. M. 1998; Ortrud Westheider, Die Farbe Schwarz in der Malerei Max Beckmanns, Berlin 1995, S. 160–163; Holzer-Kernbichler, op. cit. (Anm. 28).

42 Westheider, op. cit. (Anm. 41), S. 160 f.

43 Frankfurter Allgemeine Zeitung, 7. Januar 2015.

44 Kasimir Malewitsch, Die gegenstandslose Welt, Neue Bauhausbücher 1927, Facsimile-Nachdruck Mainz 1980, S. 74, zitiert bei Holzer-Kernbichler, op. cit. (Anm. 28), S. 67.

45 Kasimir Malewitsch, unveröffentlichtes Manuskript, zitiert bei: Matthias Bleyl, Essentielle Malerei in Deutschland. Wege zur Kunst nach

1945, Nürnberg 1988, S. 36, wiederum zitiert bei Westheider, op. cit. (Anm. 41), S. 162.

46 Zitiert bei Holzer-Kernbichler, op. cit. (Anm. 28), S. 64.

47 Reinhardt wiederholt diese Charakteristika noch und noch, sie bilden sein Credo; am umfassendsten: Reinhardt, op. cit. (Anm. 1), S. 144, 151.

48 Ebenda, S. 185.

49 Ebenda, S. 35 f., 53, 184.

50 Zitiert in: Kat. Ausst. Black Paintings. Robert Rauschenberg, Ad Reinhardt, Mark Rothko, Frank Stella, hrsg. von Stephanie Rosenthal, Haus der Kunst, München, Ostfildern 2006, S. 42 nach: Thomas Merton, New Seals of Contemplation (1961), in: Joseph Masheck (Hrsg.), Five unpublished letters from Ad Reinhardt to Thomas Merton and two in return, in: Artforum 1978, S. 24.

51 Corris, op. cit. (Anm. 5), S. 88.

52 Ebenda, S. 89.

53 Thomas Rentsch, Theologie, negative, in: Historisches Wörterbuch der Philosophie, Bd. 10, Basel 1998, Sp. 1102–1105; Dirk Westerkamp, Via negativa. Sprache und Methode der negativen Theologie, München 2006; für die Kunstgeschichte: Christoph Schreier, Negative Theologie? Zur Evokation des Transzendenten bei Caspar David Friedrich, in: Gießener Beiträge zur Kunstgeschichte 8, 1990, S. 99–111; der Begriff ist für das Bildverständnis in der Moderne wichtig für Max Imdahl geworden: Max Imdahl, Reflexion, Theorie, Methode. Gesammelte Schriften, Bd. 3, hrsg. von Gottfried Boehm, Frankfurt a. M. 1996, bes. S. 198 mit Anm. 9, S. 619 f.

54 Dazu vor allen Dingen: Inboden, op. cit. (Anm. 12), S. 37–60.

55 Reinhardt, op. cit. (Anm. 1), S. 136.

56 Die Gegenüberstellung von Täuschung und Enttäuschung entstammt skeptischen Traditionen und hat in der romanischen Kunst eine besondere Rolle gespielt: Hansgerd Schulte, El desengano. Wort und Thema in der spanischen Literatur des Goldenen Zeitalters (= Freiburger Schriften zur romanischen Philologie, Bd. 17), München 1969; Regine Deckers, Inganno und Disinganno: Positionen gegenüber den Hauptwerken der Capella Sansevero in Neapel, in: Sebastian Schütze (Hrsg.), Kunst und ihre Betrachter in der frühen Neuzeit. Ansichten – Standpunkte – Perspektiven, Berlin 2005, S. 317–347.

Epilog

Utz und Oelze

1 Bruce Chatwin, Utz. Aus dem Englischen von Anna Kamp, Frankfurt a. M. 8. Aufl. 1999.

2 Ebenda, S. 23.

3 Ebenda, S. 14.

4 John und Andrew Rymsdyck, Museum Britannicum, London 2. Aufl. 1791, S. IV. Dazu: Werner Busch, The Englishness of the Museum Britannicum, in: Bild/Geschichte. Festschrift für Horst Bredekamp, hrsg. von Philine Helas, Maren Polte, Claudia Rückert und Bettina Uppenkamp, Berlin 2007, S. 39–54.

5 Die Literatur zu Chatwin ist erstaunlich umfangreich, hier nur die direkt genutzte: Nicholas Murray, Bruce Chatwin, Bridgend 1993; Patrick Meanor, Bruce Chatwin, London/Mexico City/New Delhi etc. 1997; Susannah Clapp, With Chatwin. Portrait of a Writer, London 1997; Nicholas Shakespeare, Bruce Chatwin, London 1999.

6 Chatwin, op. cit. (Anm. 1), S. 165.

7 Sotheby's, The Rudolf Just Collection, 3 Bde., Olympia London, 11. Dezember 2001, der Einleitung zum ersten Band werden die Daten zum Leben von Just verdankt.

8 Frankfurter Allgemeine Zeitung, 10. 3. 2007, Nr. 59, S. 44.

9 Clapp, op. cit. (Anm. 5) stellt diese Bemerkung ihrem Buch voran.

10 Oelzes Nachlass ist versteigert worden: The Dr. M. Hugo Oelze Collection, Teil der Auktion bei Paul Brandt, Amsterdam 23.–26. 4. 1968.

Drucknachweise

Das 2. und das 4. Kapitel und der Epilog sind in Erstfassungen bereits publiziert worden, sie wurden für das vorliegende Buch grundsätzlich überarbeitet. Die Erscheinungsorte werden im Folgenden aufgeführt.

2. Kapitel als: Stubbs' Ästhetik, in: Kat. Ausst. George Stubbs. 1724–1806. Die Schönheit der Tiere. Von der Wissenschaft zur Kunst, hrsg. von Herbert W. Rott, Bayerische Staatsgemäldesammlungen München, Neue Pinakothek, München/London/New York 2012, S. 22–41 (zugleich engl. Ausgabe).

4. Kapitel als: William Turners Rain, Steam, and Speed. Der Tod des Hasen, das Ende des Pflugs und der Glanz der Industrie, in: Schlüsselbilder, hrsg. von Sandra Abend und Hans Körner, München 2020, S. 42–61.

Epilog als: Utz und Oelze, in: Von analogen und digitalen Zugängen zur Kunst. Festschrift für Hubertus Kohle zum 60. Geburtstag, hrsg. von Maria Effinger, Stephan Hoppe, Harold Klenke und Bernd Krysmanski, Heidelberg 2020, S. 241–248.

Bildnachweis

Abb. 2: Kat. Ausst. William Hogarth (1697–1764). The Artist and the City, hrsg. von David Morris, Manchester 1997; Abb. 3: bpk/Victoria and Albert Museum, London; Abb. 4: Wikimedia Commons; Abb. 5: akg-images; Abb. 6: Foto © Tate; Abb. 7: Courtesy of Gainsborough's House, Sudbury, Suffolk; Abb. 8: Courtesy of Gainsborough's House, Sudbury, Suffolk; Abb. 9: bpk/Gemäldegalerien, SMB/Jörg P. Anders; Abb. 10: Reisen mit William Turner. J. M. Turner: Das Liber Studiorum, hrsg. von Helmut Herbst, Ostfildern 2008 (Bury Art Gallery, Museum/Archives, Lancashire, UK); Abb. 11: Mary Evans/Grenville Collins Postcard Collection; Abb. 12: Turner, The Rivers of France, hrsg. von Eric Shanes, Paris 1990 (Reprint der Ausgabe London 1837); Abb. 13: Foto © Tate; Abb. 14: Christopher Furlong/Getty Images; Abb. 15: © Victoria and Albert Museum, London; Abb. 16: bpk/Staatsbibliothek zu Berlin/Carola Seifert; Abb. 17: bpk/Staatsbibliothek zu Berlin/Carola Seifert; Abb. 18: bpk/Staatsbibliothek zu Berlin/Carola Seifert; Abb. 19: © Pollock-Krasner Foundation/VG Bild-Kunst, Bonn 2020/Foto Collection Stedelijk Museum Amsterdam; Abb. 20: © Kate Rothko-Prizel & Christopher Rothko/VG Bild-Kunst, Bonn 2020/Rothko Chapel, Houston, Texas/Foto BEND Productions; Abb. 21: © VG Bild-Kunst, Bonn 2020/Foto © Tate; Abb. 22: © VG Bild-Kunst, Bonn 2020/Kat. Ausst. Ad Reinhardt, hrsg. von Gudrun Inboden und Thomas Kellein, Stuttgart 1985; Abb. 23: Heritage Images/Fine Art Images/akg-images; Abb. 24: © VG Bild-Kunst, Bonn 2020/Kat. Ausst. Ad Reinhardt, hrsg. von Gudrun Inboden und Thomas Kellein, Stuttgart 1985; Abb. 25: Wikimedia Commons; Abb. 26: © VG Bild-Kunst, Bonn 2020/Foto privat; Abb. 27: The Rudolf Just Collection: Kunstkammer, hrsg. von Sotheby's, London 2011; Abb. 28: Foto privat; Abb. 29: Foto privat

Taf. 1: Foto © Tate; Taf. 2: © akg-images/Erich Lessing; Taf. 3: © The National Gallery, London/Scala, Florenz; Taf. 4: Bridgeman Images; Taf. 5: akg-images/Liszt Collection; Taf. 6: Bridgeman Images; Taf. 7: Courtesy of the Huntington Art Museum, San Marino, California/Foto © 2015 Fredrik Nilsen; Taf. 8: © The National Gallery, London/Scala, Florenz; Taf. 9: Bridgeman Images; Taf. 10: © bpk/RMN – Grand Palais; Taf. 11: © Bequest of Mary M. Emery/Bridgeman Images; Taf. 12: © bpk/Albright-Knox Art Gallery/Art Resource, New York; Taf. 13: Courtesy of Gainsborough's House, Sudbury, Suffolk; Taf. 14: Gainsborough, hrsg. v. Michael Rosenthal und Martin Myrone, London 2002 (Kenwood, The Iveagh Bequest); Taf. 15: Bridgeman Images; Taf. 16: Gainsborough, hrsg. von Michael Rosenthal und Martin Myrone, London 2002 (Castle Howard Collection); Taf. 17: Foto © National Gallery of Ireland; Taf. 18: Ipswich Borough Council Museum and Galleries; Taf. 19: © Städel Museum/Artothek; Taf. 20: Scala Florenz/Heritage Images; Taf. 21: Royal Collection Trust/© Her Majesty Queen Elizabeth II 2020; Taf. 22: Bridgeman Images; Taf. 23: Bridgeman Images; Taf. 24: Foto © Tate; Taf. 25: © bpk/Hermann Buresch; Taf. 26: Foto © Tate; Taf. 27: Foto © Tate; Taf. 28: © Bridgeman Images; Taf. 29: © Bridgeman Images; Taf. 30: © akg-images; Taf. 31: © Barnett Newman Foundation/VG Bild-Kunst, Bonn 2020/Foto Collection Stedelijk Museum Amsterdam; Taf. 32: © Kate Rothko-Prizel & Christopher Rothko/VG Bild-Kunst, Bonn 2020/Foto Collection Stedelijk Museum Amsterdam; Taf. 33: © Kate Rothko-Prizel & Christopher Rothko/VG Bild-Kunst, Bonn 2020/Mark Rothko. The works on canvas. Catalogue raisonné, hrsg. von David Anfam, New Haven 1998 (High Museum of Art, Atlanta); Taf. 34: © Kate Rothko-Prizel & Christopher Rothko/VG Bild-Kunst, Bonn 2020/Foto © Tate; Taf. 35: © Barnett Newman Foundation/VG Bild-Kunst, Bonn 2020/Foto Collection Stedelijk Museum Amsterdam

Personenregister

Kursive Seitenzahlen verweisen auf Abbildungen